예능, 특권을 정당화하다

2025 좋은 방송을 위한 시민의 비평상 작품집

“예능, 특권을 정당화하다”

방송문화진흥회 엮음

한울

발간사

세상에는 글과 말들이 넘쳐나지만, 정작 우리가 귀 기울여야 할 글과 말은 너무 작고 희미해 잘 전달되지 않는 경우도 종종 있습니다. 방송문화진흥회와 문화방송이 '좋은 방송을 위한 시민의 비평상'을 제정하고 28년 동안이나 이어온 까닭은 시민들이 원하는 좋은 방송을 만들려면 시민들의 이런 작은 목소리에 귀를 기울여야 한다고 믿기 때문입니다.

전문가가 아닌 '시민'의 비평의 강점은 그것이 좀 더 시청자 일반의 시각에 가깝다는 점일 겁니다. '시민의 비평'은 시민 각자가 자신의 삶의 경험에서 빚어낸 사유의 결과를 일반 시민의 눈높이에서, 일반 시민의 언어로 풀어내기에 훨씬 더 큰 공감과 울림을 줄 수 있습니다. 그리고 그 사실은 지난 28년간 시민의 비평상을 풍성하게 채워준 시민 여러분의 글이 증명해 주고 있습니다.

올해도 예외가 아닙니다. 수상작뿐만 아니라 응모한 모든 작품에서 우리는 이 시대를 살아가는 시민의 다양한 사유의 흔적들을 확인할 수 있었습니다. 그 가운데서 뽑힌 수상작들은 방송 작품에 대한 단순한 감상을 넘어 우리의 사회구조, 우리의 삶, 우리의 가치관을 성찰한 소중한 결과물입니다. 그 속에는 현실을 직시하고 내일의 가능성을 모색하는, 시민들의 깊이 있는 사유가 녹아들어 있습니다.

비평은 작품이 던지는 질문에 대해 함께 생각하고 더 나은 세상을 함께 상상하기 위한 대화의 시도라고 볼 수 있습니다. 그렇다면 이 작품집이야말로 그러한 대화의 새로운 시작점이 될 수 있지 않을까요? 이 책을 매개로, 비평문을 쓰신 시민과 그것을 읽는 시민은 물론이고 시청자인 시민과 방송 제작자 사이의 대화도 더욱 풍성하게 이어지기를 바랍니다. 방송 제작자들이 시민들의 낮지만 진솔한 목소리에 귀 기울이고 그것을 바탕으로 더 나은 프로그램을 만들어낸다면 이 대화는 한층 풍성한 결실로 이어지겠지요.

'좋은 방송을 위한 시민의 비평상'은 앞으로도 이렇게 시민과 시민, 시민과 방송 제작자 사이의 대화의 물꼬를 터주는 역할을 다하기 위해 노력하겠습니다. 시민 여러분도 방송 프로그램에 대한 변함없는 애정을 시민의 비평상을 통해 보여주시길 부탁드립니다.

'제28회 좋은 방송을 위한 시민의 비평상' 공모에 참여해 주신 모든 분들에게 무한한 감사의 뜻을 전합니다. 방송문화진흥회와 문화방송에서는 참여해 주신 모든 분들의 꿈이 이루어지기를 응원하겠습니다. 수상작을 선정해 주신 심사위원장님과 심사위원님들, 작품집 출간에 큰 도움을 주신 한울엠플러스(주) 관계자들께도 감사를 전합니다. 아울러 비평상의 기획, 공모, 출판, 시상에 이르기까지 열과 성을 아끼지 않은 담당자와 보이지 않은 곳에서 애쓴 모든 분에게 깊이 감사드립니다.

앞으로도 '좋은 방송을 위한 시민의 비평상'은 시민들의 낮은 목소리가 더 널리, 더 잘 들릴 수 있도록 노력하겠습니다. 감사합니다.

2025년 12월

방송문화진흥회 이사장 권태선

심사평

심사 과정에서 심사위원 한 분이 이런 질문을 던졌어요.

"과연 좋은 비평문이란 뭘까요?"

수많은 비평문을 읽고 또 평가하면서 나 자신에게 수없이 던졌던 질문이기도 해요. 작품 분석을 잘하는데 이렇다 할 성찰이 부족한 경우도 있고, 글은 잘 쓰는데 애당초 비평 대상 프로그램을 영 잘못 고른 경우도 있어요. 결과적으로는 비평 대상인 작품도 잘 찾아야 하고 '분석', '인용', '결론'까지 다 좋아야 할 텐데 말이죠. 앞으로 이 시민의 비평상에 도전할 분들은 그런 점을 감안하면 도움이 될 것입니다.

좋은 비평문은 어떠해야 하나요? 먼저 분석입니다. 기계를 분해하듯 작품을 분석하고 감쪽같이 다시 조립해 놓아야 하는 게 비평문이죠. 분해와 조립을 하면서 작품에 티끌만 한 생채기도 남기면 안 됩니다. 작품을 온전히 지켜야 해요.

인용도 쉽지 않아요. 비평가의 주장에 빠져들 때쯤, 다른 이의 이론이나 주장을 인용하면 비평문의 완성도는 더욱 높아집니다만 이게 적재적소에 쓰여야 해요. 과하거나 모자라면 그 또한 아쉬운 부분으로 남습니다.

결론은 극적이어야 합니다. 특히 방송은 '윤리적' 쟁점에 극히 민감한데 지금 우리가 도달할 수 있는 최선이 이것이겠다 싶은 결론을 숨겨뒀던 편지 보여주듯 성찰하는 비평을 만나면 '와' 소리라도 지르고 싶어집니다.

비평가가 듣고 싶은 찬사 중에 이런 게 있다고 합니다.

“당신의 비평문을 읽고 감동을 받아 비평의 대상이 된 그 작품을 봤어요.”

저는 그렇게 생각합니다, 좋은 비평문은 좋은 작품을 찾아가는 도로 표지판 같은 거라고. 아무리 잘 쓴 비평문이라 해도 좋은 작품의 위치를 가리키는 역할을 넘어설 수는 없습니다. 비평은 그런 거예요. 그런 한계가 있습니다. 그래서 심사하는 내내 매의 눈으로 살피고 또 들여다봤어요. 그리고 스스로에게 다시 물었죠.

“좋은 비평을 가려내는 이 심사는 과연 공정했는가?”

‘우린 그저 하고 싶은 대로 던져놨을 뿐’이라는 제작진을 비평문 하나로 들었다 놨다 할 수도 있어요. 세상에는 여러 가지 관점에서 객관적으로 잘 쓴 비평문들이 참 많습니다. <제28회 좋은 방송을 위한 시민의 비평상> 심사를 마친 지금, 아주 유쾌합니다. 그 이유는 분석, 인용, 성찰이 돋보이는 결론이 있는 좋은 비평문이 많기 때문이에요. 또한 어휘, 수사, 비유가 매력적인 비평문들도 다수여서 무척 기뻤습니다. <제28회 좋은 방송을 위한 시민의 비평상> 심사는 모두 3차에 걸쳐 이루어졌어요. 3차 심사는 방송학자, 평론가, PD, 방송작가 등 7인이 맡았는데 비평문 수준이 지난해에 비해 높아져 진일보했다고 입을 모아 말했답니다.

수상작을 들여다볼게요. 이상호 님의 「예능, 특권을 정당화하다」를 최우수작으로 선정했어요. 하필 지난해 최우수작도 <최강야구>를 비평한 작품이라 공교로운데요, 이것이 최종 심사의 가장 뜨거운 감자가 됐어요. 지난해에는 찬사를 아끼지 않은 평론으로, 올해는 프로그램이 남긴 후유증과 위험성을 난타한 비평으로, 동일한 프로그램인데 작년과 상반된 관점의 비평문을 최우수작으로 선정하는 것이 타당한가, <최강야구>를 주제로 한 비평을 과연 2년 연속 최우수상 수상작으로 선정해도 되는가 하는 것이 논쟁의 발화점이었어요. 심사위원 간에 활발한 논의가 오갔고 오랜 침묵이 이어지기도 했지만, 모두의 수긍 속에 최우수작으로 선정했습니다. 2년 연속 최우수작을 수상하게 한 <최강야구>는 가장 잘 만든 프로그램은 아닐지 몰라도 심사 과정에서 가장 논란의 프로그램이긴 했어요.

우수작들을 살펴보죠. 이른바 강연 예능으로 분류하는 MBC <강연자들>의 성공과 한계를 비평한 최수하 님의 「치유인가, 마취인가」, EBS <우리는 선생님입니다>를 예리한 통찰력으로 교육의 내일을 내다본 최우정 님의 「배우고 돌보면 즐겁지 아니한가」, KBS <다큐 인사이트: 인재전쟁>을 통해 한국과 중국 인재들을 비교하고 마치 전쟁과도 같은 인재 양성이 미래에 어떤 결과로 돌아올지를 냉정하게 꿰뚫어 본 한대호 님의 「불이 꺼지지 않는 두 도시의 이야기」, 이렇게 세 편을 우수작으로 선정했습니다. 가작 10편, 입선 25편도 선정했는데 읽어보면 알겠지만 여느 해와 비교해도 수준 높고 훌륭했어요.

방송 비평 공모로 방송의 현실을 돌아보게 한 방송문화진흥회와 문화방송의 혜안과 우직함에 한없는 고마움을 표하고 싶어요. 누군가 해야 할 일인데 그걸 28년 동안 이끌어왔으니까.

올해도 <좋은 방송을 위한 시민의 비평상>을 차질 없이 준비해 그 어느 때보다 큰 성과를 거둔 비평상 담당자 여러분에게도 박수를 보냅니다.

끝으로 관심을 갖고 번뜩이는 비평을 담은 옥고를 아낌없이 투고해 주신 시민들에게 고개 숙여 감사의 말씀을 드립니다.

2025년 12월

심사위원 일동

차례

입선

최우수작

예능, 특권을 정당화하다

JTBC 〈최강야구〉

이상호

JTBC 예능 프로그램 <최강야구>는 경기장을 떠났던 프로야구 레전드 선수들을 은퇴 이전으로 되돌려 놓았다. <최강야구>의 메인 연출자인 장시원 피디는 "우리의 적은 세월인데, 세월을 넘어서기 위해 더 노력하는 거다"라며 선수들이 전성기 모습을 되찾기 위해 노력했고, 그 결과를 시청자들에게 보여주고 싶다고 했다.[1] 시청자들은 제작진의 기획 의도에 반응했고 레전드들의 활약을 보며 받은 감동의 크기에 비례해서 <최강야구>는 큰 성공을 거뒀다. 월요일 예능프로그램 가운데 화제성지수인 2049 시청률에서 방영 기간 중 빠짐없이 1위를 차지했고, 2024 시즌 9회에 걸쳐 진행된 직관 경기는 모두 매진됐다.[2] 단순히 영상 매체를 통해

1 "[N인터뷰]③: '최강야구' PD, "이대호, '4연타석 홈런' 장면 봐도 봐도 좋다고", 뉴스1, 2023년 8월 12일 자.

2 "'최강야구', 2024 시즌 마지막 직관까지 퍼펙트 매진", ≪이데일리≫, 2024년

서만이 아니라 <최강야구>의 경기가 실제로 펼쳐지는 오프라인 공간으로까지 콘텐츠 소비가 확장된 것이다. <최강야구>가 실제 프로야구의 흥행에 보탬이 됐다는 사실에도 이견이 없다. 이는 <최강야구>가 뉴트리디데이 일구상 시상식에서 '일구대상', KBO 골든글러브 시상식에서 '특별활약상', 조아제약 프로야구대상 시상식의 '공로상' 등을 수상하며 공인되기도 했다.[3] <최강야구>는 고유한 세계관을 넘어 오프라인의 현실 세계로 영향력을 확장하는 성취를 얻었다고 평가할 수 있다.

하지만 <최강야구>의 서사에 상찬할 일만 있는 것은 아니다. 산이 높을수록 골이 깊고, 빛이 밝을수록 그림자가 짙어지는 것처럼 <최강야구>의 큰 성공 이면에는 부정적인 사회상이 공존한다. 과거에 프로야구 최정상급 선수로서의 삶을 마무리한 선수들이 <최강야구>의 세계관 속에서 다시 생명을 얻어 두 번째 삶을 살게 되는 서사 속에는 간단치 않은 함의가 존재한다. 이 글은 화려한 성공에 가려져 드러나지 않았던 <최강야구>의 서사적 특징과 이것이 갖는 위험성에 대해 집중적으로 논하고자 한다.

회귀, 야구인생 2회차

<최강야구>는 야구선수로서 이룬 성취를 그대로 간직한 채 다시 야구를 시작한다는 점에서 회귀물의 특징을 띤다. 사전적 의미에서 회귀는

11월 12일 자.

3 "과거 우상의 귀환 … '최강야구'는 어떻게 성공했나", ≪한국일보≫, 2024년 7월 20일 자.

특정한 시공간으로 돌아가는 것을 의미하는데, 현재의 의식을 갖춘 자아가 과거 자신의 몸으로 돌아가는 서사라는 점에서 단순히 과거로 돌아가는 시간여행 모티프와는 다르다.[4] 회귀물은 몇 가지 공통적 특징을 공유한다. 첫째, 등장인물의 죽음, 즉 존재의 소멸이 선행된다.[5] 둘째, 회귀한 등장인물의 경험이나 지식은 과거를 극복하거나 교정하는 도구로 기능한다. 마지막으로 셋째, 주변인들에게 도움을 줌으로써 구원자적 위상을 얻는다.[6]

회귀 서사의 특징들에 비춰보면 <최강야구>가 회귀 서사를 차용했다는 점이 명확해진다. 먼저 등장한 주요 인물들이 프로야구에서 엄청난 성취를 이룬 뒤 은퇴한 전직 레전드 선수라는 점을 상기할 필요가 있다. 김성근 감독은 국내에 단 세 명뿐인 1000승 감독 중 한 사람으로서 야구계에서 어른으로 인정을 받고 있다. <최강야구>에서도 경기가 시작되기 전에 상대 팀의 감독과 코치, 선수들이 도열해서 인사하는 모습이 매번 등장한다. 또한 김성근 감독의 판단과 결정은 대체로 옳은 것으로 그려지며 선수들이 감독의 지시를 이행하지 않아서 팀이 위기에 처하는 모습이 빈번히 그려진다.

레전드 선수들도 마찬가지다. 야구계에서는 흔히 프로 신인 드래프에서 지명되는 것을 서울대 합격과 비교하고, 미국 메이저리그 진출을 3대 고시 합격과 비교한다.[7] 여기에 더해 몬스터즈 선수들 대부분은 국가

---

4 안상원, 「한국 웹소설의 회귀 모티프 연구」, ≪한국문학이론과 비평≫, 22(3)(2018), 279~307쪽.

5 김정희, 「웹소설의 '회귀' 구조를 통해 본 자기 부정의 극복으로서 '다시 살기'의 서사적 의미: 악녀형 인물을 중심으로」, ≪생사학연구≫, 6(2025), 85~117쪽.

6 최지운, 「TV드라마 속 회귀물의 함의 연구: 〈어게인 마이 라이프〉와 〈재벌집 막내아들〉」을 중심으로」, ≪인문콘텐츠≫, 68(2023), 133~150쪽.

대표로 선출됐던 경험이 있다. 프로 선수들 가운데에서도 실력을 인정받은 선수였다는 뜻이다. 특히 이대호, 더스틴 니퍼트, 이대은, 송승준은 메이저리그 경험이 있다. 따라서 <최강야구>에서 주축을 이루는 선수들은 야구선수로서 고유한 역사와 서사, 즉 아우라를 가진 존재들이다.

<최강야구> 회귀 서사에서 죽음은 프로 야구선수로서의 죽음 곧 은퇴를 의미한다. 야구선수들의 경우 은퇴 이후에 선수로서의 삶은 완전히 단절된다. 프로야구 구단에서 코치가 되거나 고교·대학 야구팀에서 지도자(코치)가 되기도 하고 일부는 야구 해설위원이나 방송인으로 변모하기도 한다. 이런 상황을 잘 알고 있는 프로선수들은 최대한 은퇴를 미루려고 한다. 국내 선수들 중에 공식적인 은퇴식을 치르지 못하고 은퇴하는 선수가 절대다수인 것도 선수와 구단의 입장이 대립하고 결국 좋지 않게 결별하는 경우가 많기 때문이다.

<최강야구>에서 회귀는 실제 선수들이 선수 경력을 시작하는 것과 유사한 방식으로 시작된다. <최강야구>는 매 시즌이 시작될 때마다 실제 프로구단에서 진행하는 것과 유사하게 기존 선수 재계약과 신규 트라이아웃(입단 테스트)을 진행한다. 선수들은 재계약과 방출 사이에서 초조함을 감추지 못한다. 제작진은 재계약 과정 중에 정의윤 선수에게 깜짝 카메라를 시도한다. 방출 통보를 받은 정의윤은 "그러면 이제 야구를 못 하는 거네요"라고 읊조리며 눈시울을 붉힌다. 한편 수백 명의 프로 은퇴 선수, 아마추어 선수들이 참여하는 트라이아웃에서도 긴장감은 이어진다. 이 중에 극소수의 사람들만이 <최강야구>의 세계관에 진입할 수 있기에 심사위원단 앞에 선 지원자들은 긴장하며 자신의 실력을 제

7 "'마리텔' 허구연 "메이저리그 진출? 3대고시 동시합격 확률"", 뉴스엔미디어, 2015년 12월 5일 자.

대로 발휘하지 못한다.

<최강야구>에서 판타지 소설, 웹툰과 같이 초현실적인 과정을 겪지 않고도 회귀를 가능하게 하는 주요 장치는 은퇴한 레전드들과 아직 프로리그에 진입하지 못한 아마추어들이 공존하는 것이다. 현재의 고유한 역사성을 간직한 채 과거의 몸으로 돌아갈 수 없기에 현실적인 조정이 불가피한 것이다. 제작진의 선택은 프로리그 진입을 앞둔 고등학교, 대학교 선수들이었다. 프로리그에서 은퇴한 선수를 프로리그 진출을 앞둔 시점으로 회귀시킴으로써 회귀 서사의 틀이 완성된다. 레전드 선수들의 아우라는 레전드들의 영웅적 면모를 부각하는 데 크게 기여한다. 레전드 선수들의 존재는 아직 프로리그 진입을 꿈꾸는 선수들에게 그 자체로 경외와 공포의 대상이다. 프로 드래프트에서 지명이 유력하고 은퇴한 선수들보다 운동 능력이 뛰어남에도 레전드들의 아우라에 눌려 제 기량을 발휘하지 못한다. 몬스터즈와 맞붙었던 감독들은 공통적으로 선수들이 긴장을 많이 해서 본모습을 보여주지 못했다며 아쉬워한다.

몬스터즈 내부에도 아마추어 선수들이 존재한다. 바로 대학교 야구팀에 속한 선수들과 프로에 진출하지 못하고 독립리그에서 뛰는 선수들이다. 정점에 올랐던 레전드들은 아직 프로리그에 진입하지 못한 아마추어 선수들에게 존경의 대상이다. 아마추어 선수들에게 레전드 선수들은 경기를 함께 뛰는 동료이기도 하지만 지속적으로 조언을 하고 도움을 주는 존재라는 점에서 구원자적 위상을 갖는다고 할 수 있다. 레전드 선수들의 구원자적 위상은 상대 팀 선수들에게도 비슷하게 유지된다. 이들은 레전드 선수들을 보며 즐거워하는 모습까지 보이는데 바로 레전드 선수들이 자신이 그토록 바라는 최고의 미래이기 때문이다. 11월 19일 방송에서 타석을 준비하던 경기상고의 우지원 선수는 마운드에서 투구하는 니퍼트를 보며 "형이 야구를 시작하게 된 계기가 니퍼트 선배님이

었는데. 와 ……, 언제 쳐보겠냐"라며 설레는 모습을 보인다. 이들에게 몬스터즈와의 경기는 레전드와의 만남인 동시에 프로리그 정점의 기량을 간접적으로 체험하는 귀중한 기회인 셈이다. 상대 팀 감독들도 배움의 기회로 경기를 활용한다. 주자가 있고 1루가 비었음에도 이대호 선수와 정면 대결을 피하지 않는 모습이 대표적인 예다. 이대호라는 최정상급 타자와 맞붙어 보는 경험이 승리보다 더 중요하다는 의중을 드러내는 대목이라 할 수 있다.

현실에 침투하는 불안정한 회귀 서사

<최강야구>의 회귀 서사가 기존 회귀물 콘텐츠와 다른 점은 현실감을 부각한다는 것이다. 기존 회귀물 콘텐츠에서 나타나는 회귀 서사는 초자연적인 현상에 의해 과거로 돌아가 다시 한번 삶을 살게 되는 것과 같은 판타지 설정이 동반된다. 하지만 <최강야구>는 단순히 <최강야구>의 세계관 안에만 국한되지 않고 현실과 관계를 형성한다는 점에서 기존과 다르다. 현실성을 만들어내는 가장 큰 요소는 실제 경기가 이뤄진다는 것이다. 정식 야구 경기장에서 정식 심판이 판정을 내리고 현직 야구 캐스터와 해설위원이 중계하며 관객들이 직접 경기를 눈으로 볼 수 있다.

몬스터즈 선수들은 스스로를 방송 출연자보다는 진지한 야구선수로 포지셔닝한다. 비록 아마추어와의 대결일지라도 주어진 여건에서 최상의 결과를 만들려고 노력한다는 점에서 그러한 태도가 잘 드러난다. 그 결과 시즌3에서 치렀던 30경기 가운데 24승을 거둬 8할 승률을 이룬다. 프로야구 리그에서 6할 이상 승리하면 대체로 정규리그에서 우승한다

는 점에 비춰볼 때 승률 8할이라는 성적은 대단한 것이라고 할 수 있다. 김성근 감독은 승리를 최고의 목표로 설정한다. 시즌 중에 1번부터 4번까지 타자는 붙박이로 정해져 있다. 예능인만큼 최대한 많은 선수들에게 기회를 줄 만도 하지만 가장 기량이 좋은 선수들을 상위 타순에 배치했고 나머지 하위 타순도 순서만 바뀔 뿐 뽑히는 선수에는 큰 변화가 없었다. 김성근 감독은 <최강야구>에 참여하는 레전드 선수들에게 "너희 프로에서 여기 왜 왔어? 야구하고 싶지 않으면 집에 가라"라고 말할 정도로 단순한 예능 프로그램이 아니라 실제 야구 인생의 연장으로서 보고 있다.[8] 선수들도 마찬가지다. 극적인 경기보다 콜드게임으로 경기가 종료되는 것을 선호한다. 제작진은 선수들에게 성적에 따른 보상을 꾸준히 제시하며 동기를 부여하고 선수들은 경기 결과에 따라 희로애락을 느낀다. 프로리그 데뷔를 꿈꾸는 아마추어 선수들에게도 <최강야구>는 특별한 의미를 갖는다. 자신의 활약상이 구단 스카우터들에게 직접 전달되는 효과가 발생하기 때문이다. 시즌 1에서 4명, 시즌 2에서 5명 등 몬스터즈에서 뛰었던 선수 다수가 프로팀에 입단했다. <최강야구>에 출연하는 것은 단순히 예능 프로그램의 세계관에 포섭되는 것만이 아니라 현실의 야구 인생에도 변화를 겪게 되는 의미를 갖는다.

여기에서 중요한 문제가 발생한다. 태초부터 존재했고 지속적으로 작동하는 불균형과 불평등을 자연스럽게 받아들이게 된다는 것이다. 다시 경기장으로 돌아가 보자. 애초에 몬스터즈 경기에 임하는 양 팀의 목적이 다르다. 장시원 피디는 시즌을 시작하며 이번 시즌의 키워드로 '압

---

8 "EP8-2. SK 왕조부터 최강야구까지 비하인드 최초 공개! (feat. 중 & 절)" (2024. 5. 16), 정근우의 야구인생, https://www.youtube.com/watch?v=Q_k5pJ1D00s(검색일: 2025. 8. 30).

도'를 제시하고 7할 승률을 이루지 못하면 몬스터즈의 야구는 끝난다고 말한다. 코치진과 선수들도 승리하지 못하면 야구가 끝난다는 불안감 속에 이기는 것을 최고의 목표로 설정한다. 하지만 몬스터즈를 상대하는 팀들은 승리보다 경험과 배움을 더 중요하게 생각한다는 점에서 다르다. 몬스터즈의 입장에서는 당장 눈앞의 경기 결과가 중요하지만 상대 팀 아마추어 선수들은 궁극적으로 프로에 진출하는 것이 중요하기 때문이다.

불균형의 이미지는 직관 경기에서 가장 강렬히 나타난다. <최강야구>의 직관 경기는 실제 프로리그가 열리는 구장에서 이뤄지는데 2만여 관중석은 몬스터즈를 응원하는 관중으로 가득 찬다. 아마추어 팀 응원단도 소수가 자리를 잡고 있지만 압도적으로 많은 몬스터즈 팬들과 비교될 뿐이다. 경기 시작 전, 유명 가수들이 「애국가」를 부르고 유명 연예인들이 시구를 하는데 야구 레전드 선수들과 <최강야구>의 흥행이 없었다면 가능하지 않았을 것이다. 경기가 시작되면 전문 치어리더들이 이끄는 일방적인 응원이 시작된다. 몬스터즈 선수들이 타석에 들어설 때마다 과거 프로리그에서 사용됐던 선수 전용 응원가가 울려 퍼진다. 상대팀 아마추어 선수들은 모든 관중이 응원가를 따라 부르는 '그 광경'을 보며 부러움과 위압감을 감추지 못한다. 경기를 중계하던 김선우 해설위원은 "이 많은 관중들이 무조건 몬스터즈를 응원하니까 이건 진짜 국가대표 경기예요"라고 말한다. 일방적으로 기울어진 경기가 진행되고 있다는 고백이다. 팽팽하던 경기에서 몬스터즈 선수가 적시타를 터뜨렸을 때 울려 퍼졌던 음악이 일본 애니메이션 <원펀맨>의 OST 「정의집행」이라는 점도 레전드들의 영웅적 면모를 일방적으로 부각하고 있음을 알 수 있는 대목이다. 그럼에도 제작진은 야구 레전드들과 아마추어 사이의 경기에 극적인 연출을 가미함으로써 마치 동등한 조건에 있는 두 팀이 경기를 하는 것처럼 묘사한다. 편집을 통해 투구와 타격 장면을 교차 반복하고 감정을 자극하는 음악을 적재적소에 배치한다. 그리고 양 팀 더그아웃의 반응을 선별적으로 배치해서 긴장감을 극대화한다.

회귀 서사가 정당화하는 특권

지금까지 회귀물에 대한 학술적 논의에서는 현실에서 해결되지 못하는 갈등을 회귀라는 서사를 통해 우회적으로 해소하려 한다는 점에서 건강하지 못한 사회상의 반영으로 이해한다. 즉, '이생망', '수저계급론', '헬조선' 같은 담론이 팽배한 현실에서 단지 열정과 노력으로 현실을 극복하는 서사보다 회귀 서사가 젊은 대중의 공감을 얻기는 쉽다는 지적이다.[9] 기본적으로 회귀 서사가 특권을 정당화한다는 점은 큰 위험성을 내포한다. 주인공에게 특권이 주어져야 2회차 인생에서 변화를 기대할 수 있기 때문에, 콘텐츠의 이용자들 역시 이러한 특권을 스스로 인정해야 세계관에 빠져들 수 있다.

현실과 연결된 회귀 서사에서도 특권이 전제되는 것은 불가피하다. 몬스터즈 레전드들은 재계약 협상을 끝내고 곧바로 트라이아웃 심사위원으로 변모한다. 누구보다 야구를 잘 알고 이해하는 베테랑이기에 가능한 일이다. 몬스터즈 내부에서도 프로와 아마추어의 간극은 작지 않다. 단순히 선배와 후배의 관계에서 오는 차이가 아니라 레전드들이 프로 생활을 했던 기간, 경험의 차이에서 기인하는 본질적인 차이라 할 수

---

9 최지운, 「TV드라마 속 회귀물의 함의 연구: 〈어게인 마이 라이프〉와 〈재벌집 막내아들〉」을 중심으로」, ≪인문콘텐츠≫, 68.

있다. 시즌 중에 경기하는 상대 팀 선수들과의 관계에서도 비슷한 양상이 나타난다. 레전드들은 상대 팀 선수들에게 플레이에 대한 평가와 조언을 해준다.

특권을 받아들이는 것을 기본적 전제로 하는 회귀 서사가 현실에 닿을 때 위험은 극대화된다. <최강야구> 등장하는 사람들 중 어느 누구도 피해를 보지 않는 것처럼 보인다. 은퇴했던 레전드 선수들은 다시 그라운드를 밟으며 야구를 할 수 있게 됐고, 아마추어 선수들은 레전드들과의 만남으로 꿈에 한 걸음 더 다가갈 수 있었다. 제작진은 30경기를 치르는 동안 형식논리적으로는 공평한 경기가 진행되는 듯한 착시를 만든다. 따라서 시청자들은 아무런 거리낌 없이 몬스터즈를 응원할 수 있게 된다. 하지만 <최강야구>의 중심 소재인 야구 경기의 본질은 위태로워진다. <최강야구>의 시청자들이 레전드들의 회귀, 영웅적 면모에 환호하는 동안 나머지 요소들은 주변화되고 동시에 그 경기가 어떠한 불균형 위에서 펼쳐지는지 눈치채지 못하게 된다.

그동안 <최강야구>는 사람들의 추억 속 야구 스타들을 되살려 시청자들의 눈앞에 드라마를 펼쳤다. 은퇴했던 레전드들이 다시 훈련하고 경기에 몰입하는 모습은 시청자들의 감동을 자아내기 충분했다. 하지만 긍정적 영향력에도 불구하고 <최강야구>는 태생적 불평등, 특권에 무뎌지는 학습을 반복했던 것이라고 해석할 여지도 분명히 존재한다. 이것이 <최강야구>를 '마지막에서 다시 시작과 성장을 외치'는 긍정적인 메시지로만 받아들일 수 없는 이유다.

우수작

제28회 좋은 방송을 위한 시민의 비평상

치유인가, 마취인가

MBC '강연자들'의 이중주로 보는 생존자 서사와 개인화된 고통의 정치학

최수하

구원자처럼 나타난 강연 예능

2024년 여름, MBC에서는 <심장을 울려라 강연자들>(이하 <강연자들>)이라는 새로운 강연 형식의 TV 프로그램을 공개했다. 프로그램 소개 글에는 "차가운 현실 속 대중의 심장을 뜨겁게 울려주는 강연쇼"로, "세상을 살아갈 지혜와 용기를 전달하는 것"이 목표라고 쓰여 있었다.[1] 프로그램은 첫 방송부터 큰 관심을 받았으며, 현대인들이 흔히 겪는 번아웃과 무기력감을 정확히 파악하는 모습을 보였다.

현 사회는 재난이 일상화되고 무한 경쟁이 당연시되는 '위험사회', '피로사회'로 정의되곤 한다. 이런 환경에서 사람들은 끊임없이 치유와

1 〈심장을 울려라 강연자들〉(2024), 문화방송, https://program.imbc.com/thespeakers(검색일: 2025.9.7).

위로를 갈망한다.[2] <강연자들>은 바로 이 지점을 겨냥했다.

<강연자들>은 시청자들에게 따뜻한 위로와 감동을 선사했다. 하지만 그 이면에 숨어 있는 이데올로기적 의미를 살펴보지 않고서는 이 프로그램의 진정한 의미를 파악할 수 없다. 이 방송은 깊은 공감과 인간적 유대를 선사하면서도 사회구조적 문제를 개인의 회복 능력과 내면의 변화로 해결해야 한다는 '자기 계발'의 논리를 강화한다.

2. 감정을 움직이는 정교한 설계

<강연자들>의 설득력은 우연이 아니다. 감정적 효과를 극대화하고 강연자의 권위를 확고하게 만들기 위해 세심하게 설계된 구조에서 나온다.

프로그램의 핵심은 '한계'라는 하나의 주제에 대해 다양한 분야를 대표하는 7명의 인물들이 서로 다른 시각으로 풀어내는 '릴레이 강연쇼'라는 포맷이다.[3] 이 구조는 시청자에게 단편적인 지식이 아니라 다각적이고 종합적인 지혜를 얻고 있다는 느낌을 준다. 또한 현장 방청객들의 표정과 몸짓을 계속해서 보여줌으로 일방적인 강연보다는 공동체 활동에 참여하는 듯한 경험을 제공한다.

이런 무대를 더욱 빛나게 하는 것은 '어(語)벤져스'라는 이름으로 브

---

2 "피로사회·위험사회에서 '힐링'을 파는 사람들 … 신간 『힐링 문화 비즈니스』", ≪매일일보≫, 2022년 2월 18일 자; "내가 뭘 했다고 번아웃? 쉬고 싶지만 쉬지 못하는 사람들에게 "당신은 '일'이 아닙니다" 일만 하는 사이 지나가버리는 인생, 우리에게 필요한 '휴식의 기술'", EBS 컬렉션 – 라이프스타일(유튜브, 2021.12.19), 32분 33초.

3 〈심장을 울려라 강연자들〉, 문화방송.

랜딩된 강연자 구성이다. '국민 멘토' 오은영(정신건강), '야신(야구의 신)' 김성근(리더십), '교통사고 전문' 한문철(법률), 'K-불교 리더' 금강스님(영성), '명품 스토리텔러' 설민석(역사), '32년 차 코미디언' 박명수(일상 철학), '국제 분쟁 전문' 김영미 PD(사회) 등 각자 분야에서 정점에 선 인물들은 마치 어벤져스처럼 각기 다른 능력으로 세상의 문제에 맞서는 영웅 같은 이미지를 풍긴다. 이런 전략적 캐스팅은 프로그램 메시지에 보편적 권위를 부여하고, 다양한 시청자가 자신과 연결점을 찾을 수 있게 한다.

하지만 <강연자들>의 가장 강력한 무기는 '개인적 간증'이라는 서사 전략이다. 강연자들은 추상적인 이론이나 데이터를 나열하는 대신, 자신의 삶을 관통한 고난의 경험을 고백한다. 오은영 박사는 대장암 투병을, 설민석 강사는 졸업 논문 표절 사태로 사회적 비난을 감내해야 했던 시절을, 박명수는 극심했던 가난을, 백지연 전 앵커는 싱글맘으로서의 고투를 생생히 증언한다. 이 전략은 추상적인 조언을 피와 살이 있는 구체적인 이야기로 바꿔 시청자의 심장을 직접 파고든다.

3. 친밀감의 새로운 차원: 진정성의 발견

프로그램에 출연한 이들은 이미 오랫동안 미디어에 노출되었다. 그럼에도 시청자들이 <강연자들>을 신선하게 받아들일 수 있었던 핵심 메커니즘은 '준사회적 상호작용(Parasocial Interaction)' 이론으로 설명할 수 있다. 준사회적 상호작용은 시청자가 미디어 속 인물과 마치 실제 친구처럼 일방적인 친밀감을 형성하는 현상을 말한다. 이 관계의 깊이는 미디어 인물이 얼마나 '진정성 있게' 느껴지느냐에 좌우된다.

<강연자들>은 강연자들의 가장 깊고 취약한 개인사를 드러내는 '자기 노출'을 통해 기존 준사회적 관계의 차원을 극적으로 심화시킨다. 예를 들어 '명품 스토리텔러'로만 알려졌던 설민석은 논문 표절 논란 후 "지옥을 맛봤다"라고 표현하며 공황장애와 대인기피증을 겪었던 고통을 고백했다.[4] 수십 년간 냉철한 프로의 상징이었던 백지연 앵커는 방송 36년 만에 처음 눈물을 보이며 싱글맘으로서의 애환을 털어놓았다.

이런 고백은 시청자들에게 방송용 가면 뒤의 '진짜 인간'을 만났다는 느낌을 주며, 기존 친밀감을 훨씬 뛰어넘는 강력한 유대감으로 발전시킨다. 익숙한 인물의 '새로운 진정성'을 발견하는 경험이 바로 피로감이 아닌 신선함과 깊은 몰입을 만들어낸 것이다. 시청자들은 "내가 알던 백지연에게 저런 아픔이 있었구나"라고 느끼며, 마치 오랜 친구의 숨겨진 비밀을 알게 된 것 같은 깊은 정서적 연결을 경험한다.

1) 생존자가 가진 특별한 권위

이 과정에서 프로그램 권위의 핵심적 원천이 드러나는데, 이는 학문적 전문성이나 객관적 데이터가 아닌 '생존자의 권위'다. 강연자들이 조언할 자격은 그들이 고통받았고, 그것을 이겨냈다는 사실 자체에서 나온다. "나의 아픔과 극복 과정이 내가 하는 말의 신빙성을 보장한다"라는 강력한 감정적 논리가 형성되는 것이다.

이는 개인의 경험을 보편적 법칙으로 격상시키는 효과를 낳는다. 결과적으로 그들의 메시지에 담긴 이데올로기를 비판하는 행위는, 곧 그

---

4 "'역사기꾼'이라 불리던 그가 연세대 대학원에 다시 입학한 이유! 설민석이 한계를 극복한 방법", MBC 엠뚜루마뚜루(유튜브, 2024.7.19), 16분 16초.

들의 개인적 고통을 폄하하거나 무시하는 것처럼 느껴진다. 이처럼 '생존자의 권위'는 감동적인 서사 뒤에 숨어 프로그램의 근본적 논리에 대한 비판적 접근을 원천적으로 봉쇄하는 강력한 방패 역할을 한다. 하지만 과연 이것이 최선의 위로일까? 개별화된 영웅들의 생존기가 사회구조적 문제에 대한 근본적 성찰을 대체할 수 있는가? 이 질문에 답하기 위해서는 <강연자들>이 제시하는 메시지의 내용을 더 자세히 들여다볼 필요가 있다.

4. 두 개의 상반되는 사상

<강연자들>에서 다루는 내용은 표면적으로 조화롭게 들리지만, 자세히 들여다보면 서로 충돌하는 두 개의 다른 사상이 공존함을 발견하게 된다. '불굴의 의지'를 강조하는 전통적 자기 계발 담론과 '자기 수용'을 설파하는 현대적 힐링 담론 사이에서 프로그램은 아슬아슬하게 줄타기를 한다.

1) 첫 번째 목소리: "한계는 없다"

첫 번째는 한계란 정신적 구성물에 불과하며, 실패는 의지와 노력의 부족에서 기인한다는 고전적이고 강인한 자기 계발의 서사다. 이 철학의 가장 강력한 주창자는 김성근 감독이다. 그의 철학은 "한계는 없다"라는 한마디로 요약되며, "안 되면 하면 돼요"라고 조언하며 의지를 통해 모든 것을 극복할 수 있다고 역설한다.[5]

박명수 역시 "될 테면 돼봐라"라는 태도와 성공의 동력이었던 "절실함"을 강조하며 같은 맥락을 이어간다.[6] 백지연이 자신에게 쏟아진 "독설"을 "독약처럼 삼키지 말고 내 영양제"로 삼으라고 조언하고, 강렬한 "자기 동기화"를 강조하는 모습도 이 '불굴의 의지' 메시지의 연장선에 있다.[7] 이들의 메시지는 고난을 정면으로 돌파하고 스스로를 단련해 한계를 초월하라는 강력한 채찍질이다.

2) 두 번째 목소리: "있어도 괜찮네"

두 번째는 현대 심리치유 담론과 맞닿아 있으며, 진정한 강함은 한계를 부수는 것이 아니라 그것을 끌어안는 데서 온다고 말한다. 끊임없는 자기 채찍질에 지친 대중에게 자기 연민과 수용의 메시지를 건넨다.

이 흐름을 대표하는 인물은 오은영 박사다. 그녀는 "한계를 꼭 뛰어넘어야 할 필요는 없다"라고 단언하며, 유한한 존재로서의 약함과 미성숙함을 인정하는 것이야말로 진정한 성숙의 과정이라고 설명한다.[8] 김미경이 극심한 절망 속에서 가족들에게 위로와 힘을 얻었던 경험을 노트에 "내가 있어도 괜찮네"라는 문장으로 귀결한 경험은 이런 자기 수용의 힘을 극적으로 보여주는 사례다.[9]

---

5 "마취없이 암 수술 하는 독기! 야신 김성근 감독님이 젊은 세대에게 전하는 진심이 담긴 메시지", 엠뚜루마뚜루(2024.7.13), 4분 7초·16분 15초.

6 "'내 최고의 자산은 재석이♥' 악착같이 버틴 32년, 어디에서도 들을 수 없었던 인간 박명수의 이야기", 엠뚜루마뚜루(2024.7.27), 1분 48초·15분.

7 ""아버지 뭐하시나?" 백지연 전 앵커가 최고가 될 수 있었던 선배의 한 마디", 엠뚜루마뚜루(2024.10.28).

8 ""당신은 나쁜 사람이 아닙니다" 한계에 부딪힌 이들에게 위로와 울림을 주는 오은영의 강연", 엠뚜루마뚜루(2024.7.20), 3분·9분 25초.

9 "절망적인 현실에 삶을 끝내려했던 김미경을 살게 해준 한 마디", 엠뚜루마뚜

팝 칼럼니스트 김태훈이 "인생은 원래 내 뜻대로 되지 않는 것이 기본값"이라고 말하는 것 역시 같은 맥락이다.[10] 이들의 메시지는 더 이상 나아갈 힘이 없는 이들에게 잠시 멈춰 자신의 상처를 보듬어도 괜찮다는 따뜻한 허락이다.

이처럼 <강연자들>은 한 프로그램 안에서 서로 다른, 심지어 상충하는 두 가지 삶의 철학을 동시에 제시한다. 프로그램은 이 두 가지 상반된 처방을 화해시키거나 변증법적으로 통합하려는 시도 없이 병렬적으로 제시한다. 이는 시청자에게 선택의 폭을 넓혀주는 것처럼 보이지만, 결과적으로 모든 문제 해결의 책임을 다시 개인의 '선택'과 '태도' 문제로 귀결하는 폐해를 낳는다.

5. 위로라는 이름의 개인주의

<강연자들> 내부에서 발견되는 철학적 분열에도 불구하고, '불굴의 의지'와 '자기 수용'이라는 두 서사는 결국 하나의 이데올로기적 지평에서 만난다. 그것은 바로 자신의 고통을 스스로 관리하고 책임져야 한다는 신자유주의적 개인의 의무다. '위로'라는 이름으로 포장된 이 프로그램은 사회구조적 문제를 개인의 책임으로 돌리는 자기 계발 담론의 가장 세련된 형태로 기능한다.[11]

루(2024.11.26), 19분 43초.

10 "'살아 있어서 참 좋다' 김태훈이 전하는 삶에 대한 한 마디", 엠뚜루마뚜루(2024.11.13), 7분 53초·7분 58초.

11 "서동진, 『자유의 의지, 자기계발의 의지』"(2016.10.7), Feliview, http://feliview.com/kr-history/demo-civil/dongjinseo-selfimprovement/(검색

역사적으로 자기 계발 담론은 성공과 실패의 원인을 개인의 내면에서 찾는 방식으로 작동해 왔다.[12] 불안정한 고용, 심화되는 불평등, 무너지는 사회 안전망 같은 구조적 모순은 개인의 노력 부족, 부정적 사고방식, 혹은 트라우마 극복 실패라는 심리적 문제로 환원된다. <강연자들>은 이런 논리를 완벽하게 체화한다.

조언이 "더 노력하라"든 "상황을 받아들여라"든, 행동의 주체는 언제나 '나' 자신에게 한정된다. 강연자들은 집단행동, 정책 변화, 사회 개혁을 논하지 않는다. 해법은 언제나 내면의 변화에 있다. '힐링 문화' 자체가 하나의 거대한 산업이 되어, 시스템이 만들어낸 상처를 개인이 돈과 시간을 들여 구매하는 상품으로 만들어버리는 현실 속에서 <강연자들>은 이 '힐링 비즈니스 모델'의 정점에 서 있는 콘텐츠이기도 하다.[13]

1) 개인 서사가 만드는 정치적 효과

이런 구조 속에서 '개인의 서사'가 미묘하지만 강력한 정치적 효과를 발생시킨다. 감정적으로 매우 설득력 있는 개인의 이야기가 고통을 탈정치화하는 것이다.

예를 들어 백지연 전 앵커가 갓난아기를 안고 방송국 계단에서 굴러

일: 2025.9.7); "'자기 계발' 아닌 '너의 영혼을 돌보라'", ≪시사IN≫, 2013년 4월 15일 자; "자기계발은 불평등한 기성체제 재생산 도구" ≪한겨레≫, 2013년 9월 1일 자.

12 "직장 다니면서 공부까지? 자기계발의 뼈아픈 함정", ≪오마이뉴스≫, 2025년 8월 13일 자; ≪시사IN≫, "'자기 계발' 아닌 '너의 영혼을 돌보라'".

13 "피로사회, 위험사회를 사는 우리에게 필요한 '힐링 문화 비즈니스'", ≪매일일보≫, 2022년 2월 22일 자.

피멍이 들었던 이야기는 듣는 이의 심금을 울린다.[14] <강연자들>은 이런 경험을 통해 그녀의 놀라운 의지력과 책임감을 부각한다. 하지만 정작 '싱글맘이자 워킹맘이었던 그녀를 그토록 위험한 상황으로 내몬 원인'이나, '대기업인 MBC는 일과 양육을 동시에 해야 하는 직원들을 위한 최소한의 지원 시스템도 없었던 것인가?'와 같은 사회적 맥락은 철저히 생략되었다.

이처럼 <강연자들>의 서사 프레임은 구조적 질문을 완벽하게 차단한다. 문제와 해결책은 전적으로 개인 안에 존재하는 것으로 그려진다. 이런 서사가 반복되고 축적될 때, 프로그램은 강력한 암묵적 메시지를 전달한다. 즉, 사회구조는 날씨처럼 주어진 상수이며, 우리가 통제할 수 있는 유일한 변수는 우리 자신의 마음가짐뿐이라는 것이다. 이는 가장 감동적이고 인간적인 위로의 외피를 쓴 채, 발전보다 현상 유지를 목표로 하는 보수적인 세계관을 설파하는 방법으로도 보인다.

4. 개인적 위로를 넘어서

MBC <강연자들>은 동시대의 정서적 요구에 완벽하게 부응하는 현대 미디어 콘텐츠라고 할 수 있다. 취약성을 드러내고 공유된 경험을 통해 유대감을 형성할 공적 공간을 마련했다는 점에서, 이 프로그램은 분명 가치 있는 공공적 서비스를 수행한다. 시청자들은 강연자들의 삶을 통해 자신의 고통이 혼자만의 것이 아님을 확인하며 위로를 얻는다.

---

14 "관객들을 감동 시킨 '멋진 어른' 백지연의 위로", 엠뚜루마뚜루(2024.10.29), 8분 57초.

하지만 그 위로와 공감은 사회 정책이나 구조적 개혁이 아닌 개별화된 영웅들의 생존기에 기반한다는 사실 또한 결코 간과할 수 없다. <강연자들>은 초경쟁 사회가 개인에게 입힌 상처에 진통제를 제공할 뿐, 상처의 근본 원인이 되는 시스템 자체에 대해서는 질문하지 않는다. 시청자들에게 주어진 환경을 바꾸는 법이 아니라, 그 안에서 더 잘 견디고 살아남는 법을 가르친다. 이는 비판가들이 지적하듯 모든 책임을 개인에게 돌리는 '자조(自助)'의 사회 체제를 공고히 할 뿐, 함께 문제를 해결하는 '공조(共助)'의 체제로 나아가는 길을 제시하지 못한다.[15] 결국 이 프로그램은 개인주의적 해법의 집단적 효과를 보여주는 동시에, 역설적으로 현 사회가 집단적 문제 해결에서 얼마나 멀어져 있는지를 보여주기도 한다.

공영방송이 한 단계 더 발전하기 위해서는 개인의 경험을 더 넓은 사회구조와 연결시키는 콘텐츠를 고민해 봐야 할 것이다. 개인의 회복탄력성을 찬양하는 데 그치지 않고, 공동의 운명에 대한 감각을 일깨우고 시민적 상상력을 자극하는 프로그램. 그것이야말로 민주주의 사회에서 공영방송이 수행해야 할 진정한 시대적 소명을 완수하는 길이 될 것이다.

따라서 <강연자들>에 대한 최종적인 평가는 그 양면성을 온전히 인정하는 데서 출발해야 한다. 그리고 이는 비판을 넘어 공영방송의 미래에 대한 하나의 도전적인 질문으로 이어져야 한다. "앞으로 <강연자들>이 보여준 강력한 서사적 힘과 감성적 에너지를 개인의 치유를 넘어 집단적 역량 강화로 이끌어나가기 위해서는 어떻게 해야 할까?" <강연자들>이 열어젖힌 '강연 예능'의 시대가 개인적 위로의 단계를 넘어, 더 나은 사회를 위한 공론장으로 진화하기를 기대한다.

---

15 "자기계발은 불평등한 기성체제 재생산 도구", ≪한겨레≫, 2013년 9월 1일 자.

우수작

제28회 좋은 방송을 위한 시민의 비평상

배우고 돌보면 즐겁지 아니한가

EBS 다큐멘터리 〈우리는 선생님입니다〉

최우정

돌봄, 배움, 가르침

학교를 뜻하는 'school'은 본래 여가를 일컫는 그리스어 'schole'에서 유래했다. 고대 그리스에서 '스콜레'는 평온한 사색과 관조의 시간을 가리켰고, 여기서 현대의 교육 기관을 의미하는 '스쿨'이 비롯됐다. 그렇지만 오늘날 한국의 상황을 떠올리면 느긋함과 한가함 같은 단어를 학교 앞에 붙이기는 어색해 보인다. 오히려 어느 소설의 제목을 빌려와 적건대 "시장과 전장"[1]에 가까운 듯하다. 효율성이 중시되는 시장의 원리가 스며든 지 오래이며, 등급화된 전리품(내신과 학교생활기록부)을 두고 필사

---

1 박경리, 『시장과 전장』(현암사, 1964).

적인 경쟁이 벌어지니 말이다. 하지만 이것이 학교의 전부일까. 우리의 삶에는 숫자로만 환산되지 않는 것들(예컨대 돌봄과 나눔, 양보와 배려)이 있는데, 학교는 바로 그런 활동을 연습하는 '작은 사회'가 아니던가. 수능 준비를 위해 곧장 재수학원으로 향하는, 이른바 전략적 자퇴가 늘어간다[2]는 소식이 새삼 씁쓸히 들려오는 시점이다.

2024년 방송콘텐츠 대상 공공·공익 프로그램 장편부문 최우수상 수상작 <우리는 선생님입니다>(EBS 1TV, 2024.8.29~10.3)는 초등·중등·특수학교 교사들의 일상을 밀착 취재하고, 2020년대 한국에서의 돌봄과 공교육의 가치를 이야기하는 6부작 다큐멘터리다. 간단히 말하자면 1부와 6부는 일종의 수미상관 구조를 띠며, 2~5부는 '6개월 이상 관찰해 온 교사의 일거수일투족'[3]을 보여준다. 즉, "각자도생"하는 학교와 교권 추락의 배경을 진단한 1부와 6부, 1~3년차 신규 교사들의 업무 적응기가 담긴 2부와 3부, 근속 연수와 담당 분과를 달리하는 교사들이 손 편지로 소통하는 과정을 그린 4부, 학생-학부모-교사-교장이 협력하는 교육공동체 사례를 탐구한 5부로 구성되어 있다. 각 회차의 제목과 내용을 정리

〈우리는 선생님입니다〉 6부작의 구성

회차	제목	내용
1부	선생님을 위한 나라는 없다	故 오채림·박인혜 교사를 향한 추모
2부	선생님은 처음이라 I	저연차 교사 8인 브이로그 (1)
3부	선생님은 처음이라 II	저연차 교사 8인 브이로그 (2)
4부	선생님 하길 참 잘했어요	초등·중등·특수교육 교사 3인의 만남
5부	우리 학교 사용설명서	두 학교의 교육공동체 사례
6부	학교 법정, 선생님이 사라진다	아동학대처벌법에 관한 쟁점들

---

2 ""내신 못챙길바엔 자퇴"… 고교 학업중단율 13년 만에 2%대", ≪문화일보≫, 2024년 7월 1일 자.

하면 다음과 같다.

눈여겨볼 점은, <우리는 선생님입니다>가 단지 공교육의 맹점을 비판하거나 임시 처방에 의존하는 '빠르고 쉬운 길'을 가지 않는다는 것이다. 대신 '느려도 옳은 길'을 택한 이 다큐멘터리는 각기 단자화된 개인들이 어떻게 교육이란 통로에서 맞닿게 되는가 하는 근원적인 물음을 던지거니와, 그 배면에는 최근의 담론장에서 활발히 논의되는 '돌봄'이라는 키워드가 자리한다. 이제부터 <우리는 선생님입니다>의 세 가지 도큐먼트(① 뉴스 보도와 통계 자료, ② 교사 브이로그, ③ 전문가 인터뷰)를 바탕으로 프로그램의 의의와 한계, 그리고 우리 사회에 건넨 시의성 있는 메시지들을 살펴보자.

못다 핀 꽃, 더 넓은 광장

'전 국민의 평생학교'를 기치로 삼는 EBS는 동시대 교육의 이상과 현실을 긴 호흡으로 조명하는 다큐멘터리를 꾸준히 제작해 왔다. 이를테면 교육대기획 10부작 <학교란 무엇인가>(2010)는 '매일 152명의 학생이 학교를 떠난다'는 화두에서 출발해 교육의 본질을 되물었고, 10년 후 <다시, 학교>(2020)는 학력 격차와 문해력 하락, 수행평가 같은 이슈를 점검했다. 약 7만 2000시간의 장기 촬영을 거친 <학교, 300일간의 기록>(2012)은 학생의 자율성이 존중받는 '행복한 학교'의 예시를 짚어봤다. 2023년 4월부터 9월까지 방영된 <다큐멘터리 K> 시리즈는 근래의

---

3 "〈우리는 선생님입니다〉 인덱스", 다큐멘터리 EBS, https://docuprime.ebs.co.kr/docuprime/newReleaseView/564?c.page=2(검색일: 2025.9.1).

시급한 의제들(초저출생, 지역 불균형, 능력주의, 대학의 기업화 등)을 전방위로 탐색한 바 있는데, 이런 맥락에서 교육은 곧 정치, 경제, 역사를 아우르는 당대의 현안들이 가장 긴밀하게 포개지는 영역이라고 해도 과언이 아니다.

물론 코로나19 팬데믹 시기의 학습 결손 사태를 돌이켜볼 때 '공교육 위기'는 꽤 익숙한 수사지만, 요즘의 그것에는 학생뿐 아니라 교사의 범주(민원 폭증, 업무 과중, 연쇄 사직)도 포함된다는 점에서 한층 복합적이다. 서울 서이초등학교 교사 고(故) 박인혜 씨가 2023년 7월 18일 교보재 준비실에서 스스로 생을 마감한 일명 서이초 사건은 공교육 '위기'를 넘어선 '붕괴'의 상징처럼 기억된다. 하지만 <우리는 선생님입니다>는 이를 단발성 비극으로 축소하지 않고 "최근 6년간 스스로 생을 마감한 교사는 100여 명에 이른다"라는 자막을 병치해 그런 구조적인 문제가 장기간 누적됐음을 지적한다. 또한 서이초 사건 발생 6개월 전 세상을 떠났던 서울 상명대부속초등학교 교사 고 오채림 씨의 사연을 대등한 비중으로 소개하며, 상대적으로 주목받지 못했던 죽음을 온전히 애도한다.

<우리는 선생님입니다> 1부는 시청자의 정서적 몰입을 유도하기 위해 두 가지 장치를 활용한다. 첫째는 고인이 남긴 기록과 영상을 복원하는 것이다. 오 씨가 대학 교정에서 활짝 웃는 사진이나 박 씨가 힘차게 안무를 연습하는 장면은, 그들을 익명의 피해자가 아닌 고유한 얼굴을 지닌 존재로 각인시킨다. 한편, 기간제 교사로 일하며 임용시험 준비를 병행했던 전자의 경우, 그녀의 일기("넌 최고로 살아야 한다", "포기하지 마. 넌 유능한 초등교사다")에 나타난 심리적 압박과 불안정성을 뚜렷이 부각한다. 둘째는 유가족과 동료, 지인의 슬픔을 드러내는 것이다. 오 씨의 아버지는 민요 「클레멘타인」의 마지막 가사를 끝내 부르지 못하고, 박 씨의 지도교수는 불과 사망 일주일 전까지 대학원 수업에 출석했다며 안

타까워한다. 이로써 두 선생님은 누군가의 귀한 딸이자 '못다 핀 꽃'(1부에는 분홍색 카네이션 이미지가 여러 번 삽입된다)으로 의미화된다.

그럼에도 이 다큐멘터리가 '교사 vs. 학부모' 구도에 갇히지 않는다는 점은 의미심장하다. 미국의 철학자 마사 누스바움은 나와 다른 타인에게 공감과 연민을 품게 하는 문학적 상상력이 곧 "사회정의로 이어지는 필수적인 가교"[4]라고 주장했다. 방송의 잠재적 역량도 이와 닿아 있으며, 바로 그 지점에서 우리는 숨진 두 교사가 '남의 집 귀한 자식'임을 환기하는 전략의 효과를 가늠해 볼 수 있다. 말하자면 <우리는 선생님입니다>는 "자녀를 학교에 맡겨놓고 늘 노심초사"하는 또 다른 "약자"인 학부모(2부에서 담임교사의 덕담에 안도의 눈물을 흘리는 어머니처럼)의 손을 맞잡으려는 포용성과 확장성을 갖는다. 아울러 총 12회의 대규모 교사 집회와 서이초 사건 1주기를 되짚는 공적인 추모를 수행하며, 여기 모인 목적이 "혐오"나 "편 가르기"가 아니라는 광장의 취지를 이어간다.

학교 속 상호 돌봄, 교사의 자기 돌봄

요컨대 <우리는 선생님입니다>의 중요한 미덕은 '균형 잡힌 시선'이다. 1~3년차 신규 교사 8인의 브이로그(vlog)가 담긴 2부와 3부에는 출연진의 성별과 지역의 편중(① 여성 6명과 남성 2명, ② 서울시 1명, 경기도 5명, 세종시 1명, 예산군 1명)을 보완하는 고른 편집이 돋보인다. 예를 들어, 한참 동안 시골길을 달려 조손 가정에 방문하는 예산 교사와, 이주배경 학

4 마사 누스바움(Martha Nussbaum), 『시적 정의: 문학적 상상력과 공적인 삶』, 박용준 옮김(궁리, 2024), 20쪽.

생이 약 51.5%인 학교에서 국어 수업을 진행하는 평택 교사의 일화가 세밀히 그려진다. 특수 학급과 일반 학급을 오가는 통합교육 사례를 주의 깊게 다루는 4부와 마찬가지로, 교사뿐 아니라 학생이 놓인 다중의 위치성(정상가족, 단일민족, 수도권, 비장애가 아닌)을 나란히 응시하는 것이다. 매 회차의 클로징마다 촬영진의 애정과 감사가 깃든 푸티지를 덧붙여, 학교 구성원들이 그저 수동적 피사체가 아닌 이 방송을 함께 만든 능동적 주체임을 명시한다는 점도 흥미롭다.

한편으로 2~5부는 학교 안 '상호 돌봄'의 순간을 생생히 재현한다. 그런 상호 돌봄은 학생과 교사, 교사와 교사, 학생과 학생, 교사와 학부모 사이에서 겹겹이 일어난다. 일반적으로 교사는 돌봄의 제공자로, 학생은 돌봄의 수혜자로 인식되지만, <우리는 선생님입니다>는 모든 행위자가 돌봄을 주고받는 호혜적인 관계임을 강조한다. 가령, 매일의 아침 인사인 포옹이 교사만 학생을 안는 것이 아니라 '서로 안겨' "토닥토닥해" 주는 것이고, 아이들로 인해 방전됐다가도 다시 충전받는다는 언술("학생들은 저한테 피로 제공자이자 피로 회복자이다")은 발화자의 진정성에 힘입어 잔잔한 울림을 남긴다. 반면, 미숙한 업무를 도와준 선배 교사로부터 혜안을 얻었다는 후배 교사의 진술이 누차 반복되는 패턴은, 소위 '착한 다큐'를 지향하는 연출진의 코드가 과도하게 덧입혀진 결과로 보인다.

다른 한편으로 교사들의 '자기 돌봄'의 난관도 여실히 노출된다. 돌봄(Care)은 "보살핌, 관심, 걱정, 슬픔, 애통, 곤경"을 뜻하는 고대 영어 'caru'에 어원을 두는데, "이는 살아 있는 생명체의 요구와 취약함을 전적으로 돌본다는 것이 …… 어렵고 지치는 일이 될 수 있다는 현실을 반영한다".[5]

---

5 더 케어 컬렉티브(The Care Collective), 『돌봄선언: 상호의존의 정치학』, 정

교과 수업과 행정 업무, 그 밖의 복잡한 일들(끝없이 자막이 올라가는 「개학 첫날 하는 일」의 목록은 놀라울 정도다)을 "멀티태스킹"하고, 아이들을 챙기느라 본인의 끼니와 건강은 줄곧 뒷전으로 밀리는 교사들의 노고를 <우리는 선생님입니다>는 낱낱이 포착한다. 이를 통해 돌봄 노동자의 일원인 교사에게는 직접적인 응원을, 학부모-시청자에게는 교사의 인간적 한계를 이해해 달라는 간접적인 당부를 보낸다. 나아가 "업무 경감" 및 근로제도의 시정을 바라는 "신규 교사의 소신 발언"을 전달함으로써, 개인의 목소리를 사회와 매개하는 방송(放送)의 임무를 해낸다.

모두를 위한 교육, 모두에 의한 교육

'기록하기, 설득하기, 분석하기, 표현하기'. 마이클 레노프는 다큐멘터리의 기능을 넷으로 분류했다.[6] 여기에 기대자면, 2023~2024년 교사들의 단체 행동을 '기록'하며 교육공동체의 변화를 '설득'하는 <우리는 선생님입니다>가 사회 문제 '분석'을 위해 기용하는 대상은 곧 의료인, 법조인, 정치인이다. 우선, 정신건강의학과 전문의는 해외에서도 정서·행동 장애 학생이 늘어났음을 설명하고, 그가 이끄는 트라우마 대담으로 말미암아 현장 교사들의 "견디기 힘든" 스트레스와 취약성이 전경화된다. 다음으로, 초등교사노조 자문 변호사는 「아동복지법」 제17조 제5호("아동의 정신건강 및 발달에 해를 끼치는 정서적 학대행위"를 금지한다)가 교사

소영 옮김(니케북스, 2021), 57쪽.

6 Michael Renov, "Toward a Poetics of Documentary," Michael Renov(ed.), *Theorizing Documentary*(New York: Routledge, 1993), p.21.

의 기본적인 생활지도조차 위축시키는 "도깨비방망이"처럼 남용되어 왔음을 역설한다.

하지만 '교사도 자기 보호를 위해 법과 친해져야 한다'는 식의 논리에는 좀 더 신중한 고찰이 필요해 보인다. 첫째, 교사들의 업무 부담이 가중된다는 실제적인 이유에서다. 이에 동의한다는 듯, 「학교와 법」 강의를 듣고 난 현직 교사의 회의감을 <우리는 선생님입니다>는 고스란히 비춘다. 둘째, 그런 접근으로는 갈등에 대처하고 조율하는 자발성을 잃게 된다는 근본적인 이유에서다. "사람은 기업과 전문가가 만든 상품에 어느 정도를 넘어 지나치게 의존하다 보면 자기 안에 있던 잠재력이 파괴된다"[7]는 언급을 염두에 둘 때, 법률 서비스의 힘을 빌리는 일은 어디까지나 최후의 수단이 되어야 한다. 본 방송에 출연한 소송대리인에게 예비 의뢰인(교사-시청자)의 불안을 자극하는 면모가 적잖이 감지된다면 지나친 판단일까.

강조컨대, 나무와 숲을 함께 보는 '입체적인 시야'가 이 다큐멘터리의 또 다른 미덕이다. 그렇기에 본인의 전문 분야에만 한정되지 않는 의사와 변호사의 발언은, 공교육 위기론에 얽힌 거시적인 지평을 새롭게 사유하게 하는 마중물이 된다. 전자가 "소중한 아이가 소중히 대접받을 수 있는 공동체"를 꾸리는 데 "다양한 정책과 다각적인 접근"이 요구됨을 피력한다면, 후자는 과열된 입시경쟁이야말로 교사와 학부모의 적대를 심화시키는 주축임을 고발한다. 이렇듯 일상적 돌봄에서 제도적 모순까지 관점을 넓혀가는 기획은, 2024년 7월 「아동복지법 일부개정법률안」을 대표 발의했던 초등교사 출신 국회의원의 등장에 이르러 다음과 같

7 이반 일리치(Ivan Illich), 『누가 나를 쓸모없게 만드는가: 시장 상품 인간을 거부하고 쓸모 있는 실업을 할 권리』, 허택 옮김(느린걸음, 2014), 85쪽.

이 수렴된다. 교육은 시민 공통의 권리이자 책임이라는, 다시 말해 삶을 배우고 돌보는 자리를 마련하는 일은 모두를 위한 것이자 모두에 의한 것이라는 메시지로 말이다.

학교는 시장이 아니다[8]

봄날의 개학식으로 열리고 여름날 방학식으로 닫히는 <우리는 선생님입니다>에는 계절과 성장의 모티프(앞서 인용한 다큐멘터리의 표현적 기능을 상기하자)가 깔려 있다. 그러나 학생의 '성장'은 교실 안에만 머물지 않는다. 천천히 식사하는 친구를 위해 숟가락의 속도를 늦추는 급식실에서, 오늘 나의 잘못을 어떻게 내일 사과하면 좋을지 애태우는 하굣길에서, 싱그러운 풀잎의 감촉을 느끼며 그 향기를 들이마시는 텃밭에서 아이들은 자란다. 정량화된 지표만이 인정받는 문화 속에서 '성장'이란 학력 신장, 등급 상승, 스펙 축적, 성과 창출 정도로만 비좁게 정의되기 마련이다. 하지만 교육은 입시보다 크고, 아니 커야 하고, 그러려면 양적 성장(더 많은 생산, 더 바쁜 노동, 더 혹독한 경쟁)에 몰두해 온 우리 사회의 패러다임 자체를 바꿔야 한다는 적실한 통찰. 본 시사(時事) 프로그램이 시사(示唆)하는 최종 메시지와 가장 뜻깊은 의의가 바로 여기에 있다.

당연한 말이지만, 어른 역시 '성장'하는 존재다. 설렘과 떨림으로 가

---

8 이 절의 제목은 다음의 책에서 빌려왔다. 마사 누스바움, 『학교는 시장이 아니다: 공부를 넘어 교육으로, 누스바움 교수가 전하는 교육의 미래』, 우석영 옮김(궁리, 2016). 원제는 "이윤 추구를 넘어: 왜 민주주의는 인문학을 필요로 하는가(Not for Profit: Why Democracy Needs the Humanities)"이다.

득 찬 초임 교사의 첫 출근길로 2부를 시작한 <우리는 선생님입니다>는 25년차 특수교사와 교장의 베테랑다운 개학맞이를 각각 4부와 5부의 오프닝에 놓으며 계단식 성장의 서사를 암시한다. 그러나 평생직장 개념이 희미해진 세태를 반영하듯, 변함없이 "누군가가 저로 인해서 조금이라도 영향을 받고 배움을 얻는 게 가치 있는 일이라고 생각"함에도 결국 의원면직을 선택한 현(現) 미술·과학 전담 교사(그녀는 고 박인혜 씨의 대학교 짝선배다)의 에피소드로 마무리된다. 이런 견지에서 6부의 제목 "학교 법정, 선생님이 사라진다"는 단순히 법적 쟁점을 따지는 차원을 넘어, 인간관계의 균열마저 "새로운 블루오션" 삼는 자본의 물결이 '선생님'으로 대표되는 비가시적인 가치들(예컨대 돌봄과 환대, 신의와 관용)을 잠식해 간다는 서글픈 은유로 읽히기도 한다.

다른 '성장'을 꿈꾸는 '선생'들

공동의 몫(Commons)이 빠르게 줄어드는 세상이다. 현재의 노력으로 미래의 안정이 보장되지 않는 불확실한 나날에, 일체의 위험 부담을 회피하려는 방어 태세가 곧 시대정신이 되었다. 2025년 3월 한국에서는 사고 발생에 따른 고소·고발이 우려된다는 이유로 현장체험학습 폐지 요청이 쇄도했고, 2023년 11월 뉴욕에서는 "이민자 문제에 예산이 많이 투입됐다"는 근거로 2200만 달러(약 300억 원)의 공공 도서관 예산이 삭감됐다. 그러나 모든 학생이 가족 체험학습이라는 대안을 갖춘 것은 아니며, 매주 일요일마다 "시민과 관광객의 안식처" 200여 곳을 폐쇄해서 경감된 비용은 "시 예산의 0.021%에 불과했다".[9] 국내 유일의 교육 공영방송 채널 EBS의 사정도 다르지 않다. '지식의 민주주의'를 모토로 전 세계 석학의 강연을 대중 시청자에게 연결해 온 <위대한 수업, 그레이트 마인즈>(2021~)는 지적 자산의 접근성을 높이며 '수신료 70원의 기적'이란 별명을 얻었다. 하지만 2024년 기존 국가지원사업 자체가 사라지면서 '보수 절감 조건을 감수한 스태프들의 헌신'[10]으로 시즌 5의 명맥을 이어가는 중이다.

선생이란, 글자 그대로 먼저 태어난 사람(先生)을 일컫는 한편, 내일의 열매를 기대하며 오늘의 소임을 실천하는 농부(農夫)와도 닮았다. 흔히 교육은 무형의 서비스를 제공하는 3차 산업으로 분류되지만, 어떤 면에서 미래 세대를 기르는 교육이야말로 인간 사회의 뿌리를 지탱하는 진정 일차적인 산업일지도 모른다. <우리는 선생님입니다> 말미에 초점화된 두 초등학생의 그림에는 이렇게 쓰여 있다. "꿈꾸는 사람은 기적을 만든다." "우리 모두 웃을 자격이 있어." 단기 실적 추수로 쓸모를 입증하라는 압력이 교육 업계도 방송 업계도 비껴가진 않겠지만, 더 먼 내일을 바라보는 '선생'들은 배움의 즐거움을 나누고자 묵묵히 오늘의 씨앗을 심는다.[11] 인구절벽과 1%대의 초저성장을 목전에 두고서도 여전히 '기적'을 꿈꾸게 되는 이유다.

9 "뉴욕 도서관 예산 삭감, 힐러리까지 나서 막아", ≪조선일보≫, 2024년 7월 5일 자.

10 "EBS '위대한 수업', 정부 예산 사라져도 수업은 계속된다", ≪미디어오늘≫, 2025년 3월 1일 자.

11 대부분의 소비 활동이 자원 고갈과 생태계 훼손에서 완전히 자유롭지 못함에도 불구하고, 많은 사람이 써먹을수록 오히려 비옥해지는 지식은 이 땅에 남아 있는 몇 안 되는 공유지다.

우수작

좋은 방송을 위한 시민의 비평상

불이 꺼지지 않는 두 도시 이야기

KBS 〈다큐 인사이트: 인재전쟁〉을 중심으로

한대호

> 최고의 시간이면서 최악의 시간이었다. 지혜의 시대였지만, 어리석음의 시대이기도 했다. …… 우리는 모든 것을 다 가진 것 같다가도 모든 것을 다 잃은 것 같았다.[1]

영국 소설가 찰스 디킨스(Charles Dickens)의 소설 『두 도시 이야기』의 첫 문장은 18세기 프랑스 혁명 전후의 두 도시가 처한 아이러니를 잘 드러낸다. 이 아이러니는 어쩌면 2025년 한국 사회가 처한 상황을 대입해도 크게 다르지 않을 수 있다.

2025년 KBS1에서 방송된 <다큐 인사이트: 인재전쟁>(2부작, 2025.

1 찰스 디킨스, 『두 도시 이야기』, 김소영 옮김(허밍버드, 2020), 13쪽.

7.10~7.24, 이하 〈인재전쟁〉)은 최선과 최악이 교차하는 우리 사회의 아이러니를 '인재'라는 테마로 풀어낸 기획이다. "공대에 미친 중국, 의대에 미친 한국"이라는 다소 도발적인 제목을 내건 이 다큐멘터리는 21세기 동아시아 두 나라가 직면한 선택의 갈림길에서 두 도시의 풍경을 그린다.

카메라에는 두 도시에서 푸른 꿈을 꿈꾸는 여러 청춘의 모습을 포착한다. 더 나은 미래를 위해서 초등학교부터 노력하는 아이부터 대학원에서 자신이 처한 환경에 좌절하지만 다시 일어나려는 대학원생까지 카메라가 포착한 인물들은 새로운 시대의 변화 속에서 고군분투한다. 하지만 카메라가 포착한 것은 도시의 풍경과 인물의 외면뿐만이 아니다. AI의 대두와 더불어 거대한 산업의 변화 속 불확실한 미래에서 오는 불안과 더 나은 미래를 향한 욕망이 상호충돌하며 만들어내는 균열도 카메라는 포착한다.

이 균열의 포착을 통해 <인재전쟁>은 하나의 거대한 파문을 만들었고, 이는 상당히 이례적이었지만 시의적절했다. 하지만 우리는 이 균열에서 멈추는 것이 아니라 카메라가 말하지 않는 것들도 살펴보아야 할 것이다.

두 도시의 대비 속에 소멸하는 것들

<인재전쟁>의 오프닝은 극적이다. "코딩을 잘하는 프로그래머가 되어 사람들을 돕고 싶다"는 중국 아이와 "의사가 되어 롯데월드가 보이는 곳에 살고 싶다"는 한국 아이의 대비는 선명한 메시지를 전달하려 한다. 이상을 추구하는 중국, 현실에 안주하는 한국이 바로 그것이다. 그러나 이 명료함이야말로 이미지 밖을 상상할 단서가 된다.

<인재전쟁> 수백 시간의 촬영 분량 중 가장 극적인 두 장면을 골라 병치시켰을 것이다. 이는 오래된 편집 기법이지만, 동시에 복잡한 현실을 단순화하는 함정이기도 하다. 분명 어딘가에는 부유한 삶을 꿈꾸는 중국 아이도, 세상을 바꾸고 싶어 하는 한국 아이도 있을 터인데, 카메라는 자신이 찾고자 하는 포착하고 연출자는 이를 대비한다.

항저우의 '6룡' 신화와 대치동의 의대 반은 언뜻 보기엔 혁신과 보수의 대립처럼 보이지만, 사실 이 풍경들은 같은 구조의 다른 표현일지도 모른다. 중국의 가오카오(高考) 상위 5%와 한국의 의대 정원은 숫자는 다르지만 둘 다 극소수만이 통과할 수 있는 좁은 문이라는 점에서 닮았다. 승자독식 게임의 규칙은 베이징이나 서울이나 크게 다르지 않다는 점이다.

두 아이의 꿈을 다시 들여다보자. 중국 아이의 '사람을 돕는 프로그래머'라는 말에는 국가가 주입한 '기술 영웅' 서사가 스며 있고, 한국 아이의 '롯데월드가 보이는 의사'라는 말에는 기성세대의 '성공 방정식'이 각인되어 있다. 프랑스의 정신분석학자 라캉(Jacques Lacan)의 표현을 빌리자면, 욕망은 언제나 타자의 욕망이다. 두 아이 모두 자신의 꿈이라 믿지만, 실은 타자의 욕망을 내면화한 것일 수 있다.

카메라의 시선도 이 같은 메시지를 강화하기 위해 작동한다. 중국을 담을 때 카메라는 로 앵글을 선호한다. 웅장한 연구소와 역동적인 로봇들을 아래에서 올려다본다. 반면 한국은 주로 하이 앵글로 포착된다. 좁은 학원 복도와 지친 수험생들을 위에서 내려다본다. 유일하게 2부에서 한국의 도시를 다룰 때 수직적 구도가 강조되는 순간은 한강이 보이는 타워를 담을 때뿐이다.

이는 단순한 미학적 선택일까? 로우 앵글은 주로 대상을 영웅화하고, 하이 앵글은 대상을 축소해 나타낸다. 영상 문법을 통해 다큐멘터리는 이미 어떠한 판단을 내리고 있는지도 모른다. 항저우는 미래를 향해 나아가는 도시로, 서울은 과거에 머물러 있는 도시로 보이게 한다.

하지만 카메라가 담지 않은 것들이 있다. 중국의 996 문화 속에서 번아웃에 시달리는 청년들, 탕핑족이 되어 경쟁을 포기한 이들, 실패한 스타트업의 잔해들, 이것도 항저우의 일부다. 서울도 마찬가지다. 의대를 포기하고 바이오벤처에 도전하는 청년들, 박봉에도 묵묵히 연구를 계속하는 과학자들의 이야기는 2부 후반부에 조금씩 등장하기도 하지만, 이 두 도시가 궁극적으로 같은 고민을 한다는 점은 이 영상 문법에서 명료하게 드러나지 않는다.

이 거울 같은 대비 속에서 우리가 더 재고해야 할 것은 무엇일까? 어쩌면 그것은 두 도시의 표면적 대비에서는 보이지 않는, 카메라 프레임 밖에 존재하는 복잡하고 다층적이지만 동일한 욕망의 문제일지도 모른다.

희생자와 공모자 사이에서

인재전쟁 2부의 서울 풍경은 디킨스가 『두 도시 이야기』에서 묘사하는 런던의 그것과 닮아 있다. 디킨스가 묘사한 빅토리아 시대의 런던처럼, 서울은 기득권을 지키려는 보수성과 계급 재생산의 욕망으로 가득한 도시로 묘사된다. 다큐멘터리가 포착한 한국 학생의 꿈은 충격적일 정도로 솔직했다. "의사가 돼서 롯데월드가 보이는 곳에서 살고 싶다"는 욕망은 혁명이 아닌 안착을, 도전이 아닌 안정을 갈구하는 한국 사회의 시대정신의 반영한다.

그렇기에 대치동의 초등 의대반은 21세기판 이튼 칼리지처럼 볼 수 있다. 근래 서울의 풍경은 부모가 자녀에게 '의대 머리'가 있는지 확인하는 지능 검사를 진행한다. 이는 마치 빅토리아 시대 영국 상류층이 자녀의 혈통과 재능을 확인하며 옥스브리지 진학을 준비시키던 모습이 떠올릴 수 있다. SKY 공대 합격자들이 의대 진학을 위해 재수, 삼수를 마다하지 않고, 직장인들까지 회사를 그만두고 의대 입시에 뛰어드는 현상은 한국 사회가 얼마나 깊이 보수화되었는지를 보여주는 증거였다.

그 한 증거인 2024년 R&D 예산 삭감 사태는 2부의 가장 극적인 전환점으로 등장한다. 2부에서 인터뷰한 한 교수의 "내 아이가 공대를 간다고 하면 말려야 할지 적극 지원해 줘야 할지 모르겠다"라는 증언은 이를 더욱 증폭한다. 연구자들이 대학원생과 박사후연구원의 인건비조차 지급할 수 없는 상황에 내몰린 것은, 마치 디킨스가 묘사한 채무자 감옥에 갇힌 런던 시민들의 모습과 다르지 않다.

의대를 준비하는 '반수생'의 증가는 이공계의 몰락을 상징한다. 공대에 입학했다가 의대로 방향을 트는 학생들의 증가는 한국이 미래를 포기하고 현재의 안정에 매몰되고 있음을 보여준다.

하지만 이 모습만으로 서울을 단정하기는 어렵다. <인재전쟁>이 역점을 두어 다루지 않는 것이 하나 있다면, 그것은 이런 고난과 고통을 묵묵히 견디며 시시포스처럼 나아가는 '평범한 사람들'의 이야기다. 상위 5%도 의대 합격자도 아닌, 그저 자신의 자리에서 성실하게 살아가는 대다수가 이 도시에서 살아남는 방법이 바로 그것이다.

하지만 이를 평범한 이들의 이야기는 한국 대학에서 중국 푸단대학교로 향한 이영백 교수의 "한국에 있었다면 시골에서 꽃이나 키웠을 것"이라는 탄식이 대체한다. 평범한 이들의 생존기를 대체하는 것은 안정적 위치에 있는 학자의 파토스다. 이를 목격하는 시청자에게 한국 과학계의 비극을 목도하는 것은 충격적일 수 있다. 하지만 조금만 비틀어 생각해 보면 이것은 한 개인이자 학자의 전략적 선택이기도 하다. 더 나은 연구 환경과 대우를 찾아 이동하는 것은 글로벌 시대 지식인의 당연한 권리 아닌가. 그렇지만 문제는 이런 개인의 합리적 선택들이 모여 집단적으로는 비합리적 결과를 낳는다는 데 있다.

여기서 우리는 흥미로운 역설과 마주한다. 의대로 몰리는 학생들도, 해외로 떠나는 과학자들도, R&D 예산을 삭감하는 정부도, 모두 나름의 합리적 이유를 갖고 있다. 학생들은 안정적인 미래를 위해, 과학자들은 더 나은 연구 환경을 위해, 정부는 당면한 재정 문제 해결을 위해 각자는 최선의 선택을 했다고 믿는다. 그런데 이 모든 '합리적' 선택이 모여 만든 결과는 '비합리적' 미래다. 게임이론에서 말하는 '죄수의 딜레마'가 국가적 규모로 펼쳐지고 있는 셈이다.

<인재전쟁>은 이들을 주로 시스템의 희생자로 그린다. R&D 예산 삭감에 고통 받는 연구자들, 경쟁에 지친 수험생들, 미래가 불안한 청년들. 분명 그들은 구조적 모순의 피해자다. 하지만 다른 각도에서 보면 이들은 동시에 시스템의 공모자이기도 하다. 의대에 가는 학생 한 명 한 명이 의대 쏠림 현상을 더욱 고착화한다. 해외로 떠나는 과학자 한 명 한 명이 국내 연구 생태계의 공동화를 가속화한다. 구조가 개인을 규정하지만, 동시에 개인들의 선택이 모여 구조를 재생산한다.

이 순환의 고리는 견고하다. 부모는 자녀에게 의대를 권하고, 자녀는 그 기대에 부응하려 하고, 학원은 이런 수요에 맞춰 의대 반을 확대하고, 대학은 의대 정원 확대를 요구하고, 정부는 여론에 떠밀려 정원을 늘린다. 모두가 이 시스템의 문제를 알면서도, 동시에 모두가 이 시스템을 유지시키는 데 일조한다. 누가 먼저 이 고리를 끊을 것인가? 아니, 끊을 수 있기는 한 것인가?

중국의 '천인계획'을 부러워하는 시선도 있지만, 이것도 결국 같은 딜레마를 다른 방식으로 푸는 시도 중 하나다. 국가가 막대한 자금으로 전 세계의 인재를 사들이는 것, 이것은 인재를 하나의 상품으로 보는 또 다른 방식의 물신화다. 돈으로 살 수 있는 충성심이 진정한 애국심일까? 돈으로 유치한 인재가 진정한 혁신을 만들어내는 것일까?

더 근본적인 질문은 이것이다. 우리는 왜 인재를 '전쟁'의 대상으로 보는가? 왜 '확보'하고 '유치'하고 '쟁탈'해야 하는 자원으로 보는가? 인재를 둘러싼 이 군사적 은유들이 말해주는 것은, 결국 우리가 사람을 목적이 아닌 수단으로 보고 있다는 사실 아닐까.

<인재전쟁>은 이런 근본적 질문까지는 도달하지 못한다. 카메라는 현상을 포착하지만, 그 현상을 만들어내는 우리 모두의 이 같은 공모에 대해서는 침묵한다. 어쩌면 그것이 이 다큐멘터리의 한계일 수도 있고, 어쩌면 우리 사회가 아직 마주하고 싶지 않은 불편한 진실일 수도 있다.

불이 꺼지지 않는 도시를 벗어나며

> 내가 한 일은 내가 이제까지 한 모든 일보다 훨씬, 훨씬 더 좋은 일이다. 그리고 내가 이제 취할 휴식은 내가 이제까지 알아온 모든 것보다 훨씬, 훨씬 더 좋은 휴식이다.[2]

디킨스가 『두 도시 이야기』의 마지막에 주인공 시드니 카턴의 입을 빌려 전한 이 대사는, 파리와 런던 두 도시의 방식이 아닌 제3의 가능성을 생각하게 한다. 그의 희생이 잉태하는 것은 혁명과 보수라는 낡은 대립 구도를 넘어선 새로운 시대로 우리는 이 소설의 끝을 바라볼 수 있을 것이다.

---

2 찰스 디킨스, 『두 도시 이야기』, 686쪽.

<인재전쟁>이 대비한 베이징과 서울, 항저우와 대치동의 풍경은 분명 극적이었다. 하지만 우리가 진정 주목해야 할 것은 프레임 밖에 존재하는, 카메라가 담지 못한 수많은 이야기다. 996 문화에 지친 중국 청년들과 탕핑족의 좌절, 박봉에도 묵묵히 연구를 계속하는 한국 과학자들의 열정의 존재는 두 도시가 겉으로는 달라 보여도 결국 불이 꺼지지 않는 두 도시는 같은 고민을 안고 있음을 말해준다.

<인재전쟁>의 의의는 분명하다. 유튜브에서의 상당한 화제성, 특별 토론회 개최, 무수한 온라인 논쟁이 증명하듯 이 다큐멘터리는 우리 사회의 민감한 지점을 건드렸다. 그러나 다큐멘터리가 던진 "기술이 곧 국력인 시대, 우리는 어떤 선택을 할 것인가?"라는 질문은 이제 다르게 물어야 한다. "인간이 곧 목적인 시대, 우리는 어떤 사회를 만들 것인가?" 인재를 '전쟁'의 대상으로, '확보'하고 '쟁탈'해야 할 수단으로 보는 군사적 은유에서 우리는 한 차원 더 나아가 새로운 생태계를 상상해야 한다.

"공대에 미친 중국, 의대에 미친 한국"이라는 제목 자체가 '미친다'는 표현이 일상이 된 사회에 우리의 병리를 잘 드러낸다. 이제는 '미침'을 넘어 '즐김'으로, '전쟁'을 넘어 '생태계'로, 제로섬에서 포지티브로의 패러다임을 전환해야 할 때다. 중국의 국가 주도도, 한국의 시장 중심도 아닌, 다양성을 인정하고 실패를 용인하며 과정을 중시하는 제3의 길 말이다.

<인재전쟁>은 하나의 경고이자 거울이었다. 최악의 시대가 최선의 시대로 전환될 가능성은 여전히 열려 있다. 그 전환의 주체는 정부도, 기업도, 대학만도 아닌 이 다큐멘터리를 시청하는 우리 모두다.

두 도시의 불은 여전히 꺼지지 않는다. 베이징의 연구소에도, 서울의 학원가에도 밤새 불이 켜져 있다. 하지만 그 불빛이 희망의 등불인지 소진의 신호인지는 우리의 선택에 달려 있다. 지금 이 순간, 우리는 역사의 분기점에 서 있다.

블랙아웃에도 볼 수 있는 것들

김수만

MBC 드라마 <백설공주에게 죽음을: Black Out>은 넬레 노이하우스(Nele Neuhaus)의 동명 소설을 원작으로 하여 제작되었다. 원작 소설이 독일에서 32주 연속 판매 1위를 기록하며 작품성을 검증받았듯이 드라마 역시 회당 시청률이 꾸준히 상승해 최종회 8.8%의 높은 수치를 기록하며 국내에서 큰 주목을 받았다.

드라마의 이러한 인기는 원작 소설이 지닌 매력의 상당 부분을 효과적으로 계승한 데서 기인한다. 원작은 동료 살해 혐의로 10년간 억울하게 복역한 주인공이 사건의 진실을 파헤치는 과정을 통해 긴장감 넘치는 추리극을 선보였다. 특히 선과 악의 경계가 모호한 주변 인물들의 정체와 미궁에 빠진 사건 해결은 독자들을 끊임없이 몰입시키는 핵심 동력이었으며 이 흥미로운 서사 구조와 인물 간의 역동성은 드라마 <백설공주에게 죽음을: Black Out>에도 충실히 구현되었다.

그러나 <백설공주에게 죽음을: Black Out>은 단순히 원작의 서사를 재현하는 데 그치지 않고, 한국적 특성을 심도 있게 결합함으로써 작품의 지평을 확장했다는 점에서 비평적 주목을 요한다. 제작진은 "유럽의 논리적 명확성과 상반된 한국 특유의 정서와 감성을 고스란히 담았다"라고 밝힌 바 있으며, 이는 한국적인 사회구조, 관계망, 그리고 고유의 정서적 관습 등을 원작의 서사 속에 적극적으로 녹여냈음을 의미한다.[1] 이러한 재해석은 단순한 배경 설정의 변화를 넘어, 인물들의 내면적 갈등과 사회적 함의를 더욱 깊이 있게 탐색하는 기반이 되었다. 그 결과, 드라마는 원작이 제시하는 범죄 스릴러의 틀 위에서 한국 사회의 고유한 맥락 속에서 파생되는 사회적, 도덕적 질문들을 던지며 단순한 오락물을 넘어선 비판적 담론을 유발했다. 본 비평은 이 작품이 한국적 각색을 통해 어떤 새로운 가치를 창출했으며 그 과정에서 나타난 의의와 한계점을 다각도로 분석하고자 한다.

가족주의

개인을 중심에 두는 서구와 달리, 한국 사회는 전통적으로 집단을 우선하는 경향이 강하며 그 시작점에는 '가족'이 자리한다. 유교 사상의 영향을 깊이 받은 역사 속에서 가족은 단순한 혈연 공동체를 넘어, 개인의 정체성과 사회적 역할을 규정하는 핵심 단위로 작동해 왔다. 이러한 배경은 '집단'의 의미가 '가족'에서부터 확장되는 한국 사회 특유의 집단주의

1 "프로그램 소개", MBC, https://program.imbc.com/Concept/BlackOut(검색일: 2025.9.4).

적 사고방식을 형성하는 데 결정적인 영향을 미쳤다.

<백설공주에게 죽음을: Black Out>의 사건 전개는 이러한 가족주의적 관습이 어떻게 정의와 진실을 왜곡하고 은폐하는지를 극명하게 보여준다. 10여 년 전 무천 마을에서 발생한 심보영 살인사건은 친구였던 가해자 양병무와 신민수, 목격자 현건오 사이의 문제에서 비롯되었다. 그러나 이 사건을 수습하고, 심지어는 범죄를 은폐하며 비극을 확대한 이들은 다름 아닌 이들의 아버지인 양흥수, 신추호, 현구탁이었다.

이는 개인이 저지른 과오에 대해 그들 가족 전체의 명예와 안위를 우선시하는 한국형 가족주의의 어두운 단면을 드러낸다. 자녀의 죄를 감추기 위해 거짓을 만들고 사건을 조작하는 아버지들의 행태는 혈연으로 묶인 가족 공동체가 가진 강력한 유대가 어떻게 윤리와 도덕성을 침해하고 결국 더 큰 파국을 초래하는지 보여주는 비판적 지점이다. 드라마는 단순히 가해자들의 범죄를 넘어, '가족을 지킨다'는 명분 아래 자행된 기성세대의 무분별한 개입이 사건의 본질을 흐리고 진실을 가로막는 병폐가 됨을 폭로한다.

나아가 양흥수, 신추호, 현구탁 이 '아버지들'이 서로 호형호제하는 막역한 관계였다는 점은 단순한 혈연을 넘어선 가족주의의 사회적 확장을 시사한다. 특히 원작에서 경제적 이해관계로 마을 사람들을 포섭하던 대부호 클라우디스 테를린텐과 달리, 한국적 각색에서는 현구탁이 막강한 공권력을 지닌 경찰서장으로 설정된다는 점이 중요하게 다가온다. 이는 단순한 가족 문제에 그치지 않고, 중립을 지켜야 할 행정 권력이 사적인 유대에 의해 좌지우지되며 공적 시스템이 사유화될 수 있음을 보여주는 비판적 지점이다.

이처럼 확장된 패거리 집단주의는 순수한 가족의 의미를 훼손하고 문제의 심각성을 극대화하며 그 파장을 사회 전체로 확산시킨다. 예컨대 예형실은 남편 박형식의 불륜 및 살인 사실을 인지하고도 도지사가 되기 위한 자신의 정치적 야망을 위해 이를 은폐하려 한다. 사안이 통제 불능 상태에 이르자 그녀는 급기야 남편의 살해를 교사하고 자살로 위장했다. 이는 혈연으로 맺어진 가족마저도 자신의 권력 유지 수단으로 전락시키는 개인의 이기적 욕망이 투영된 패거리 집단주의의 잔혹한 이면을 드러낸다.

현구탁 또한 진실을 폭로하려던 아들 수오를 억압하다 결국 수오의 자살이라는 비극을 목도한다. 그러나 그는 아들의 죽음이 불러온 비극과 진실 규명에 대한 아들의 마지막 염원마저 외면하고 예형실의 승진 제안을 받아들이는 비정한 모습을 보인다. 이는 개인적인 비극조차 자신의 이권과 집단의 이해관계 앞에 무력화되는, 이기적 가족주의가 권력 지향적 패거리 집단주의로 변질되는 어두운 단면을 극명하게 드러낸다. 결국, 이처럼 집단적 유대와 권력이 오도된 가족주의와 결합하며 작동할 때, 무고한 개인은 쉬이 피해자가 될 수밖에 없다. 이러한 왜곡된 시스템 속에서 고정우는 혼자 동떨어져 불공정한 싸움을 벌여야 하는 인물이 된다. 그는 억울한 옥살이를 겪고, 아버지를 잃으며, 어머니는 핍박받는 가운데 진실을 향한 고독하고 무모한 투쟁을 이어갈 수밖에 없는 고립된 존재로 그려진다.

왜곡된 가족주의에 대한 저항과 새로운 관계의 모색

앞서 언급한 왜곡된 가족주의와 그로부터 파생된 패거리 집단주의가 사회를 병들게 하는 주요 원인으로 작용하지만, 드라마는 동시에 이러한 부정적 현실에 저항하고 새로운 형태의 인간적 연대와 윤리적 관계를 모색하는 인물들을 통해 희망의 가능성을 제시한다.

가장 먼저 눈에 띄는 것은 주인공 고정우의 어머니 정금희의 모습이다. 원작에서 사망하는 것과 달리, 드라마 속 정금희는 아들의 결백을 굳게 믿고 모든 역경 속에서도 그를 지지한다. 아들이 누명을 쓴 채 옥살이를 하는 동안 괄시를 당하면서도 무천가든을 떠나지 않으며, 마지막에는 현수오를 품는 너그러움을 보여준다. 이는 혈연으로 맺어진 관계가 맹목적인 이기심과 결탁하는 대신, 순수한 모성과 인간적 포용으로 발현될 때 어떤 강력한 힘을 가질 수 있는지 보여주는 대비점이다. 그녀의 모습은 작품에서 표현된 배타적인 가족주의와 상반되는, 순수한 애정과 신뢰를 기반으로 한 관계의 가능성을 암시한다.

이러한 새로운 형태의 연대는 혈연을 넘어, 사회적 차원으로 확장되어 나타난다. 고정우의 사건을 재수사하게 된 형사 노상철은 초기에는 그를 의심하지만, 점차 10년 전 수사의 부실함을 깨닫고 진실을 향한 직업적 윤리 의식과 정의감을 바탕으로 고정우를 적극적으로 돕기 시작한다. 또한, 의대생으로서 무천가든에서 일하며 사건의 전모를 알게 된 하설은 개인적인 위험을 무릅쓰고 진실 규명을 위해 헌신적으로 고정우를 조력한다. 이들의 행동은 혈연적 유대나 집단적 이익과는 무관하게, 보편적인 윤리 의식, 정의를 향한 의지, 그리고 약자에 대한 연민이 바탕이 된 자발적 연대임을 보여준다.

드라마는 노상철과 하설 같은 인물들의 등장을 통해, 부패한 가족주의적 카르텔에 맞설 진정한 사회적 연대의 중요성을 강조한다. 이는 개인이 지닌 양심과 정의감이 모여 사회적 시스템의 오류를 바로잡고 무고한 피해자들을 구원할 힘으로 작용할 수 있다고 역설한다. 결국, 드라마는 맹목적인 혈연 중심의 이기적 가족주의가 아닌, 보편적 가치와 신뢰를 기반으로 형성된 관계망이야말로 어둠 속에서 진실을 밝히고 정의를 실현할 유일한 동력원임을 시사한다.

진실의 '발견'과 시스템의 역할

개인의 양심과 정의감은 문제 해결의 발단이었지만, 실질적인 진실 규명은 체계적 증거와 논리를 통해 이루어진다. 고정우의 무고함을 증명하기 위해서는 감정적 호소를 넘어선 총체적인 증거 기반의 해결 방안이 필요했다. 그 과정의 핵심은 10년 전 심보영 사망 당시를 기록하는 증거들, 즉 휴대폰, 책가방, 속옷 등이었다. 이 유류품들에서 발견된 동영상은 사망 현장에 고정우가 아닌 양병무, 신민수가 있었음을 명확히 밝혔고, 속옷에서 나온 DNA는 그들이 자행한 성폭행을 입증했다.

그러나 현구탁과 양흥수, 신추호 등은 양병무, 신민호의 성폭행은 인정하되 살인만은 부인하려 했다. 이들의 책임을 명확히 규명하기 위해서는 결정적 증거가 요구되었고, 이는 고정우 아버지가 폐차하려 했던 자동차의 등장으로 반전된다. 폐차되지 않고 보존된 자동차는 사건 해결의 결정적 단서가 된다.

마찬가지로 박다은 살해 사건 역시 동일한 궤적을 그린다. 심보영의 유기 시간과 박다은의 살해 시간이 같았다는 점 때문에 고정우의 범죄로 오인되었던 기존 논리가 증거 앞에서 어그러진다. 결정적 증거는 당시 목격자이자 사건 설계자인 최나겸이 남긴 동영상에서 확보되었고, 양병무의 폭로와 최나겸의 SD 카드를 통해 박다은 살인 범행의 주범이 박형식임이 밝혀지며 사건은 최종적으로 해결된다.

이렇듯 작품은 사건 해결에 단순한 정의감의 발현을 넘어, 실질적인 증거 확보와 엄정한 논리 적용이 필수적임을 보여준다. 고정우가 홀로 진실을 밝히기 힘겨웠던 상황에서 노상철과 하설의 도움이 사건 해결에 결정적 동력을 제공한 점은, 개인의 의지가 시스템적 접근과 결합할 때 비로소 정의가 실현될 수 있음을 시사한다. 이 과정에서 드라마는 마치 여러 증거가 극적으로 보존되거나 발견됨으로써 '법의 심판'이라는 시스템이 작동된 것처럼 연출한다.

해피엔딩의 환상, 그리고 현실의 물음

가해자는 처벌받고, 고정우는 법원의 재심을 통해 무죄 판결을 받으며 어머니, 현수오와 함께 새로운 삶을 향해 나아가는 '훈훈한' 결말을 맞는다. 많은 시청자에게는 답답했던 상황이 해소되는 통쾌함을 선사하며 장정의 드라마는 달콤한 마무리를 이룬다.

그러나 이러한 해피엔딩이 과연 현실을 반영하는지는 비판적 검토가 필요하다. 드라마 속 사건 해결의 결정적 단서들, 즉 10여 년 전 심보영의 휴대폰과 유품, 그리고 박형식의 불륜 및 살인 현장을 담은 최나겸의 SD카드 등은 모두 기적적으로 보존되어 필요할 때마다 등장한다. 이는 마치 플롯의 편의성을 위해 현실적 개연성을 희생한 것처럼 보인다. 강력한 권력과 조직적인 은폐가 작동하는 현실에서, 이렇게 오랜 시간이 지난 결정적 증거들이 온전히 보존되어 정의를 실현하는 것은 드라마적 판타지에 가깝다.

2023년에 개봉한 정주리 감독의 영화 <다음 소희>는 2017년 콜센터 현장 실습생의 죽음을 다루며 이와 대비되는 현실을 날카롭게 보여준다. <다음 소희>에서도 사건을 주목하고 해결하려 노력하는 경찰 유진이 등장하지만, 그녀가 아무리 애를 써 조사하고 수사해도 소희를 죽음으로 내몬 부당함은 결국 명확히 소명되지 못한다. 이는 <백설공주에게 죽음을: Black Out>에서 시스템이 극적으로 작동해 진실을 밝혀내는 것과 달리, 현실의 부당한 시스템이 어떻게 개인의 의지를 좌절시키고 정의 실현을 가로막는지 여실히 드러낸다. 영화화되기 전 SBS <그것이 알고 싶다>에서도 다뤘듯, 현실에서는 여전히 수많은 '다음 소희'들이 희생되고 있을 뿐이다.

이처럼 부당한 권력과 시스템에 맞서는 개인의 노력은 현실에서 종종 초라하게 귀결된다. <백설공주에게 죽음을: Black Out>의 결말은 고정우 같은 무고한 개인이 사회적 연대와 시스템의 도움으로 복원될 수 있음을 보여주지만, 동시에 이는 현실에서 작동하기 어려운 '완벽한 증거의 발견'에 크게 의존하는 희망적인 서사에 불과하다. 드라마가 범죄 해결을 이끌어내며 대중에게 환호를 받았음에도 불구하고, 우리는 이 작품을 통해 사회에 만연한 비논리적 비난과 맹목적 감정들에 대한 성찰의 필요성을 재확인해야 한다. 드라마는 비록 '해피엔딩'으로 마무리되었지만, 제작 의도에 "정의롭지 않은 모습에 분노를 잘하는 한국인들이지만 그 분노가 선택적이지 않다고 할 사람은 과연 얼마나 될까?"라고 명시했듯이, 이 작품은 '개인의 무고함이 극적으로 밝혀지는 이야기'를 넘어, 현실 속 무수한 '백설공주'들이 직면하는 냉혹한 진실을 돌아보게 하는 역할을 한다. 작품이 제시하는 '시스템의 승리'가 현실에서는 요원한 판타지임을 인지할 때, 비로소 이 드라마는 단순한 오락물을 넘어선 비판적 메시지를 전달하게 된다.

'Black Out', 시스템 마비의 은유

<백설공주에게 죽음을: Black Out>은 맹목적인 가족주의와 이에 편승한 권력의 부패가 어떻게 개인의 삶과 사회 정의를 유린하는지 적나라하게 보여주었다. 드라마는 한편으로 개인의 용기와 연대가 진실을 밝히는 동력임을 그렸으나, 다른 한편으로는 증거의 우연한 발견과 같이 비현실적 해결 방식을 통해 시스템의 허점과 현실 간의 괴리를 드러냈다. 이러한 비판적 시선은 작품의 부제 'Black Out'이 지닌 다층적 의미를 통해 더욱 심화된다.

부제 'Black Out'은 일차적으로 주인공 고정우가 기억을 잃은 사이 모든 누명이 씌워졌다는 점에서 '개인의 기억 상실'이라는 의미를 내포한다. 이는 진실이 봉인되고 왜곡되는 과정을 상징하며 무고한 이들이 겪는 인지적·정신적 혼란을 시각화한다.

그러나 이 용어는 더 나아가 '사회 시스템의 전면적인 기능 정지'라는 의미, 즉 '정전'을 뜻하기도 한다. 10여 년간 고정우의 무고함이 철저히 묵살되고 권력자들의 공모가 은밀하게 지속되었던 상황은 단순한 정의의 부재를 넘어, 국가 공권력과 사회적 양심이 마비된 '블랙아웃' 상태를 연상시킨다. 이는 부패한 가족주의적 카르텔과 권력의 사유화가 초래한 사회 기반 시설의 '정전'이며, 정의와 진실이 빛을 잃은 암흑의 시간을 의미한다.

결국 드라마 속에서 '블랙아웃' 된 정의가 우연히 발견된 증거들로 '복구'되는 것처럼 그려진다. 그러나 이는 오히려 현실의 '블랙아웃' 된 시스템이 기능하는 것처럼 보이기 위해서조차 얼마나 비현실적인 개입이 필요한지를 역설적으로 보여준다. 제작진이 이 부제를 깊이 고민했다는 점은 드라마가 단순한 개인의 비극을 넘어, 사회 전체의 시스템이 마비되었던 암흑시대를 상징하며 정의 회복이 얼마나 위태롭고 기적적인 일인지 질문하고자 했음을 시사한다.

궁극적으로 <백설공주에게 죽음을: Black Out>은 개인의 기억이 상실되고 사회 시스템이 마비되는 '블랙아웃'의 상태에서 어떻게 진실이 은폐되고 왜곡되는지 통렬하게 고발한다. 비록 극적인 해결과 해피엔딩을 제시했지만 이는 시청자에게 현실 속에서 우리가 마주하는 수많은 '블랙아웃'들이 과연 드라마처럼 쉽게 '복구'될 수 있을지에 대한 근본적인 질문을 던지며, 진정한 의미의 정의는 개인이 아닌 시스템 전반의 변화에서 시작되어야 함을 역설한다.

인재전쟁이 놓친 것들, 직업의 사회적 책임과 윤리

KBS 〈다큐 인사이트: 인재전쟁〉과 다큐멘터리의 성찰 과제

김한태

‘인재전쟁’을 넘어, 다큐멘터리가 던져야 할 질문들

2025년 7월 방영된 KBS <다큐 인사이트: 인재전쟁>(이하 <인재전쟁>) 2부작은 한국과 중국의 인재 양성 구조를 대비적으로 조명하며 큰 반향을 일으켰다. ‘공대에 미친 중국’과 ‘의대에 미친 한국’이라는 강렬한 부제처럼, 다큐멘터리는 4차 산업혁명 시대 과학기술 패권을 둘러싼 국가 경쟁 속에서 두 나라 엘리트 학생들의 진로 선택과 그 배경에 놓인 사회 구조를 생생하게 보여주었다.

훌륭한 다큐멘터리는 단순히 현상을 보여주는 데 그치지 않는다. 사회의 깊은 곳을 들여다보고, 그 이면의 의미를 발견하며, 나아가 사회가 나아가야 할 방향을 제시하는 미덕을 지닌다. 그러나 <인재전쟁>은 현상을 충실하게 묘사했음에도 불구하고, 직업이 가진 사회적 책임이나 우리가 함께 고민해야 할 미래의 대안에 대한 질문을 충분히 던지지 못

했다는 아쉬움을 남긴다. 이 비평은 다큐멘터리가 보여준 현실을 넘어, 우리가 직시해야 할 구조적 모순과 성찰적 과제에 대해 논하고자 한다.

중국의 '공대 열풍'과 국가 주도형 인재 전략

<인재전쟁> 1부 '공대에 미친 중국' 편은 중국의 과학기술 인재 육성 전략을 다각도로 보여주며, 개인의 삶과 국가 정책이 어떻게 긴밀히 맞물려 있는지를 잘 드러낸다. 항저우의 한 부모가 집 두 채를 팔아 '학군방(房)'으로 이사한 사례는, 부모 세대의 경제적 자본이 교육 자본으로 전환되는 과정을 상징적으로 보여준다. 이는 부르디외(Pierre Bourdieu)의 자본전환[1] 이론처럼 부모 세대의 경제력이 자녀의 교육 투자로 이어지고, 이것이 결국 높은 사회적 지위와 안정적인 직업으로 돌아오는 구조가 선명히 드러난다.

흥미로운 대목은 한국 과학자인 푸단대학교 이영백 물리학과 석좌교수가 "한국에서는 연구 예산이 줄어 미래가 보이지 않았다"라고 말하며 중국행을 선택했다는 내용이다. 단순히 개인의 선택이 아니라 국가 과학기술 정책과 연구 환경이 인재의 진로를 규정하는 구조적 맥락을 드러낸다. 이는 다큐멘터리가 가진 관찰적 장점(개인 서사의 진솔함)을 잘 보여주지만, 동시에 구조적·제도적 분석이 부족했다는 한계를 재차 확

1 피에르 부르디외, 『구별짓기: 문화와 취향의 사회학』, 최종철 옮김(새물결, 2005). 문화자본은 개인이 가진 취향, 교육, 언어, 예술 감식력 등 문화적 능력으로, 이는 단순한 개인적 취향이 아니라 계급적 위치를 드러내고 사회적 구별을 만들어내는 수단으로 작동한다고 설명하는 개념이다.

인시킨다. 즉, 중국의 과학·기술·공학·수학 교육 열풍과 국가 주도의 창업·연구 생태계를 생생히 포착했으나, 그 안에서 발생하는 불평등, 실패 비용의 사회화, 직업적 윤리 문제까지는 충분히 제기하지 못했다. 따라서 본편의 의제 설정 기능은 여전히 제한적이었다고 평가할 수 있다.

한국의 '의대 블랙홀'과 경제적 안정 추구

<인재전쟁> 2부 '의대에 미친 한국' 편은 한국 사회에서 의대 진학이 '성공의 유일한 경로'처럼 자리 잡은 현실을 집중적으로 보여준다. "공대를 나와도 결국 월급쟁이"라는 인식, "과외비 1억으로 의대에 보낼 수 있다면 쓰겠다"라는 발언은 한국 사회에서 의대 진학이 계급 재생산의 확실한 통로로 기능하고 있음을 보여준다. 부모 세대의 자본이 사교육 인프라와 결합하면서, 의대는 '안정된 삶'의 보증수표로서 가장 강력한 상징자본으로 자리 잡는다. 또한 IMF 이후 한국 사회에서 '평생직장'이 붕괴되고, 판·검사나 의사와 같은 '사(士)자 직업'만이 안정성을 보장받는 구조로 변한 맥락을 짚어낸다. 이는 울리히 벡(Ulrich Beck)의 위험사회론[2]으로 해석될 수 있다. 불확실성이 일상이 된 사회에서, 의대는 위험을 최소화하는 전략적 선택지로 과잉 의미화된 것이다. 그러나 다큐멘터리는 단순히 의대 쏠림의 현상만 보여주는 데 머무르지 않았다. 과거 공학 인재들이 국가 성장의 주역이 되었던 1980~1990년대 자율주행 자동차·반

2 울리히 벡, 『위험사회: 새로운 근대(성)를 향하여』, 홍성태 옮김(새물결, 1997). 현대 사회가 기술 발전과 경제 성장으로 인해 새로운 형태의 위험에 직면하고 있음을 설명하는 개념이다.

도체 개발 등 역사적 사례를 삽입해 현재와의 대비를 부각했다. 또 신소재·웨어러블 로봇 등 꾸준한 도전적 연구 성과를 보여주었지만, 공학도들이 안정적 보상과 사회적 인정 부족으로 좌절하거나 이탈하는 현실을 병치함으로써 구조적 모순을 드러냈다. 서울대 공대 학장이 매년 120명 이상의 학생들이 의대로 이탈하는 현실을 '국가 인재 정책 실패의 증거'라고 말한 것처럼, 다큐멘터리는 의대 쏠림 현상이 단순히 개인의 선택 문제가 아님을 명확히 보여준다. 또한 실리콘밸리로 향하는 인재들의 인터뷰는, 한국의 불안정한 연구 환경과 단기적 지원 구조가 창의적 인재의 이탈을 가속화함을 보여준다.

결국 2부는 한국 사회의 의대 쏠림이 단순히 학부모와 학생의 욕망 차원이 아니라, 위험사회 속에서의 불안 관리 전략, 자본 전환 구조를 통한 계급 재생산, 국가 인재정책의 부재라는 복합적 문제임을 보여주었다. 그러나 이러한 구조적 분석은 주로 시청자의 해석에 맡겨졌으며, 다큐멘터리 본편은 현상 제시에 치중했다는 한계도 여전히 남는다.

역사적 기시감과 직업 선택의 사회적 책임 부재

흥미로운 점은 중국의 현재가 한국의 과거를 닮아 있다는 사실이다. 1980~1990년대 한국의 '공대 황금기'에는 전자공학·컴퓨터공학이 취업과 성공의 지름길로 각광받았다. 그러나 IMF 이후 연구자와 개발자는 구조적 '패자'로 전락하며 직업적 안정성이 붕괴되었다. 반면 오늘날 중국은 국가가 과학자에게 '영웅 대우'를 부여하고 안정적 연구 환경을 보장하며 엘리트 과학도의 사회적 위상을 강화하고 있다. 이는 같은 기술 중심주의라도 사회적 제도와 문화가 인재 배치를 어떻게 달리 만드는지 보여준다. 본 다큐멘터리의 가장 큰 한계는 직업 선택을 사회적 책임과 연결하지 못한 점이다. 다큐멘터리 속 청년 창업자가 "돈보다 많은 사람들에게 영향을 주고 싶다"라 말했지만, 이 발언은 충분히 확장되지 않았다. 직업이 단순히 개인의 안정된 삶을 위한 경제적 수단이 아니라, 사회적 기여와 윤리적 책임의 장이라는 논의가 부재했다는 점은 아쉬움으로 남는다. 특히 한국의 의사 열풍을 다루면서도 '진짜 의사란 무엇인가'에 대한 근본적 질문은 제기되지 않았다. 의사가 단순히 높은 보수와 안정된 지위를 보장하는 직업인지, 아니면 환자의 생명과 건강을 돌보며 사회적 돌봄을 실천하는 존재인지는 중요한 논의 지점이다. 마찬가지로 중국의 과학 열풍 역시 '진짜 과학자란 무엇인가'에 대한 성찰로 이어지지 못했다. 과학자가 단순히 국가적 발전을 위해 동원되는 기능적 인재인지, 혹은 인류 보편적 지식의 축적과 사회적 윤리를 함께 고민하는 존재인지는 본질적 차이를 낳는다. 그러나 다큐멘터리는 이러한 질문을 충분히 확장하지 못해, 직업의 사회적 의미와 윤리적 책임에 관한 논의가 빈약하게 남았다.

구조주의 문화이론을 통한 비교의 의의와 한계

<인재전쟁> 2부작은 중국과 한국의 사례를 나란히 제시하며 두 사회의 인재 전략을 비교할 수 있게 했다. 구조주의 문화이론[3]의 관점에서 볼

---

3 클로드 레비스트로스, 『레비스트로스의 구조주의 문화 이론과 사상』, 강학순 옮김(교보문고, 2021). 문화 현상의 이면에 존재하는 보이지 않는 '구조'(즉, 규칙, 패턴, 관계의 체계)에 주목하는 이론으로서, 핵심은 각기 다른 문화적 표현

때, 이러한 구성은 단순한 병치가 아니라 차이를 통해 의미를 드러내는 기호 체계로 작동한다. 중국의 '공대 열풍'은 국가 주도와 과학기술 패권 담론 속에서 '발전'과 '국가적 자부심'의 기호로 기능하는 반면, 한국의 '의대 쏠림'은 불확실한 사회에서 '안정'과 '안전망'의 기호로 작동한다. 두 나라의 현상은 개별적 사실이라기보다, '국가-개인, 발전-안정, 미래-현재'라는 '이항 대립' 구조 속에서 의미를 획득한다. 이 다큐멘터리의 비교적 구성은 따라서 단순히 '중국은 앞서가고 한국은 뒤처진다'는 식의 수평적 비교가 아니라, 각 사회가 인재와 직업을 어떤 상징체계로 조직하는지를 드러내는 문화적 분석 장치로 이해할 수 있다. 다만 구조주의적 접근이 본질적으로 차이의 체계적 드러냄에 집중하다 보니, 왜 그러한 구조가 형성되었는지, 또 그 구조를 넘어설 수 있는 대안적 가능성은 충분히 제시되지 못했다는 한계가 남는다.

관찰적 다큐멘터리의 한계와 참여적·반성적 다큐멘터리의 필요

빌 니콜스(Bill Nichols)[4]에 따르면 관찰적 다큐멘터리는 1960년대 다이

이나 행동이 우연히 등장하는 것이 아니라, 인간 정신에 내재한 보편적 규칙과 원리에 따라 조직된다는 데 있다. 프랑스 인류학자 클로드 레비스트로스가 대표적 이론가로, 그는 언어학에서 발전한 구조주의적 사고를 문화 연구에 적용했다. 레비스트로스에 따르면 신화나 친족제도 같은 다양한 문화 현상 뒤에는 '이항 대립'과 같은 심층 구조가 존재하며, 표면적 다양성도 결국 이러한 구조적 패턴에서 나온다고 보았다.

4 빌 니콜스, 『다큐멘터리 입문』, 이선화 옮김(한울엠플러스, 2018). 다큐멘터

렉트 시네마와 시네마 베리테 전통에서 발전한 양식으로, 카메라가 '보이지 않는 관찰자'로서 인물과 상황을 기록하는 것을 목표로 한다. 인터뷰어의 개입을 최소화하고, 내레이션을 배제하거나 줄여, 관객이 마치 현장을 직접 목격하는 듯한 인상을 준다. <인재전쟁>은 학생과 부모의 일상을 따라가며 학습·진로 선택의 현실을 보여주는 방식에서 이러한 관찰적 형식을 따른다. 그러나 이 양식은 인물들의 개인적 경험과 일상적 선택을 잘 드러내는 장점이 있는 반면, 구조적·제도적 요인에 대한 분석은 상대적으로 부족하다는 한계를 가진다. 관찰적 다큐멘터리는 개인의 이야기를 통해 현상을 드러내지만, 그것이 어떻게 사회구조와 연결되는지는 관객 스스로 추론해야 하는 상태로 남는다. 이 지점에서 참여적·반성적 다큐멘터리의 필요성이 제기된다. 반성적 다큐멘터리 역시 제작진의 선택, 시각, 한계를 드러내며 관객에게 이 다큐멘터리가 특정한 관점으로 구성된 텍스트임을 인식하게 함으로써, 비판적 성찰의 가능성을 확장한다. 따라서 <인재전쟁>의 형식적 선택은 인물 중심의 생생한 묘사라는 장점을 가져왔지만 동시에 사회구조적 비판을 심화할 기회를 제약했다. 이는 다큐멘터리 형식이 단순한 미학적 문제를 넘어, 사회적 현상을 어떻게 비평하고 시청자의 이해를 어디까지 확장할 수 있는지 결정하는 중요한 요소임을 시사한다.

리의 다양한 표현 방식을 '양식(modes)'이라는 개념으로 분류한 다큐멘터리 연구자로서, 다큐멘터리가 현실을 어떻게 보여주고, 관객과 어떤 관계를 맺는지에 따라 여섯 가지 대표적 양식을 제시했다. 시적 양식, 설명적 양식, 관찰적 양식, 참여적 양식, 성찰적 양식, 수행적 양식이 있다. 이러한 분류는 다큐멘터리가 단순히 사실 전달을 넘어, 다양한 방식으로 의미를 구성하고 관객과 소통하는 방법을 이해하는 데 큰 기준이 된다.

인재전쟁 시대의 다큐멘터리적 과제

KBS의 다큐멘터리 프로그램은 <KBS 스페셜>, <수요기획>, <다큐 인사이트>로 이어지는 계보 속에서 한국 사회의 주요 의제를 성찰해 왔다. 1994년에 시작된 <KBS 스페셜>은 사회·역사·문화를 아우르며 공영 다큐멘터리의 대표 브랜드로 자리 잡았고, 1998년부터 방영된 <수요기획>은 사교육, 환경, 불평등 등 사회 문제를 집요하게 추적하며 의제 설정 기능을 선명하게 드러냈다. 2019년부터 방영 중인 <다큐 인사이트>는 디지털·OTT 시대에 맞춰 '통찰'을 제공하는 정통 다큐로 기획되었으나, 최근에는 큰 사회적 이슈에 한정되어 다뤄지는 경향이 나타난다. 이러한 흐름은 다큐멘터리가 여전히 공적 성찰의 장으로서 필요하지만 그 자리가 점점 위축되고 있음을 동시에 보여준다.

이러한 현실을 두고 필자는 이 시대가 '죽은 다큐의 사회'가 아닌가 생각했다. 사유와 성찰의 매체로서 다큐멘터리가 제 기능을 하지 못할 때, 사회는 깊이 있는 토론과 비판적 사고의 공간을 잃게 된다. 요즘처럼 '빠른 미디어'가 범람하는 시대에, 사람들은 자극적이고 손쉬운 콘텐츠를 소비하며 일상의 피로를 해소하려 한다. OTT와 유튜브는 이러한 소비 패턴을 활용해 더 강렬하고 자극적인 예능·드라마 콘텐츠를 대량 생산하고 있다. 프랑크푸르트학파의 문화산업론[5]이 지적하듯, 이는 대중

---

5 아도르노·호르크하이머, 『계몽의 변증법』, 김유동 옮김(문학과지성사, 2001). 문화산업은 자본주의적으로 대량생산된 대중문화(Mass Culture)를 의미한다. 아도르노와 호르크하이머가 대중문화 대신 문화산업이란 용어를 사용한 것은 그것이 대중에 의해 생산된 것이 아니라 산업적 구조에 의해 상품으로서 생산된 것이기 때문이다. 고도의 도구적 합리성이 지배하고 관료제화한 후기 자본주의 사회에서 문화는 이윤의 도구가 되었다. 그렇게 이윤의 도구가 된 문화산

을 수동적 소비자로 만들고 비판적 성찰을 약화시키는 구조다.

그러나 바로 이 지점에서 다큐멘터리의 존재 가치가 더욱 부각된다. 다큐멘터리는 '빠른 미디어'와 대비되는 '느린 미디어'로서, 표면적 사실의 소비를 넘어 사회적 맥락과 구조를 깊이 있게 탐구하고, 시청자에게 근본적 질문을 던지는 장르다. 따라서 이 시대의 다큐멘터리는 단순히 보고 즐기는 콘텐츠가 아니라 '진정한 의사란 무엇인가', '진정한 과학자란 무엇인가'와 같은 근본적인 질문을 던지며 사회적 성찰을 이끌어 내는 대안적 매체가 되어야 한다. KBS <다큐 인사이트: 인재전쟁> 2부작은 이러한 과제를 남겼지만, 동시에 다큐멘터리가 왜 여전히 중요한 장르인지 역설적으로 드러낸 사례라 할 수 있다.

업, 즉 대중문화는 사물화된 의식을 조장하고 대중을 무력화함으로써 독점자본주의 체제가 유지되고 재생산될 수 있도록 기능한다는 것이 프랑크푸르트학파의 문화산업론에 대한 주장이다.

가 작

제28회 좋은 방송을 위한 시민의 비평상

2020년대 사극이 가야 할 길, 〈옥씨부인전〉

문효민

들어가며: 2020년대 사극의 특징 '평범함에 고유성 부여하기'

2020년대 한국 사극은 현실 고증의 강박에서 벗어나며 '고유성'이라는 날개를 달았다. 강박에서 벗어난 덕에 창작진의 풍부한 상상력을 기반으로 현대 사회가 요구하는 서사를 시청자에게 제공할 수 있게 되었다. 역사 속 인물들이 현시대가 필요로 하는 메시지를 품으면서, 사극은 현대 사회로 보내는 편지 역할을 한다. 예컨대 2023년 방영한 MBC 사극 <연인>에서 조선 여성들은 오랑캐들에 의해 정절을 잃을 위기에 처하자 "더럽혀진 몸으로 돌아가면 부모님께 죄를 짓는 것"이라며 목숨을 끊는다. 반면 여자 주인공 유길채는 "내가 살고 싶다는데 부모님이 무슨 상관"이냐며 다른 여성들을 설득해 함께 살아남는다.

<연인>은 병자호란 당시 청나라로 끌려갔다가, 전쟁이 끝난 후 조선

으로 돌아온 여성들의 삶을 깊이 있게 다루면서 화제가 됐다. 미디어는 '환향녀'라며 손가락질당했던 여성들의 삶과 서사를 주목하는 데 소홀했다. 이는 '환향녀'를 기록하거나 분석한 사료가 턱없이 부족하기 때문이다. 그럼에도 <연인>은 고증의 강박에서 벗어나 현재 남아 있는 기록과 사료를 최대한 활용하고 허용적 상상력을 바탕으로 지금껏 아무도 주목하지 않았던 '환향녀'에 집중했다. 다시 말해 2020년대 사극은 지금껏 우리 사극이 주목하지 못했던 인물과 사건을 새로이 해석하면서 시청자들에게 새로운 관점과 상상력을 제공해 왔다.

지난해 겨울 방영한 <옥씨부인전>도 2020년대 사극의 이러한 특성과 궤를 같이한다. <옥씨부인전>의 주인공인 노비 구덕이는 우연한 사고로 양반 '옥태영'의 인생을 대신 살게 된다. 이 사고와 옥씨 양반가의 선의를 계기로 구덕이는 '옥태영'의 꿈이던 변호사(외지부)가 되겠다고 결심한다. 그렇게 청수현 마을 사람들에게 억울한 일이 생겼을 때마다 그들을 변호하며, 구덕이는 외지부 옥태영으로 번듯하게 성장한다.

그 과정에서 구덕이는 노비 신분을 들킬까 두려움에 떨고, 그것이 겁이 나 앞으로 나아가지 못하는 순간을 마주하기도 한다. 그러나 옥태영은 다양한 사건을 마주하면서 "내가 지켜야 할 사람을 지킬 것"이라 선언하며 자신을 내던지고 마을 사람들을 변호한다. 이런 면에서 <옥씨부인전>은 사극이라는 장르를 차용하긴 했지만, 성장 드라마의 성격을 짙게 띤다. 작품은 평범한, 혹은 평범함의 기준에도 도달하지 못한 노비 구덕이를 옥태영으로 변모시켜 주인공으로 내세우고 그의 이야기에 고유성을 부여한다. <연인>과 마찬가지로 고증에 집착하지 않고 풍부한 상상력을 작품 속에서 펼쳐내며 호평을 받았다.

간접화의 세계

<옥씨부인전>의 성장 서사는 사실 시청자의 시청 경험을 더욱 풍성하게 만들었다는 점에서 주목할 만하다. 작품은 옥태영이 성장하는 과정을 관람하는 시청자까지도 자신의 시민성을 반추하고 한 단계 성장하게 한다는 점에서 훌륭하다. 예컨대 구덕이는 노비인 제 신분을 들키지 않겠다는 개인적 목표에서 점차 공동체를 선한 방향으로 이끄는 목표를 수립하기에 이른다. 옥태영의 노비인 백이의 죽음을 둘러싼 비밀을 끝까지 파헤치고, 백이의 어머니인 막심의 목숨이 위험에 처할 때 자신의 목숨을 바쳐가며 막심을 지켜내기도 한다. 그렇다면 시청자의 시청 경험은 옥태영의 성장 과정을 지켜보며 어떻게 변화하고 또 발전했는가?

황현산 시인은 "간접화의 세계"라는 글에서 "역사적 사실 앞에서건 허구의 서사에서건 사람들은 주인공의(대개는 양반 계급의 선비나 무인이다) 자리에 무의식적으로 자기를 대입시킨다"라고 지적하며 하인은 언제나 우리의 '간접화의 세계'에 머문다고 꼬집었다. 나아가 "서사의 구조적 측면에서 볼 때, 하인은 우리에게서 멀리 있다. 우리가 주인공을 만날 수 있는 길은 열려 있지만, 그의 하인을 만나기 위해서는 몇 개의 문을 거쳐야 한다"[1]라고 분석했는데, 이것이 2016년 그가 펼친 주장이다. 2025년의 <옥씨부인전>은 간접화의 세계에 머물렀던 노비가 시청자와 직접 조우할 수 있도록 '몇 개의 문'을 과감하게 부수고자 했다. 그렇게 2020년대 사극은 어떠한 양태를 갖추는지, 또 갖춰야 하는지 새로운 모델을 제시했다.

물론 이 작품에서 우리가 마주하는 노비 구덕이는 양반 '옥태영'으로

---

1 황현산, "간접화의 세", ≪한겨레≫, 2016년 7월 14일 자.

변모한 상태다. 옥태영은 노비 구덕이와 동일한 인물이라고 상상할 수는 없을 정도로 완벽한 외지부가 되었다. 누명을 쓴 노비를 구명하거나 자신의 시아비를 죽게 만든 양반을 변호하며 투철한 직업의식을 보여주고, 대체 불가능한 외지부로서의 삶을 살아간다. 작품은 시청자가 노비에게 이입하도록 돕고, 노비와 시청자가 직접 만나는 세계관을 구현해냈지만, 이는 결국 '옥태영'이라는 탈을 쓴 채 가능하다는 한계가 남아있다.

그럼에도 '몇 개의 문'을 부수려는 시도 덕분에 이 작품은, 황현산 시인이 지적한 '간접화의 세계'에서 한발 더 나아갔다고 감히 평가할 수 있을 것이다. 시청자는 이 드라마를 통해 노비에게 자신을 투영해 보고, 옥태영의 주장과 가치관에 공감하며, 결국 노비인 그와 자신을 동일시하기에 이른다. 이는 역대 한국 사극도, 시청자도 해본 적 없는 시청 경험이다. 황현산의 말처럼 시청자는 자연스럽게 노비나 하인이 아닌 양반과 선비에게 자신을 이입해 왔기에 그렇다.

탄핵의 주체, 백성과 국민

지난 1월 19일 자 <옥씨부인전>에서 옥태영과 그의 남편 천승휘는 현감의 수탈과 부덕에 못 이겨 현감 김낙수를 탄핵하기에 이른다. "김낙수는 백성들이 큰 변을 당했음에도 그 심각성을 외면하고 회피하고 가렴주구(가혹하게 세금을 거두고, 백성의 재물을 빼앗는 것)만을 일삼았다"라는 이유에서다. "현감이라면 백성을 두려워하고, 백성을 살피고 백성들을 사랑해야 하거늘" 김낙수는 현감으로서 제 역할을 다 해내지 못하고 제 이익만 챙겨왔다는 것이다. 이 대목에서 시청자는 현대 대한민국과 드라마를 겹쳐보지 않을 수 없다.

지금껏 사극을 시청하며 현감, 왕조, 양반에 이입해 왔던 시청자들은 탄핵을 시도하는 옥태영과 천승휘를 보며 이내 깨닫는다. 우리는 누구에게 곧잘 이입하고, 또 누구를 간접화하며 살아가는지 말이다. 이처럼 드라마는 옥태영과 천승휘의 변론을 경유해 시청자에게 묵직한 질문을 던진다. 2025년 한국 사회에서 우리는 어떤 이에게 이입해야 하는가?

황현산은 이 칼럼에서 2015년 당시 구의역에서 컵라면 하나 먹지 못한 채 생을 마감한 젊은 수리공을 소환한다. 그러면서 정치인이나 권력자들이 그 젊은 수리공을 내 자식처럼 여기거나 상상하지 못한다고 주장한다. 그리고 그 상상력의 부족이 노동자들의 산재를 비롯한 우리 사회 문제를 해결하지 못하는 이유라는 점을 상기시킨다.

<옥씨부인전>은 노비 구덕이를 시청자 앞에 내세우면서, 관료나 권력자만이 누군가를 '간접화'하는 것이 아니라는 사실을 뼈아프게 각인시킨다. 산업재해로 숨진 몽골 이주 청년 강태완 씨와 쿠팡 노동자 장덕준 씨의 죽음 앞에서, 우리는 이 죽음에 얼마나 이입하고 또 그들이 가진 삶의 파고를 얼마나 상상할 수 있는지 질문한다. 노비 구덕이가 주인에게 당하는 물리적, 정신적 폭력을 '소혜 아씨'와 '김낙수'라는 인물을 통해 마주한 뒤, 그리고 이들이 현감의 탄핵을 선언하고 나서야 우리는 우리가 이입해 온 대상이 얼마나 한정적인지 자각한다. <옥씨부인전>은 창작진의 도전적인 시도와 당시 탄핵 정국이 만나면서 우연인지 필연일지 모를 조화를 만들어냈다.

구덕이와 현대인들의 완벽주의

성장 서사와 함께 <옥씨부인전>에서 드러나는 또 다른 특징은 '고유성'이다. 이 작품에서 가장 빛나는 고유성은 천승휘의 내조와 옥태영이 맡은 바깥일이다. 작품은 전형적 성역할의 전복을 반복적으로 시도하며 성별이라는 보편성에서 벗어나 각 인물의 고유성을 살리기 위해 고군분투한다. 사극이라는 장르는, 그 장르의 한계성 때문이라도, 조선 시대의 남존여비를 답습하기 쉽다. 그래서 <옥씨부인전>은 비유적으로 역할 반전을 드러내기보다 과감하게 뒤집기를 선택한다. 남자 주인공 '천승휘'는 기녀의 아들로 태어나 무예와 글쓰기를 즐기고, 사랑 앞에서는 물불을 가리지 않는다.

반면 주인공 구덕이는 태생이 영민해 일머리, 생활력이 뛰어나다. 그렇게 천승휘는, 제 이름과 꿈까지 버려가며 구덕이의 삶을 돕겠다고 선택한다. 그러고서 내뱉는 말은 예술이다.

"나는 지금 내 인생 최고의 무대에 뛰어든 것이야. 내 스스로 주인공이 돼서 너랑 지금 부부로 살고 있지 않느냐. 이 또한 내 꿈을 이룬 거나 다름이 없지."

이 대사를 받아 안은 시청자의 감동이 채 식기도 전에, 천승휘는 하루라도 너의 남편으로 살 수 있다면 죽음도 두렵지 않다는 명대사까지 남긴다. 방영 이후 천승휘의 전폭적 내조는 큰 화제를 불러왔다. "예전에는 나를 먹여 살려줄 실장님이 왕자님이었다면, 이제는 내가 일을 할 수 있도록 서포트해 줄 수 있는 캐릭터가 이 시대의 왕자님이 된 것"[2]이라는

2 "전문직 여성, 내조남이 뜬다 ….'옥씨부인전' '나의 완벽한 비서'", ≪파이낸셜뉴스≫, 2025년 1월 19일 자.

분석도 나왔다. 그러나 이는 반은 맞고 반은 틀렸다.

심리치료사 낸시 콜리어(Nancy Colier)는 저서 『나는 왜 나보다 남을 더 신경 쓸까?』(2023)에서 여성들이 상상 속의 완벽한 여자가 될 수 없는데도 그런 여자가 되어야 한다고 믿고, 자신이 세운 기준을 충족하지 못해 좌절한다고 지적한다. 이는 현대인과 400년 전 여성 노비 구덕이가 가진 뼈아픈 공통점이다. 작품에서 노비 구덕이의 본래 신분이 발각되면 자신은 물론이고 서방인 천승휘와 제 식솔들까지 목숨을 잃는다. 작중 현실은 구덕이가 모든 순간 완벽해지기를 압박한다. 구덕이는 자연스레 현대인의 고질병인 불면, 불안 등 정신적 스트레스를 얻게 되고, 작품은 이를 상세히 묘사한다. 이 과정에서 천승휘는 '내조'라는 이름으로 구덕이의 일상에 적절하게 개입하며 구덕이의 심신을 안정시킨다.

이는 단순히 내조 주체의 반전, 젠더 권력의 전복 등 정치적 의미를 넘어서서, 매사 완벽해야 한다는 강박에 갇힌 현대인(특히 여성)에게 드라마가 건네는 위로다. 천승휘는 작품 속에서 구덕이의 손을 잡고 "난 최고야. 난 대단해"를 반복하라고 말하며, 동시에 카메라를 응시한다. 이는 구덕이를 포함한 현대인에게 창작진이 건네는 응원이다. 다시 말해 이러한 연출은 <옥씨부인전>을 퀴어베이팅, PC주의, 여성주의 등에 한정해 해석하려는 시도는 1차원적이라고 분명하게 말한다. <옥씨부인전>이 건네는 메시지를 온전히 이해하기 위해서는 오히려 작품 곳곳에 숨겨진 고유성과 성장 서사를 직면하고, 적절하게 분석해야 한다는 것을 해당 장면은 명징하게 보여주었다.

'짬뽕'이라는 비난에 현실이 답하다

작가가 기획의도에서 밝힌 것처럼 <옥씨부인전>은 "왕좌를 차지하려는 사내들의 정치극도, 여성들의 궁중암투극도 아니다". 단지 인권과 직업의 귀천이 분명하던 조선 시대에 이러한 벽을 뚫어 생존하고, 또 상생하려 했던 한 여성의 이야기다. 이처럼 지금껏 사극에서 볼 수 없던 시도를 훌륭히 해낸다는 점에서, 일종의 '진보성'을 띠고 있다. 그리고 바로 이 지점 덕분에 <옥씨부인전>은 최고 시청률 13.6%를 기록하며 시청자들의 사랑을 독차지했다.

<옥씨부인전>은 천승휘와 옥태영 사이에서 발생하는 젠더 권력의 전복, 양반이라는 계급과 '소수자' 당사자성을 모두 가진 성윤겸이 보여주는 교차성 등 현대 사회조차 다루기 벅차하는 의제도 소화하려 한다. 이러한 도전은 "계급, 젠더, 퀴어의 문제를 사극의 틀 안에 녹여낸 드문 시도로, 오늘날 민주광장에 가장 어울리는 드라마"[3]라는 평을 받기에 충분했다.

물론 조선시대에 갑작스레 등장하는 듯 보이는 퀴어 이슈나 '소수자'라는 현대적 표현에 "퓨전이라는 이름의 다양성인지, 극적 갈등을 위한 무리한 설정인지 섣불리 판단하기 이르다"[4]라는 지적도 등장했다. 이는 무시할 수 없는 비판이다. 하지만 고증의 강박에서 벗어나 현대 사회가 마주한 질문들에 답하는 2020년 사극 장르의 흐름을 볼 때, 사극은 향후

---

3 "계급·젠더·퀴어 '사극' … 오늘의 민주광장서 튀어나온 듯", ≪한겨레≫, 2024년 12월 27일 자.

4 "'옥씨부인전' | 사극 男주인공이 성소수자? 중요한 건 …", 머니투데이, 2024년 12월 16일 자.

이러한 비판과 동행하며 답을 찾아가야 한다. 고증의 강박에서 벗어나 퓨전 사극이라는 장르가 제자리를 온전히 찾아가기 위해서는, 이러한 비판을 겸허히 받아들이되 새 시도를 멈추지 않는 창작진의 의지가 중요하다. 다만 시청자에게 다가오는 부자연스러움, 무리한 설정이라는 평가를 최소화할 방법 또한 창작진이 마련해야 한다는 숙제가 남아 있다.

마치며: 과거가 현재를 도울 수 있는가

노비 구덕이가 양반 '옥태영'으로 변신하는 그 설정은, 설정만으로도 과감하고 도전적이다. 그러니 촘촘한 개연성은 필수다. 개연성을 부여하기 위해 작가가 고안한 방법은 '연대'다. 노비 구덕이는 양반가의 폭력에 못 이겨 아버지와 함께 탈출을 감행하고, 그 과정에서 구덕이의 처지를 이해하는 주막 이모를 만난다. 그의 도움 덕에 노비의 태를 벗고 한복으로 환복해 평민 행색을 취할 수 있었다.

그 덕에 양반 '옥태영'을 만나고, '옥태영'이 준 한복을 입고 있던 덕에 '옥태영'이 사망한 후 구덕이가 대신 옥태영의 양반 지위를 얻을 수 있었다. 구덕이는 노비의 얼굴로 양반의 삶을 살게 돼 평생 '쓰개치마를 써야 할 운명'이었지만, "쓰개치마를 쓰고 숨어 사는 것은 너답지 않다"는 천승휘의 조언과 절친한 노비 백이의 죽음을 계기로 얼굴을 둘러싸고 있던 쓰개치마를 벗는다.

이후에도 외지부로서 변론을 이어가는 과정에서 옥태영은 자신이 타인에게 건넨 선의를 돌려받고 여러 차례 변론에 성공한다. 구덕이의 변론은 사실상 외지부 옥태영의 명예를 드높인다기보다는, 청수현 마을 사람들에게 정당한 법적 소명의 기회를 제공하는 행위다. 이처럼 마을 사람을 위해 온 구덕이의 선의는 구덕이의 신분이 드러나 처벌을 앞둔 상황에서 온전히 돌려받게 된다. 구덕이는 신분이 발각된 뒤에도 마을 사람들의 상소와 외지부 옥태영이 마을에 끼친 선한 영향력을 이유로 면천(免賤)된다. 이렇게 작가는 외지부 옥태영이 세상에 뿌려둔 선의를 모두 거둬들여 옥태영에게 다시 건네며 드라마를 마친다.

이 시점에서 우리는 지난해 10월 스웨덴에서 한국과 한국 문학을 알린 한강 작가의 격언을 꺼내지 않을 수 없다.

"과거가 현재를 도울 수 있는가. 죽은 자가 산 자를 구할 수 있는가."

소설가의 질문에 <옥씨부인전>은 충실히 답했다. 옥태영이 과거에 건넨 선의가, 내가 건넨 선행이 결국 다시 옥태영으로, 혹은 내게로 돌아올 수 있다는 것을 <옥씨부인전>은 보여주었다.

가 작

제28회 좋은 방송을 위한 시민의 비평상

사랑도 안티에이징이 되나요?

진짜 사랑에는 주름이 있다, 〈끝사랑〉이 감추는 것들

서노을

들어가며: 노화 방지 크림처럼 발라지는 연애 서사

제주도의 아름다운 풍경 속에서 50대 이상의 중년들이 사랑을 다시 시작하는 프로그램, 이름 하여 <끝사랑>이 지난해 11월 종영했다. 이 연애 예능은 겉으로는 노년의 사랑을 응원하는 듯 보이지만 막상 시청하다 보면 고개를 갸웃하게 되는 지점이 적지 않다. 회차 초반부터 출연자들의 건강 루틴, 외모 관리, 운동 등이 집중적으로 조명된다. 예컨대 출연자 정숙(55세)의 나이트 루틴에는 얼굴 관리뿐만 아니라 손 주름을 위한 손 팩, 발 각질을 막는 발 팩이 포함되어 있고, 재우(60세)는 매일 아침 하는 100개의 팔굽혀펴기를 자신의 정체성처럼 소개한다.[1] 그러나 이러한 자기관리 이미지가 실제 중년의 전형적 일상과 얼마나 닮아 있는지는 의문이다. 출연자들은 서로의 외모와 스타일에 감탄하고, 복장과 분위기에 이끌려 사랑에 빠진다. 이 모든 것은 개인의 취향이라기보다는 사회가 기대하는 노년의 '이상형'을 반영하는 듯하다.

미디어는 "50대의 사랑도 여전히 가능할까?"라는 질문을 전면에 내세운다. 그러나 그 이면에는 사랑조차 철저히 관리되고 연출되어야만 허락되는 감정이라는 메시지가 숨어 있다. <끝사랑>은 사랑을 마치 기초화장품처럼 세안하고 정돈하고 톤업한 뒤에야 카메라 앞에 올려놓는다. 그 결과, 감정은 맨얼굴이 아니라 관리받고 정리된 무언가로 제시된다.

이 글은 <끝사랑>이 구성하는 노년의 사랑을 살펴보며, 그 안에 내포된 안티에이징 이데올로기와 외모지상주의, 그리고 감정의 무해화와 상업화를 비판적으로 분석한다.

'젊어 보이는 노년'에게만 허락되는 사랑의 무대

<끝사랑>의 출연자들이 가장 강조하는 요소는 단연 '자기관리'다. 운동, 식단, 외모 관리뿐 아니라 '동안'으로 대표되는 이미지 자산까지, 모두가 사랑받을 자격을 입증하는 수단으로 활용된다. 마치 연애라는 카메라 앞에 서기 위해 한 겹의 프라이머를 덧바르는 과정처럼 노년이 정제되는 모습이다. 여기서 말하는 젊음은 실제 나이가 아니라, 젊어 보이는 껍질에 불과하다. 미디어가 허락한 '연애 가능한 노년'은 곧 안티에이징 필터를 통과한 이들이다.

정숙은 한 인터뷰에서 "스무 살로 돌아간 기분"이라고 말한다. 이는

1 "JTBC 연애 프로그램 '끝사랑'에 비친 노년 혹은 노화 이미지", ≪한겨레≫, 2024년 9월 12일 자.

단순한 향수의 표현이 아니라, 사랑의 감각이 과거의 청춘으로 되돌아가야만 재인정받는다는 조건을 드러낸다. 현재의 감정은 있는 그대로 받아들여지지 않고 반드시 과거의 이상적 모습으로 회귀해야만 한다. 사랑은 현재를 살아내는 감정이 아니라 과거를 소환하는 장치로 전락한다.

이처럼 <끝사랑>은 노년을 단지 '주름지고 처진 피부'처럼 관리의 대상으로 상정한다. 피부 주름에 기능성 앰플을 바르듯, 욕망과 감정의 주름도 매끈하게 덮여야 한다. 이 프로그램에서 노년성은 사회적 서사와 미디어적 조작을 통해 재구성되고, 감정은 정제되며, 욕망은 코팅된다. 그 끝에 사랑은 꾸덕꾸덕한 제형으로 연출된다. 결국 우리에게 필터 없이 비치는 진짜 감정은 이 무대에 설 자격이 없다는 말과 같다.

'연애 서열'이라는 각질 제거기

<끝사랑>의 감정들은 언뜻 진솔해 보이지만 실상은 끊임없는 비교와 평가 속에 위치한다. 감정은 스킨케어 루틴 중 토너로 피부 결을 정돈하듯 세밀히 정리되며, 그 기준은 '얼마나 매력적인가', '얼마나 잘 관리되었는가'와 같은 외적 지표다. 출연자들의 감정은 자신의 피부 결을 드러내기보다는 정돈된 질감을 보여주기 위한 또 다른 연출처럼 느껴진다.

데이트 준비 과정에서 과도할 정도로 강조되는 화장, 의상 선택 장면은 이를 단적으로 드러낸다.[2] 사랑의 진정성이 드러나기보다는 여전히 연애 시장에서 경쟁력 있는 존재임을 입증하려는 행위다. 감정은 선택

---

2 이진송, "JTBC 연애 프로그램 '끝사랑'에 비친 노년 혹은 노화 이미지", ≪한겨레≫, 2024년 9월 12일 자.

받기 위한 무기로 기능하며, 그 진폭조차 자기관리의 연장선으로 소비된다.

게다가 패널들이 출연자의 영상을 보며 가장 먼저 '비주얼'에 감탄하는 장면은, 노년의 외모마저 소비 가능한 유머와 평가 대상으로 편입시킨다.[3] 외모 평가와 성적 어필의 프레임 속에서 감정은 한층 더 얇아지고 가벼워진다.

이러한 감정의 서열화는 신자유주의적 연애 시장의 축소판과 다름없다.[4] 에바 일루즈(Eva Illouz)가 지적했듯, 현대의 연애는 감정을 자본처럼 축적한다. <끝사랑>의 출연자들 역시 자신의 아픔을 전략적으로 서술하고 감정을 마케팅하는 방식으로 감정의 자격을 형성한다. 그들의 눈물은 '클렌징되지 않은 감정'이라기보다는, 방송에 적합하게 다듬어진 감정이다. 진정한 거침과 파열은 예능의 피부 결에 맞지 않기에 각질처럼 제거되고 만다.

컨실러로 덮인 노년의 욕망

<끝사랑>에는 놀라울 만큼 성적 욕망이 부재하다. 출연자들은 손을 잡고 포옹하며 정서적 교감을 나누지만, 육체적 욕망은 암시조차 되지 않는다. 이는 마치 눈가 주름을 가리기 위해 아이크림을 바르는 것처럼, 노년의 욕망을 은폐하려는 연출처럼 보인다. 프로그램은 감정은 촉촉이

---

3 이진송, "JTBC 연애 프로그램 '끝사랑'에 비친 노년 혹은 노화 이미지", ≪경향신문≫, 2024년 9월 12일 자.

4 에바 일루즈(Eva Illouz), 『감정자본주의』, 김정아 옮김(돌베개, 2010).

드러내되, 욕망은 다크 서클처럼 감춰야 할 흔적으로 취급한다.

정숙과 범천의 관계가 무르익다 갑작스럽게 끝나는 장면에서 정숙은 눈물을 흘리며 애증 섞인 분노를 드러낸다. 그러나 이는 이별의 슬픔이라기보다 프로그램 규칙 속에서 탈락한 존재로서의 허무감일 수도 있다. 사랑이 아니라 '선택'에서 밀려난 감정은 존중받기보다는 즉시 정리되어야 할 것으로 취급된다. <끝사랑>은 감정 표현의 자유를 허용하는 듯 보이나, 실상은 선택된 이들만 감정을 드러낼 권리를 가진다. 욕망은 지워지고, 감정은 유순하게 다듬어진다. 노년의 감정이 사회적 시선 속에서 안전하게 소비되기 위해선 위험성 없는 무해함이 요구된다.

작가이자 교수인 갈런드톰슨(Rojeumeri galleondeu-tomseun)은 사회가 '소비되지 않는 몸'을 비가시화한다고 지적한다.[5] 마찬가지로 <끝사랑>의 카메라는 노년의 신체를 드러내되 지나치게 정제된 방식으로만 보여준다. 촉각과 마찰, 질감은 사라지고, 매끄럽게 편집된 정서만이 화면에 남는다.

힐링이라는 마무리 픽서

<끝사랑>은 감정의 마지막 단계를 스킨케어 루틴의 '크림'처럼 마무리한다. 프로그램 말미, 출연자들의 고백 위로 잔잔한 음악이 흐르고, 감정이 고조되는 순간마다 화면은 클로즈업으로 정서를 포착한다. 그러나

5 Rojeumeri galleondeu-tomseun, *Extraordinary Bodies: Figuring Physical Disability in American Culture and Literature* (New York: Columbia University Press, 1997).

이때의 감정은 날것의 경험이라기보다는 적절히 유화된 이미지로 소비된다. 촉촉하고 정돈된 감정만이 시청자의 마음에 스며들 수 있다는 듯, 마지막까지 감정은 정제된다.

후반부 회차에서 진휘가 "사랑을 하지 않을 이유가 없다"라고 말하는 순간, 감정은 긍정과 희망이라는 포장으로 마무리된다. 그러나 이 감정은 프로그램의 구조 속에서 선택된 이만이 누릴 수 있는 감정이며, 사랑의 보편성보다는 선택성과 서열 속에서 기능한다. 사랑은 '힐링'이라는 상품으로 포장되고 그 안의 거친 질감과 모순은 봉합된다.

감정은 현대 미디어에서 '정서적 포장지'로 작동한다. 실패, 좌절, 분노조차도 결국 '회복'이라는 목적지를 향해 가공된다. <끝사랑>에서의 감정도 마찬가지다. 출연자들의 감정은 드러나지만, 그것은 연출된 고백과 클로즈업된 눈물, 정제된 위로로 환원된다. 그 서사는 '잘 늙은 사람'이라는 이미지와 브랜딩을 위한 자원으로 소비된다.

이 프로그램에서 감정은 더 이상 내면의 사적인 것이 아니라 브랜드 정체성의 일부가 된다. 공감은 그 자체의 가치보다는 인지도와 수익을 창출하는 자본으로 기능한다. 사랑이 냉소적 처세술이자 획득 가능한 자본이 되어버린 오늘날, <끝사랑>은 이 현상을 가장 정교하게 구현한 예능일지도 모른다. 감정은 필터링되고, 감동은 클렌징되며, 사랑은 마무리 픽서처럼 뿌려진다. 그러나 그 아래 감춰진 것은 여전히 주름지고 거칠며 정리되지 않은 진짜 사랑의 얼굴이다.

마무리하며: 사랑에도 SPF가 필요한가 - 자외선 차단 대신 햇빛을

<끝사랑>은 노년에도 사랑이 가능하다는 따뜻한 메시지를 전하려 한다. 그러나 방송을 통해 전달되려면 먼저 각질을 제거하고, 안티에이징 앰플을 바르며, 적당히 무해하게 톤업된 감정만이 허락된다. 감정은 정제되고 욕망은 제거되며, 그 위에 힐링이라는 코팅이 얹힌다. 그렇게 사랑은 미디어가 원하는 형태로 마무리된다.

이쯤 되면 묻고 싶다. 사랑에도 SPF가 필요한가? 자외선이 피부 노화를 촉진하듯, 사회적 시선이라는 자외선은 노년의 감정을 낡고 불편한 것으로 인식하게 만든다. 미디어는 이러한 시선을 차단하기 위해 선크림을 덧바르듯 감정을 얇게 코팅하고, 욕망은 햇볕처럼 위험한 것으로 간주해 차단한다. 그러나 감정도 햇살처럼 피부에 자연스럽게 닿아야 살아 있다. 지나치게 차단된 감정은 결국 생명력을 잃고 만다.

노년은 더 이상 젊음을 흉내 낼 필요가 없는 시기다. 사랑도 마찬가지다. <끝사랑>이 진정으로 노년의 사랑을 담고자 한다면, 그들의 리듬과 언어로 감정을 이야기해야 한다. 정제되지 않은 표정, 정돈되지 않은 말투, 주름진 손길 속에 깃든 감정을 그대로 드러낼 때, 사랑은 진짜 살아 있는 감정으로 되살아난다.

철학자 알랭 바디우(Alain Badiou)는 사랑을 "동일성에서 시작되지 않고, 차이 속에서 시험되고 지속되는 것"이라 말했다. 그는 사랑을 선택이나 성과의 문제가 아닌 "우연과 황홀을 감내하는 모험"으로 보았다.[6] <끝사랑>이 반복된 연애 서사를 벗어나 이러한 '불편한 사랑'을 수용한다면, 우리는 마침내 주름진 감정마저 사랑할 수 있는 용기를 갖게 될 것이다.

---

6 알랭 바디우(Alain Badiou), 『사랑 예찬』, 조재룡 옮김(길, 2010).

그럼에도 <끝사랑>은 노년의 사랑을 공론화했다는 점에서 의의가 있다. 기존 연애 예능이 청춘 담론에 머물렀던 것과 달리, 이 프로그램은 50대 이상의 감정을 사회적 무대에 올려 '노년에도 사랑은 가능하다'는 화두를 제기했다. 그러나 동시에 그 사랑은 안티에이징 담론과 소비주의적 틀 속에서만 허용되었으며 주름 없는 얼굴과 정제된 감정이라는 조건부로 제한되었다. 앞으로의 미디어는 노년의 사랑을 정제되지 않은 모습 그대로 포착해야 한다. 주름과 욕망, 모순과 불편함까지 포괄할 때, 노년의 사랑은 상품이 아니라 경험으로 자리할 수 있다. 이는 단지 노년 세대만을 위한 서사가 아니라 우리 사회가 사랑을 어떻게 정의하고 소비하는지 되묻는 질문이기도 하다. <끝사랑>의 진정한 의의는 바로 이 질문을 던졌다는 데 있으며, 그 답을 찾는 일은 미디어와 시청자 모두의 몫으로 남아 있다.

가 작

제28회 좋은 방송을 위한 시민의 비평상

죽음을 말하지 않고도 삶을 말할 수 있다면

드라마 〈노무사 노무진〉이 말한 것과 말하지 못한 것

이현솔

이야기되지 않던 노동을 말하다

노동은 인간의 삶을 가능하게 하는 가장 기본적인 조건이다. 그러나 오늘날 한국 사회에서 노동이라는 단어는 그 본질만큼 자연스럽게 말해지지 않는다. 많은 사람이 자신을 직장인이라고 소개하면서도 노동자라는 말에는 선을 긋는다. 이는 단순한 언어 습관의 문제가 아니라 이 사회가 노동을 어떤 위치에 놓아왔는지 보여주는 사회적 증상이다. '근로자의 날'이라는 표현만 봐도 알 수 있다. 노동을 노동이라 부르지 못하고, 특정 진영의 언어로만 인식해 '노동절'이라는 말을 꺼리는 사회 분위기다.

학교 교육도 다르지 않다.[1] '노동3권'이라는 표현은 시험지 안에서만 존재하고, 수업 시간엔 권리보다 의무, 연대보다 성실이 강조된다. 교과서 속 노동자는 산업혁명기의 과거형 존재로만 나타나며 현재의 노동자는 뉴스 속 사고로만 등장한다. 드라마와 영화에서는 노동자가 주인공이 아닌 배경으로, 예능에서는 오락거리나 체험으로 소비된다.

이처럼 노동은 한국 사회에서 오랫동안 보이지 않게 다뤄졌다. 이런 맥락 속에서 등장한 MBC 드라마 <노무사 노무진>은 이례적인 시도였다. 귀신을 보는 노무사라는 설정을 통해 드라마는 산재, 직장 내 괴롭힘, 특성화고 현장실습 등의 현실적 문제를 본격적으로 다뤘다. 실제 사건을 기반으로 한 에피소드 구성은 극적 상상력과 사회 현실을 설득력 있게 엮어냈다.

드라마의 주인공 중 하나인 '희주'는 노동이 제 일이 아니라는 '명문대' 대학생들에게 이렇게 말한다. "학생들도 졸업하고 나면 학생이 아니라 노동자야. 이분들의 오늘이 당신들의 미래가 될 거라고." 이 짧은 문장은 노동을 타인의 일이 아니라 자기 일로 인식하게 만든다. 노동은 특정 계층의 문제가 아니라 모두의 현실임을 상기시킨다.

이처럼 외면되어 온 현실을 드라마가 정면으로 다뤘다는 사실만으로도 의미는 충분하다. "노동도 이야기될 수 있다"는 가능성을 제시했고, 대중문화가 꺼리던 현실을 한가운데 끌어들였다. 일부 장면은 피해자의 억울함을 가감 없이 드러내고, 구조적 책임을 묻는 방향으로 나아간다. <노무사 노무진>은 분명히 '다른 이야기'의 출발점이었다.

---

1 설규주·옹진환·정수진, 「노동인권교육의 원칙 및 내용체계에 관한 기초 연구」, ≪시민교육연구≫, 51(4)(2019), 151~180쪽.

죽어서야 말할 수 있는 존재들

드라마의 핵심 장치는 '귀신'이다. 주인공 노무사 '무진'은 억울하게 죽은 노동자들의 유령을 보고, 그들의 말을 듣는다. 그리고 그들의 억울함을 살아 있는 사람들에게 토로하고, 그들의 고통을 대변한다. 살아 있을 때는 침묵당했던 이들이, 죽은 후에야 언어를 갖는다. 이 설정은 비현실적으로 보일 수 있으나 오히려 현실을 적확하게 반영한다. 사회는 노동자의 죽음에는 반응하나 그들이 살아서 내는 목소리는 듣지 않는다.

1화에 등장하는 실습생 '민욱'의 죽음은 이 문제를 가장 선명하게 보여준다. 그는 '실습'이라는 이름으로 산업 현장에 내몰렸고, 안전장치조차 없는 환경에서 사고로 생을 마감한다. 이 장면은 2024년 전주 제지공장에서 실제로 발생한 10대 실습생 사망 사건을 떠올리게 한다. 고인의 수첩에는 "친구에게 돈 아끼지 않기", "하기 전에 겁먹지 말기" 같은 문장이 남아 있었다. 우리가 누구나 볼 수 있는 평범하고도, 이타적인 주위의 사람이었다.

드라마 속 민욱도 그랬다. 그는 외국인 노동자 니말과 우정을 나누며, 공책에 니말의 모습을 그려 넣는 평범한 남고생으로 표현된다. 바로 그 평범함 때문에, 그의 죽음은 개인의 불운을 넘어 누구나 겪을 수 있는 구조적 위험으로 다가온다. 드라마는 이 억울함을 귀신이라는 장치를 통해 드러낸다. 살아 있는 자가 아닌, 죽은 자가 말해야만 정의가 실현되는 구조, 그리고 그 억울함은 주로 감정적 충격으로 소비된다.

산 자의 침묵은 왜 계속되는가

그러나 여기서 결정적인 문제가 생긴다. 왜 살아 있는 노동자는 말할 수 없고, 사회는 왜 죽은 자의 언어에만 반응하는가? <노무사 노무진>은 반복해서 이 구조를 재현한다. 모든 사건은 귀신의 등장으로 시작된다. 살아 있는 노동자의 경고는 무시되고, 법과 제도는 작동하지 않는다. 즉 노무진이라는 한 명의 전문직이 개인의 능력과 윤리에 의존해 사건을 해결한다.

이때 노동자는 이야기의 주체가 되지 못한다. 그들은 말할 수 없으며 타인의 해석을 통해서만 사회와 접속할 수 있다. 특히 5~6화에 등장한 청소노동자 '영숙'의 경우, 무진의 몸을 빌려 대자보를 남긴다. 그녀의 분노는 강력하지만, 자신의 언어가 아니다. 시청자는 그녀를 연민의 대상으로 기억하게 된다. 감정은 있지만 연대는 없다.

이는 단순한 극적 장치가 아니라 노동자를 비가시화하고 주변화하는 한국 사회의 인식을 그대로 반영한 구조다. 특히 청소노동자, 돌봄노동자, 배달노동자 같은 필수노동자는 팬데믹을 거치며 사회 유지에 필수적인 존재임이 입증됐으나 여전히 발언권은 주어지지 않는다. 그들의 현실은 감정으로 번역될 뿐 구조적 언어로는 가공되지 않는다.

<노무사 노무진>은 피해자의 억울함을 중심에 놓지만, 피해자는 대부분 말할 수 없는 존재로 그려진다. 노동자가 이야기의 중심에 있는 듯 보이지만 사건을 인식하고 해결하는 주체는 늘 무진 한 사람이다. 그는 도덕적으로 선한 인물이며 피해자의 억울함을 드러내는 데 중요한 역할을 한다. 하지만 이야기의 진행이 오롯이 그의 판단과 개입에 의존하면서 노동자 스스로 문제를 인식하고 싸우는 과정은 생략된다. 그 결과 노동자는 서사 안에서 능동적인 주체라기보다 문제 해결의 배경이 되는

인물로만 기능하게 된다.

영숙은 그러한 수동적인 존재로서의 노동자를 보여준다. 영숙은 무진의 몸을 빌려 삐뚤빼뚤한 글씨로 대자보를 남긴다. 기본적인 맞춤법도 못 지키고 눈물을 펑펑 흘리며 대학생들에게 자신의 사연을 읍소하는 모습은 동정심을 남기고, 그러한 동정심마저 무진을 통해 언어화된다.

이 장면은 노동자를 '불쌍한 사람'으로 고정하고 연민을 자극하는 데 머문다. 시청자는 노동자라는 존재에게 감정적으로 접근할 수 있지만, 그들을 함께 싸워야 할 주체로 인식하지는 못한다. 연민은 있지만 연대는 없다. 노동자는 말할 수 없는 존재로 남고, 그의 목소리는 전문직인 무진의 해석을 통해서만 사회에 닿는다.

이것은 단순한 재현 방식의 선택이 아니라, 사회가 필수노동자를 어떤 틀에 가두는지를 보여준다. 이들은 말할 권리를 지닌 존재이며 그 말은 구조를 해석하고 저항을 조직하는 언어일 수 있어야 한다. 그러나 드라마는 이를 감정적으로만 가공하며 노동자의 언어를 정서적 파편으로 축소한다.

하지만 현실은 다르다. 수많은 노동자가 거리와 공장에서, 회의실에서 자신들의 언어로 말하고 싸운다. 감정에만 기대지 않고 구조를 분석하며 저항한다. 드라마는 이 현실의 목소리를 외면한 채 말하지 못하는 귀신만 호출하고 있다. 이에 시청자는 현실의 노동자를 구조적 존재가 아닌 감정의 대상으로만 기억하게 되고, 노동자는 다시 침묵 속으로 사라진다. 그리고 그 침묵은 결국 연대의 부재로 이어진다.

느슨한 연대의 노동은 가능할까

드라마에서 노동 문제는 구조적 현실에서 비롯되지만, 해결은 개인의 윤리와 능력에 의해 완성된다. 갈등의 원인은 사회이나 그 해결은 노무사 한 명의 직감과 결단이다. 이 과정에서 현실에서 노동자들이 의지할 수 있는 거의 모든 사회적 장치와 연대는 거의 찾아볼 수 없다.

물론 극 중 5~6화에서는 청소노동자들이 노동조합에 가입하고, 이를 통해 부당한 처우에 맞서려는 시도가 비교적 분명히 묘사된다. 사용자의 탄압과 해고 위협도 직접적으로 그려지며 노조가 현실의 억압을 정면으로 마주하는 조직이라는 점을 시청자에게 환기한다. 이는 한국 드라마에서 드물게 등장하는 장면으로 노조가 단순히 배경이 아니라 투쟁의 주체로 기능할 수 있음을 드러낸다는 점에서 중요한 진전이다.

그러나 동시에 이 드라마는 노동조합 내부의 힘을 견고한 연대로 묘사하지 않는다. 오히려 노조는 외부 자극에 쉽게 휘둘리고, 감정적으로 동요하며 일관된 목소리를 내지 못하는 집단처럼 재현된다. 일부 조합원들은 선동에 쉽게 반응하거나 상황에 따라 입장을 급격히 바꾸는 모습을 보인다. 당연히 이는 드라마가 노사갈등을 현실적으로 표현하려 했던 시도였을 수 있다. 그렇지만 그 결과 노조는 강력한 집단적 주체라기보다 '느슨하게 연결된 사람들의 집합'처럼 보이게 된다. 그러한 느슨한 연대에서 노동자들은 갈등에 쉽게 동요되고 그들의 의견은 분산된다. 결국 마지막 퍼즐을 맞추는 건 또다시 무진이다.

이러한 드라마 속 묘사는 현실에서 노동자의 투쟁과 고뇌에 비해 지나치게 가볍다. 억압은 사실적으로 서술됐으나 그 억압에 맞서는 힘은 납작하게 그려졌다. 요컨대 노조는 드라마 안에서 잠깐 등장하나 그 힘의 논리나 집단적 전략은 끝내 중심에 서지 못한다. 이는 다시 노무사 개인의 윤리적 판단과 개입이 해결의 열쇠로 기능하게 된다. 무진은 늘 문제를 해결하는 사람이다. 현실에선 노동 문제가 제도와 구조의 문제인데, 드라마는 이를 개인의 결단과 감정적 직관으로 해결한다. 문제는 사회적이지만 해결은 지극히 개인적이다.

해당 구조는 노동자의 조직화와 집단적 행동이 얼마나 비현실적으로 여겨지는지를 반영한다. 드라마는 억압을 사실적으로 기술하면서도 그 억압을 뚫고 나오는 힘을 현실적으로 다루지 않는다. 마침내 노동자는 문제의 배경으로 남고, 해결은 '영웅'에게 맡겨진다.

지금도 죽어간다

더 큰 문제는 지금 이 순간에도 '산 자'의 죽음이 멈추지 않고 있다는 점이다. 고용노동부가 발표한 2025년 1분기 산업재해 통계에 따르면, 재해조사 대상 사고 사망자만 137명에 달한다. 하루에 한 명꼴로 사람이 일터에서 숨지고 있는 셈이다.

통계는 숫자지만 그 숫자는 곧 삶의 단절이다. 이름 없는 수많은 사람이 사고의 원인이나 구조적 책임을 따지기도 전에 묻힌다. 매체는 잠시 보도하고 사람들은 고개를 끄덕이다 잊는다. 하지만 이들이 귀신이 되어 정의감 넘치는 전문직에 빙의할 가능성은 없다. 실제 현실에서 죽은 자는 말하지 못하고, 산 자는 들리지 않는다. 산재 사망자들은 신문 한 귀퉁이의 단신으로 존재할 뿐이고, 유가족들은 진실을 밝히기 위해 긴 싸움에 나서야 한다.

국제노동조합총연맹은 한국을 노동권 보장이 미흡한 국가, 즉 최하위 등급인 5등급으로 분류했다. 이는 단결할 권리, 단체로 교섭할 권리,

집단으로 파업할 권리가 실질적으로 제약받고 있다는 뜻이다.[2] 헌법이 보장한 노동3권은 법률 텍스트 속 권리일 뿐 현실에서는 제대로 작동하지 않는다. 한국 사회가 노동자의 말을 법적으로나 문화적으로 '제대로' 경청해 온 적이 있었는가.

<노무사 노무진>이 이 상황에 대해 던진 방식은 '귀신'이었다. 말을 잃은 노동자, 무시된 죽음, 가려진 억울함이 귀신의 언어로 드러난다. 이는 강한 상징성을 지닌 기획이었다. 반면 동시에 질문들이 따라붙는다. 왜 이들은 살아서 말하지 못해야 했는가. 왜 노동자의 언어는 연민을 통해서만 도달 가능한가. 종국에는 이 드라마조차 그 언어를 결국은 '죽은 자의 언어'로만 처리하고 있는 것은 아닌가.

드라마가 사회의 무관심을 고발한 것은 분명한 진전이었지만, 이제는 그 무관심이 태어나는 구조를 문제 삼아야 한다. 현장에서 목소리를 내는 수많은 노동자가 존재한다. 거리에서 피켓을 들고 노조를 조직하고, 부당해고와 싸우는 사람들이 있다. 그들의 언어는 비현실적인 유령의 언어가 아니라 지금 이 사회를 구성하는 생생한 언어다. 그럼에도 이들의 이야기는 드라마에 잘 담기지 않는다. 대중문화는 여전히 귀신을 통해 현실을 말하는 방식을 더 선호한다.

그 결과, 우리는 산 자의 고통을 알아채지 못하고 죽은 자의 한을 통해서만 사회를 인식하는 패턴에 길들여지고 있다. 지금도 사람들은 죽어간다. 배달 플랫폼 노동자는 과로 끝에 도로 위에서 쓰러지고, 하청 노동자는 안전장치 없이 고공에서 작업하다 추락한다. 요양보호사는 고단한 감정노동 끝에 병으로 쓰러진다. 이들은 뉴스로 잠깐 스쳐 지나가고 금세

---

2 "국제노총, 한국 노동권 '5등급'으로 분류 … '세계 최하위'", 연합뉴스, 2025년 6월 2일 자.

사라진다. 귀신이 되지 못한 죽음, 숫자로만 남은 생애들만이 남는다.

그렇다면 문화가 해야 할 일은 무엇인가. 단지 죽음을 감정적으로 포착하는 것을 넘어 그 죽음을 가능케 한 구조와 그에 저항하는 산 자들의 싸움을 보여줘야 한다. 노동은 죽은 자만의 이야기가 아니다. 살아 있는 자들이 감당해야 할 조건이고 권리이며, 존엄이다. 그 존엄이 짓밟힐 때 사회는 그것을 단순한 비극이 아니라 구조적 범죄로 인식해야 한다.

죽은 자가 말을 걸었다면 이제는 산 자가 대답할 차례다. 그리고 이 사회는 그 대답을 더는 외면해선 안 된다.

더는 귀신을 빌려 말하지 않아도 되도록

<노무사 노무진>은 시작이었다. 사회가 말하지 않던 현실을 드라마 중심에 놓았고, 귀신이라는 장치를 통해 죽은 자의 억울함에 이름을 부여했다. 그러나 그 이야기에서 말하는 이는 노동자가 아니었다. 전문직 무진 뿐이었다. 말할 수 없는 노동자를 대신해 말하는 이가 필요하다는 설정은, 노동이 스스로 말할 수 없는 존재라는 오래된 사회적 고정관념을 또 한 번 반복했다.

이제는 질문을 바꿔야 한다. '왜 죽어야만 말할 수 있는가?', '산 자는 어떻게 싸울 것인가?'란 질문들을 던져야 할 때다.

우리는 앞으로 노동자를 귀신으로만 기억해서는 안 된다. 더는 죽은 자의 언어에만 반응하는 사회여서는 안 된다. 노동은 고통의 이름이자 동시에 투쟁과 희망의 이름이다. 또한 그 이야기는 지금도 쓰이고 있다. 유령이 아니라, 살아 있는 사람의 목소리로 현재도 언어화된다.

이제 우리 문화는 단지 눈물을 불러오는 장면을 재현하는 데서 멈추지 않고 현실의 노동자가 어떻게 싸우고 연대하는지를 보여줘야 한다. 교섭장에서 목소리를 높이는 장면, 거리에서 피켓을 드는 장면, 공장에서 동료와 손을 맞잡는 장면이야말로 지금 대중문화가 그려야 할 새로운 서사다. 연민을 자극하는 '죽음의 이야기' 대신, 존엄을 지키려는 '삶의 이야기'를 기록하는 것. 그것이 드라마가 감당해야 할 몫이다.

노동은 멈춰 있지 않다. 지금도 누군가는 부당해고에 맞서 싸우고, 누군가는 동료와 함께 노조를 만들고 또 누군가는 안전한 일터를 요구하며 목소리를 낸다. 그들의 말은 단지 억울함의 언어가 아니라 구조를 분석하고 변화를 조직하는 언어다. 이 목소리를 담아내지 못한다면, 대중문화는 또다시 귀신의 힘을 빌려 현실을 우회할 수밖에 없을 것이다.

<노무사 노무진>이 그 방향으로 나아간다면 이 드라마는 단지 노동을 소재로 삼은 작품이 아니라, 노동이 스스로를 말하는 장으로 진화할 수 있을 것이다. 산 자의 언어를 들을 수 있을 때, 우리는 더는 귀신을 빌려 말하지 않아도 된다. 그때야말로 대중문화가 현실과 진심으로 만나는 순간이 될 것이다.

노동은 계속 움직이고 있다. 문화가 그리는 이야기도 그래야 한다. 귀신이 아닌 사람의 언어로, 연민이 아닌 연대로, 연민과 동정의 손길이 아닌 함께 걷는 걸음으로. 그 이야기의 방향을 바꿔야 할 시간은 바로 지금이다. 그리고 그 변화를 시작할 수 있는 자리 역시, 우리가 지금 살아 있는 이 자리다.

가 작

제28회 좋은 방송을 위한 시민의 비평상

모두가 각자의 서울 안에서, 그렇게 살아간다

tvN 드라마 〈미지의 서울〉 비평

임유진

1. '다름'과 '연민'을 연결하는 판타지 서사

이 드라마는 판타지에 가깝다. 단지 일란성 쌍둥이라는 이유만으로 자매가 서로 역할을 바꿔 살아간다는 설정 자체가 현실과는 거리가 있다. 우리는 모두 각자의 다름을 안고 살아간다. 대한민국 사회, 특히 서울이라는 공간에서 사람들은 성별, 나이, 학위, 재력 등의 조건들에 의해 쉽게 분류되며, 대부분은 그 차이를 자각한 채로 살아간다. <미지의 서울>의 주인공인 유미래와 유미지 역시 이 사실을 잘 알고 있다. 성인이 된 지금, 서로의 직업과 삶의 환경은 이미 달라졌고 그로 인해 형성된 간극은 쉽게 되돌릴 수 없을 만큼 커져버렸다. 그럼에도 불구하고 우리는 가끔씩 이 유치해 보이는 설정을 믿고 싶어지는 순간이 있다. 가령 미지가 미래의 불안정한 모습을 포착했을 때가 그렇다. 직장 내 괴롭힘으로 인해 자해까지 시도할 만큼 심적으로 불안정했던 미래를 대신해 미지가 출근을 결심하는 순간, 우리는 자연스레 화면 속 인물들을 믿게 되고 그들의 선택을 응원한다.

이처럼 <미지의 서울>은 전혀 다른 환경에서 생존하던 두 자매가 서로의 삶을 대신 살아보는 이야기로, 다소 판타지적인 설정과는 달리 한국 사회의 어두운 이면을 덤덤하게 담아낸다. 특히 고립·은둔 청년이나 장애인처럼 기존 콘텐츠의 비주류로 취급되던 이들이 극의 주체이자 입체성을 띤 캐릭터로 변모했다는 점에서 의의가 있다. 2023년 12월 기준, 당시 대한민국 19~39세 고립·은둔 청년은 약 54만 명으로 추산되며 그 수는 꾸준히 증가했다. 지금까지 방영된 국내 드라마 중에 고립·은둔 청년이나 청년 우울증을 간접적으로 소재화한 작품은 여럿 존재하나 이를 주연 캐릭터의 주요 서사로 정면 돌파한 사례는 드물다. 청년 우울증을 다룬 작품이더라도 단편적인 에피소드 형식에 머무르거나 이마저도 신파 도구로 소비되는 경우가 부지기수였다. 그에 비해 <미지의 서울>은 이러한 사회 문제를 중심 서사로 끌어온 과감함과 이를 풀어나가는 방식에서의 다정함이 엿보인다. 사회적 약자를 주요 인물로 삼으면서도 흥행 가능성을 증명했다는 점에서 더욱 주목할 만하다.

작품은 "다른 이의 삶을 깊이 이해하는 다정함과 나아가 나의 삶도 너그럽게 다독일 수 있는 따뜻한 연민을 권하고자 했다"는 기획의도처럼, 결국엔 자기 자신을 따뜻하게 바라볼 수 있는 용기에 방점을 찍었다. 지난날의 나를 용서하는 과정에는 생각보다 많은 용기가 필요하다. <미지의 서울>은 단순하면서도 친근한 설정을 바탕으로, 한국 청년 세대의 고질병을 결코 가볍지 않게끔 풀어내며 기존 힐링 드라마의 수준을 한 단계 끌어올렸다.

2. 미지의 타인이지만, 그럼에도 기꺼이

2025년 8월 기준, 서울의 인구수는 약 930만 명이다. 그 안에서 우리는 하루에도 수십 번씩 다양한 이해관계, 그리고 진리라 불리는 통념들과 상충하며 살아간다. 세상에는 점차 "이것이 정답이다"라고 알려진 사회적 기준들이 자리 잡았고 청년 세대는 그 기준의 틀에 자신을 끼워 맞추려 고군분투하고 있다. 미지는 흔히 일컬어지는 '정상적인' 기준에서 철저히 배제된 인물이다. 어린 시절부터 뛰어난 학업 성적으로 엄마의 관심을 독차지한 언니 미래와 늘 비교당하며 자라온 그녀는 자신이 좋아하던 수호가 미래와 사귄다는 소문에 충격받는다. 그뿐만 아니라 그녀는 학창 시절부터 촉망받는 운동선수였으나 한 경기에서 부상을 당한 후로 불가피하게 운동선수의 꿈을 접을 수밖에 없었다. 그 사건은 미지가 방 안에서 나오지 않게 된 결정적 계기로 이어진다. 쓰러진 할머니를 구하기 위해 충동적으로 세상 밖에 나온 그녀에게 세상은 여전히 냉혹하기만 하다. 결국 미지는 대학 진학에 실패한 후 변두리에 위치한 두손리 마을에서 비정규직 노동자로 살아간다. 그곳에서 그녀는 흔히 '캥거루족'이라 불리는, 성인이 되어서도 부모 집에 얹혀사는 청년의 전형적 모습으로 삶을 이어간다. 미래 또한 별반 다르지 않다. 서울에서 홀로 살아가는 그는 누구나 부러워할 만한 공기업에 취직했지만, 내부고발에 동조했다는 낙인과 상사의 성폭력으로 인해 깊은 우울증을 앓고 있다.

개인은 절대 타인을 온전히 이해할 수 없다. 그렇기에 우리는 겉모습이나 표면적인 정보로만 상대방을 판단하며, 그 일부만 보고도 전부 이해했다고 착각한다. 그러나 내가 모두 안다며 자부했던 것들은 결국 그 존재의 일부에 지나지 않는다. 이에 <미지의 서울>이 택한 방식은 바로 '되어보기'다. 되어보기란, 타인을 제3자의 시선으로만 이해하는 데 그치지 않고 직접 그 사람의 입장이 되어 이해의 폭을 넓히는 시도다. 작품은 두 주인공이 서로의 삶을 바꿔서 살아보는, 다소 과감한 길을 택했다. 이는 처음에 아파트 베란다에서 뛰어내리려고 할 만큼 심적으로 불안정한 미래를 구하기 위해 미지가 생각한 즉흥적인 방안이었다. 그러나 이러한 외적 동기에서 비롯된 역할 바꾸기는 점차 두 인물의 내면을 변화시키는 계기가 되었다. 시청자들은 흔히 드라마 속 인물을 피상적인 수준에서만 받아들였다. 그들은 어설프게 타인을 이해하고 때로는 단정적으로 판단할 수밖에 없었다. <미지의 서울>은 이처럼 피상적인 부분만 보고 상대방을 완전히 이해했다는 식의 섣부른 판단을 경계한다. 대신 작품은 두 주인공이 상대방의 입장이 되어보는 경험을 제안한다.

시청자들은 그런 미지, 미래와 동행하며 함께 삶을 개척한다. 그럼에도 기꺼이 미지의 타인이 되어보는 선택을 통해 우리는 비로소 완전한 '다름'을 이해할 수 있게 된다.

3. 정형화된 서사 탈피와 장애 캐릭터의 주체화

"나는 네 강점 때문에 곁에 두려 한 건데, 너는 내 약점 때문에 옆에 있는 거구나. 그런데 나 그거 질색이거든."

"그게 나쁜가요? 선배님이 약점이라 말하는 그 부분이 전 선배님을 더 강하고 특별하게 만드는 거 같은데. 약한 모습에 마음이 가고 그 약함 때문에 더 존경하게 되는 게 그렇게 나쁜 건가요?"

이 대사는 이호수와 이충구가 서로 대립하는 장면에서 이충구가 자신의 장애를 약점이라 표현하며 나눈 대화 중 일부다. 이 짧은 장면은 <미지의 서울>이 장애인 캐릭터를 다루는 방식에서 기존 드라마들과의 차별점이 존재한다는 걸 보여주는 중요한 사례다. 이 작품은 단순히 장애인 캐릭터를 전개 안에 포함하는 것에 그치지 않고 나아가 그들의 다면성과 갈등을 여과 없이 보여줬다는 점에서 의의가 있다.

그뿐만 아니라 장애 특성을 지닌 이호수와 이충구를 신파나 극단적 갈등의 도구로 소비하지 않았다는 점 역시 주목할 만하다. 이호수와 이충구 사이 갈등은 오로지 전문직으로서의 업무와 가치관 차이에서 비롯된다. 자신의 커리어를 쌓아 올리기 위해서 이토록 치열하게 갈등하는 장애인 주·조연 캐릭터를 본 적 있는가. 대부분의 미디어에서 장애인 캐릭터는 장애 그 자체 특성으로 인해 외적인 갈등에 휘말리는 인물로 묘사된다. SBS 드라마 <스토브리그>(2019)에서 주인공 백승수의 동생인 백영수는 하반신 마비 장애가 있는 인물로 등장한다. 6회에서 백영수가 취직을 위해 회사 면접장 안으로 들어오는 장면 중 그의 전동 휠체어가 문턱에 막혀 어려움을 겪는 모습이 연출된다. 이는 한국 사회, 특히 기업 환경에서 여전히 미비한 장애인 접근성 문제를 반영하며, 향후 그가 마주할 사회적 장벽을 예고하는 장치로 기능한다. 그러나 동시에 장애를 '극복해야 할 개인적 문제'로 제시하는 단선적 서사의 전형이기도 하다.

한국 드라마에서 장애인 캐릭터가 소모적으로 사용될 경우, 이들이 겪는 외적인 갈등은 대개 '장애'라는 프레임 안에 갇히는 경향이 있다. 이처럼 많은 드라마는 장애인 캐릭터의 갈등을 장애 범주 내로 한정하며 이를 주인공의 성장 배경이나 감정 소모 장치로 소비하고는 한다. 반면 <미지의 서울> 속 장애인 캐릭터들은 장애를 갖고 있음에도 이를 문제 또는 극복 대상으로 여기지 않으며, 오히려 장애를 자연스레 받아들인 채 일상을 살아간다. 이는 장애를 부정적 결함으로 보던 기존 관점에서 벗어나 개인의 특성으로 수용하는 태도로 전환되었음을 보여준다.

작품 속 이충구는 화려한 커리어와 사회적 지위로 모든 후배의 촉망을 받는 변호사다. 그는 업계 3대 로펌이라 불리는 회사 내에서도 높은 승소율을 자랑할 만큼 능력 있다. 늘 세련된 정장 핏을 고수하며, 고급 수제 구두 수집이 취미일 만큼 충분한 재력을 소유한다. 무엇보다 그는 성과 중심의 철저한 결과주의자로, 장애는 그의 야망을 실현하거나 실력을 발휘하는 데에 전혀 걸림돌이 되지 않는다.

이호수 또한 마찬가지다. 그는 어린 시절 겪은 사고로 인해 화상 흉터와 인공 뼈가 삽입된 다리를 갖게 되었으며, 후반부에는 한쪽 귀에 장애까지 얻는다. 그러나 그 역시 이충구처럼 유능한 변호사로 자리매김했으며, 결말에서는 자신의 장애 정체성을 적극적으로 활용해 수어에도 능통한 변호사로 거듭난다.

불과 몇 년 전까지만 해도 장애가 있는 인물의 삶을 불행하게 묘사하는 작품이 대다수였다. 이러한 작품들 내에서 장애인 캐릭터는 절대 높은 소득을 받거나 사회적으로 선망받는 직업을 가지면 안 됐다. 또한 그들은 악한 성품을 갖고 있거나 강한 욕망을 지녀서도 안 되며, 장애로 인한 외적 갈등은 곧 시청자들의 눈물샘을 자극해야만 했다. 장애인 캐릭터를 도구적으로 활용한 전형적인 조건이다. 그러나 <미지의 서울> 속 이충구와 이호수는 이러한 전제에 모두 반하는 캐릭터들이다. 특히 이충구의 경우 한때 시청자들 사이에서 악역이라는 말이 나올 정도로 개인의 욕망이 두드러지는 캐릭터다. 극의 초반부에는 약자를 대변하면서도 자신의 지위를 남용하지 않는 인물로 그려졌지만, 회차가 거듭될수록 시청자들은 점차 그에게 불편함을 느끼게 된다. 의뢰인이 누구든 상관없이 오직 승소와 더 높은 수임료만을 목표로 삼는 그의 태도 때문이다. 심지어 그는 극의 중반부에서 로사 식당 매입을 위해 온갖 수를 쓰며 반대로 로사 식당을 지켜려 하던 유미지, 이호수와 대척점에 서기도 한다. 미디어에서 사회적 소수성을 지닌 인물은 대체로 선한 조력자로 묘사된다. 이충구처럼 선(善)을 추구하기보다 개인의 욕망이 더 강한 경우는 드물다. 하지만 이러한 성격적 특징은 오히려 이충구라는 인물을 더 입체적이고 다층적으로 만들어주었다. 이는 기존 미디어 속 장애인 캐릭터에게 흔히 부여되던 '선한 조력자'의 역할에서 벗어난 사례로, 그들에게도 다면적 욕망과 도덕적 모호성을 허용했다는 점에서 매우 이례적이다.

이처럼 <미지의 서울>은 단순히 장애 캐릭터를 피해자나 도덕적 표상으로 그리지 않고 이들이 다양한 차원에서 입체적으로 존재할 수 있음을 보여준다. 장애인 재현의 패러다임 전환을 촉진하며, 드라마를 통해 시청자들의 장애 인권 감수성을 확장하는 데 기여했다.

4. 그렇게 흘러가는 나의 서울

<미지의 서울>은 그들의 다름을 과도한 동정이나 영웅화 없이 그려내며 진정성을 더한다. 인물들은 상처 입고 실패하며 때로는 좌절하지만 그럼에도 불구하고 살아간다. 이는 거창한 변화가 아닌, 그저 하루를 버티고 다음 날로 나아가는 방식이다. 이 드라마는 그런 버팀의 감정에 귀를 기울이고 그 안에서 피어나는 작지만 진실한 존엄을 비춘다.

<미지의 서울>은 도시의 주변부로 밀려난 이들의 삶까지 아우르며 작품의 포용 범위를 넓힌다. 장애인, 성소수자, 은둔 청년, 비정규직 노동자 같은 인물들은 단순히 사회적 배경에만 머무르지 않고 각각의 서사를 이끌어가는 주체로서 드러난다. 이로써 드라마는 단순한 사회 문제 제기를 넘어 현실의 다층성과 인간 존재의 복잡성을 정직하게 풀어낸다. 동정이나 계몽이 아닌, 사회적 소수자를 동시대의 주체적 개인으

로 그려낸 이 작품은 윤리적 상상력이 드라마라는 서사 형식 안에서 어떻게 작동할 수 있는지를 보여주는 의미 있는 성취다.

<미지의 서울>의 미지(未知)는 '아직 알지 못함'이라는 의미를 내포하고 있다. 서울은 늘 우리를 낯선 얼굴로 맞이하며 때로는 벅찰 만큼 무겁게 짓누르기도 한다. 그러나 '미지'의 서울이라 여겼던 공간은 마지막화에 다다랐을 때 '나의' 서울로 바뀐다. 그곳에는 다 헤아릴 수 없을 만큼의 아픔이 여전히 살아 있지만, 그럼에도 나의 서울이기에 그저 매일을 묵묵히 끌어안은 채 살아간다. 이 작품이 끌어안은 장애인, 은둔 청년, 성소수자 등 비주류의 존재들 역시 각자의 서울에서 숨을 쉰다. 누군가는 청각장애인을 대변하는 변호사가 된 이호수를, 정장을 차려입은 채 전동 휠체어로 자유롭게 로펌을 활보하는 이충구를, 고립 은둔 청년 시절을 견뎌낸 후 다시 입시를 치러 원하는 대학교에 입학한 유미지를 판타지라고 말할 수도 있다.

그러나 개인을 찬찬히 들여다보면, 그 안에는 우리가 상상했던 것보다 훨씬 더 복잡한 시간과 이해관계가 얽혀 있다. <미지의 서울>의 진정한 의미는 바로 그 복잡성을 단순화하지 않은 데에서 출발한다. 이 드라마는 소수자의 삶을 교훈적 서사로 축소하지 않고 그들이 처한 사회구조와 감정의 결을 세밀하게 직조해 낸다. 덕분에 이 작품은 기존 드라마들이 종종 소외되었던 이들을 상징적 배경으로만 소비하던 방식에서 벗어나, 한 명의 개인으로서 서사 중심에 놓는 전환점을 마련했다. 이러한 접근은 향후 사회적 소수자 캐릭터가 등장하는 드라마들에 하나의 기준점이 될 것이다. 앞으로도 창작자들이 이와 같은 시선으로 사회적 경계 너머의 인물들을 다루어 드라마 장르가 더 다층적으로 자리 잡기를 기대하는 바다.

가 작

제28회 좋은 방송을 위한 시민의 비평상

동화의 균열, 그 틈에서 외친 말

JTBC 드라마 〈옥씨부인전〉

전수민

지난 5월 어느 토요일, 추적추적 비가 내려 봄인데도 제법 추운 날이었다. 한 시간여 도로를 따라 달려 도착한 곳은 인적 드문 절이었다. 가운데가 반으로 갈라진 돌산을 뒤에 낀 이 절은 충남 논산 반야사다. 비가 오는 반야사는 논산 천태산 기슭에 위치한다. 옛 석회 광산이 폐광되자 이를 동굴 법당으로 활용한 오묘한 절이다. 그 사이로 들어가 몸을 돌려 절을 바라보면 누군가 내려쳐 바위를 쪼갠 듯한 절벽 사이로 반야사의 모습이 한눈에 들어온다.

드라마 <옥씨부인전>에서 금광 채굴 장면과 금광에 갇힌 청수현 아이들이 나왔던 곳이 바로 이 반야사 석회 동굴이다. 김소연 미술감독의 말처럼 <옥씨부인전>은 '궁이 등장하지 않는 사극'[1]이다. 제작진은 대신 반야사와 같은 독특한 공간과 상상력으로 화면을 채웠다. 청수현 마님들이 모이는 유향소는 차를 마시는 현대의 카페처럼, 재판장은 현대 법원처럼 그려졌다. 전기수 천승휘의 공연은 레오나르도 다빈치가 설계한 무대에서 영감을 얻어 화려한 콘서트를 방불케 했다. 드라마는 익숙한 사극의 틀을 벗어나 독창적 미장센을 구축했다.

이처럼 <옥씨부인전>이 구축한 탈관습적(脫慣習的) 공간들은 낡은 신분 질서와 봉건적 관념에 얽매이지 않았다. 오히려 사람의 '도리'라는 드라마의 핵심 주제를 시각적으로 구현해 낸 탁월한 연출적 장치였다.

사건의 서막: 붉은 옷을 입은 여인과 돌팔매질

드라마는 첫 장면부터 강렬한 질문을 던진다. 새빨간 한복을 입은 주인공 구덕이(임지연 분)에게 마을 사람들이 돌을 던지는 모습을 보여주기 때문이다. 덤덤하게 이를 맞으면서도 굴하지 않는 주인공을 보며 시청자는 '왜?'라는 의문과 함께 이야기에 빨려든다.

<옥씨부인전>은 시작부터 남달랐다. 한국콘텐츠진흥원의 2023년 기획안 공모와 2024년 제작지원 사업에 연달아 선정되었다. 진혁 감독은 "가장 밑바닥 신분인 노비 구덕이가 운명의 장난으로 양반 옥태영이 된 후, 신분이 들킬 위험을 무릅쓰고 어려운 사람들을 돕는 이야기"[2]라고 작품을 소개했다. 작품의 기획의도는 더욱 흥미롭다. 1542년 프랑스에서 벌어진 사기 사건을 다룬 <마르탱 게르의 귀환>(1982)과 1607년 조

---

1 "'궁 등장하지 않는 사극' … '옥씨부인전' 미술감독의 파격 [인터뷰+]", ≪한국경제≫, 2024년 12월 10일 자.

2 "'임지연 아니면 접겠다 생각할 정도' … '옥씨부인전' 임지연, 또 新인생캐 만든다", ≪조선일보≫, 2024년 11월 4일 자.

선의 가짜 남편 사건을 모티브로 한 이항복의 소설 『유연전』을 재해석했다. <옥씨부인전>은 이 두 고전을 옥태영과 천승휘라는 두 인물의 서사로 영리하게 엮어냈다.

드라마는 2024년 11월 30일, 유난히 추웠던 겨울이 오리라 생각지 못한 상황에서 첫발을 내디뎠다. 시작과 동시에 1화에서 진짜 옥태영은 앞으로 극을 이끌어갈 노비 구덕에게 말한다.

"가졌기 때문에 책임을 져야 한다고 생각해. 네가 노비 신분인 것이 나랑 동무가 되는 데 무슨 방해가 되겠니?"

이 대사는 <옥씨부인전>이 신분 상승이라는 진부한 이야기만 펼치는 것이 아닌 '사람'과 '책임'에 대한 이야기를 할 것이란 예고였다. 그리고 옥태영이 된 구덕이는 소용돌이 같은 시간 속에서 그 책임의 무게를 기꺼이 짊어졌다.

진일보한 여성 서사: '직업'을 가진 여성, 외지부

<옥씨부인전>이 기존 사극보다 한 걸음 나아간 지점은 주인공 옥태영이 '외지부(조선시대 변호사)'라는 '직업'을 선택했다는 점이다. 기존 사극에서 사건을 해결하는 주체는 대부분 직함을 가진 남성이었다. 최근 흥행한 <연인>의 유길채나 <옷소매 붉은 끝동>의 성덕임도 주체적 여성상을 보여주었지만, 그들은 사대부의 딸로 시작하거나 입궁한 궁녀라는 지위를 가진 상태로 이야기를 시작했다. 따라서 노비에서 이야기를 시작하는 옥태영과는 본질적인 차이가 있다.

<옥씨부인전>은 여성 주인공이 '외지부'라는 전문 직업을 선택했다. 이는 주인공이 시련을 극복하는 강인한 캐릭터임을 보여준다. 옥태영이

억압된 사회에서 직업인으로 거듭나고 정의를 실현하는 주체적인 인간으로 그려졌다는 점에서 큰 의의가 있다.

진실을 향한 투쟁으로

옥태영이 선택한 '외지부'로서의 길은 노비 '백이'의 죽음 앞에서 빛을 발한다. 2화에서 백이는 자살로 위장된 채 발견된다. 그러나 시신에 남은 상처는 타살 흔적임이 분명하다. 고작 노비의 목숨이기에 모두가 쉬쉬하며 덮으려 할 때, 옥태영은 이 억울한 죽음 앞에서 그저 오열하는 데 그치지 않는다. 그녀는 외지부로, 한때 노비였던 '구덕'이기에 사건의 진실을 파헤치기로 한다.

결국 극 막바지에 이르러 백이가 양반가의 계략에 휘말려 성폭행에 저항하다 살해당했음이 드러난다. 이러한 옥태영의 투쟁은 한낱 노비의 죽음으로 묻힐 뻔했던 진실을 세상 밖으로 꺼내고, 힘없는 자의 편에 서서 싸우는 외지부의 존재 이유를 증명한다.

완전한 악역은 없는 '동화' 같은 마을

<옥씨부인전>의 주 무대인 청수현은 동화 속 마을처럼 그려진다. 외지부가 된 옥태영과 대립하던 김씨, 홍씨, 송씨 부인은 극이 진행될수록 점차 서로를 이해하고 화의 관계로 나아간다. 옥태영은 이들이 자신에게 해를 끼쳐도 복수하지 않으며, 종국에는 자신의 정체가 노비였음을 고백한다. 하지만 이는 위협이 아닌 연대의 발판이 된다. 이러한 관계 변화

는 극 중 절대악으로 등장하는 구덕이의 옛 주인 '소혜'와 선명한 대비를 이룬다. 그렇기에 청수현은 비현실적이지만 따뜻한 공동체가 된다.

그러나 청수현의 동화적 세계관은 신분 제도가 가진 구조적 폭력성을 개인 간 연대와 선의로 덮어버림으로써, 문제 본질을 다소 낭만적으로 그려냈다는 아쉬움을 남긴다.

16화라는 긴 서사를 이끌어가는 과정에서 아쉬움도 남는다. 1화만에 도망 노비 구덕이가 '옥태영 아가씨'가 되는 과정은 빠른 몰입을 위해 개연성보다 서사 진행을 우선시한 결과물이다. '왜?'라는 시청자의 의문을 설득하기보다 시간의 흐름으로 덮어버린 듯한 인상을 준다. 남녀 주인공의 사랑 역시 초반에 급격히 불붙어, 그 감정선을 한 번에 납득하지 못한 시청자에게는 다소 성급하게 느껴질 수 있다.

한편 이런 아쉬움은 대중적 흥행을 위한 익숙한 장치 활용으로도 해석된다. 특히 MBC 드라마 <연인>의 성공 공식과 유사한 지점들이 눈에 띈다. 여주인공에게 목숨까지 거는 헌신적인 남자 주인공이라는 설정, 극 초반 시선을 끄는 화려한 공연 장면 배치, 후반부 갈등을 증폭시키는 역병이라는 소재, 감초 역할의 개그 신에 활용되는 한자 음차 유머, 그리고 바다와 농촌이라는 이질적 공간 병치 등은 <옥씨부인전>이 대중에게 친숙하게 다가가고자 영리하게 차용한 요소들로 보인다.

이야기의 힘: 전기수와 외지부의 변주

드라마는 남녀 두 주인공의 직업을 '전기수(傳奇叟)'와 '외지부(外知部)'로 설정해 흥미로운 서사적 대구를 이룬다. 지어낸 이야기로 사람의 마음을 움직이는 전기수 천승휘와, 흩어진 사실을 엮어 진실을 증명하는 외지부 옥태영. 한 명은 감성 영역에서, 다른 한 명은 이성 영역에서 각자 방식으로 세상과 소통한다.

나아가 드라마는 이 두 직업의 필연적 상호작용을 보여준다. 천승휘 이야기는 억울한 자들의 사연에 대한 민심의 공감대를 형성하고, 이는 법과 제도의 경직성을 넘어서는 여론의 힘이 된다. 반대로 옥태영이 파헤친 사건의 진실은 천승휘의 이야기에 강력한 현실성과 정당성을 부여하는 뼈대가 되어준다.

결국 이 협력은 목소리 없는 자들에게 '서사'를 부여하는 힘으로 이어진다. 한낱 노비의 죽음이, 혹은 억울한 아녀자의 한탄이 그저 흩어지는 사실(fact)에 머무르지 않고, 한 편의 이야기(story)로 사람들 마음에 각인되고, 법정에서 변론될 진실(truth)로 바로 설 때, 비로소 그들은 '사람'으로 호명될 기회를 얻는다.

그러나 극이 진행될수록 이 경계는 점차 허물어진다. 외지부 옥태영은 법정에서 사람들의 마음을 움직이는 한 편의 '이야기'를 완성해야 하고, 전기수 천승휘는 자신의 이야기가 현실에 어떤 '진실'을 남기는지 고뇌하게 된다. 결국 드라마는 묻는다. 세상을 바꾸는 힘은 냉철한 진실 폭로에서 오는가, 아니면 사람들의 마음을 움직이는 희망 이야기에서 오는가? <옥씨부인전>은 그 둘이 분리될 수 없음을, 진실을 담은 이야기가 가장 강력한 무기임을 두 주인공의 삶을 통해 증명해 보인다.

이따금 두 사람이 만나 이야기를 주고받는 장면에서는 결국 전기수와 외지부 일 모두 '말'이자 '글'이며 '이야기'로 풀어내야 한다는 것이 드러난다. 세상을 서로 다른 '소리'로 풀어내는 사람이라는 것을 확인할 수 있다.

아쉬운 캐릭터 활용

<옥씨부인전>은 남자 주인공이 1인 2역을 소화하며 열연했지만, 서사는 시종일관 여주인공 원톱으로 전개된다. 특히 옥태영의 본래 남편이었던 성윤겸이 허무하게 퇴장해 아쉬움을 남긴다. 성소수자라는 설정을 통해 시대상과 편견을 이야기하려 했으나, 깊이 있는 접근 없이 급하게 마무리되며 이야기 한 축을 부실하게 만들었다.

반면 구덕이의 꿈을 시각적으로 구현해 캐릭터성을 드러낸 방식은 인상적이었다. 방과 방 사이, 마루부터 대문, 바다까지 막힘없이 뚫린 집 구조를 카메라가 통과하며 환상과 현실을 오가는 연출로 구덕이의 세계를 드러냈다. 하지만 몇몇 캐릭터 서사는 이처럼 섬세하게 다뤄지지 못했다.

사람이 되고자 했던 목소리

여러 아쉬움에도 <옥씨부인전>은 분명 의미 있는 작품이다. 'TV-OTT 종합 화제성 순위 1위'[3]를 기록하는가 하면 닐슨코리아 시청률 기준 전국 4.2%에서 시작해 13.6%로 마무리했다. 또 한국콘텐츠진흥원에서 발굴한 IP가 드라마로 구현되었다는 성공적 선례를 남겼다. 무엇보다 동화 같은 고을 청수현에서 옥태영이 베푼 선의가 결국 자신에게 돌아오는 모습은 시청자들에게 깊은 울림을 전한다. 그러나 이 작품이 건네는 희망은 단순히 '선한 영향력'이라는 낭만적인 결론에만 머물지 않는다. 그 희

3 "'옥씨부인전' TV-OTT 종합 화제성 순위 1위 기록", bnt, 2024년 12월 11일 자.

망 근원에는 한 인간의 처절한 외침이 자리하고 있다.

이것은 인간 존엄을 말하는 체념 섞인 요구이자 간절한 호소다. 동화처럼 따스했던 청수현 이면에는, 위선에라도 기대야만 겨우 숨 쉴 수 있었던 수많은 구덕이가 있었다. 드라마는 옥태영의 선의를 통해 구덕이의 외침에 응답한다. 신분과 계급을 넘어 한 '사람'을 온전히 마주하고, 그 고통에 기꺼이 손을 내미는 것이야말로 이 동화 같은 세상을 지탱하는 진정한 힘임을 보여준다.

드라마가 끝나고 몇 번 계절이 바뀌었다. 추운 겨울을 지나 다시 봄이 오고 여름이 저물어 갈 무렵이 왔다. 비가 내리던 날 방문한 반야사를 다시 떠올린다. 어둡고 축축했을 동굴 속에서, 옥태영의 온기가 닿기 전까지 숨죽여야 했을 수많은 구덕이의 시간을 생각한다. 시간과 공간을 넘어, 15화의 구덕이는 모두가 들으라고, 여전히 당당하게 외쳤다.

그 외침은 동화 같던 청수현 경계를 넘어 2025년 우리에게 도착한 살아 있는 질문이다. 한낱 노비의 절규로 끝나지 않고 시대를 관통하며 인간 존엄을 묻는 가장 근원적인 목소리다. 드라마는 끝났지만, 외지부 옥태영의 목소리는 여전히 우리에게 깊은 파장을 남기며 묻는다. 당신의 세상은, 이 간절한 외침에 응답할 준비가 되었는지.

"가진 자들이 위선이라도 베풀어야 없는 자들이 숨이라도 쉬는 것입니다. 전 그냥 사람이 되고 싶었습니다."

가 작

좋은 방송을 위한 시민의 비평상

감동을 요리하고 진정성을 연출하다

tvN 〈에드워드리의 컨츄리쿡〉 비평

정다빈

들어가며: 시골 밥상 위에 펼쳐진 시네마틱 푸드트립

tvN 예능 <에드워드 리의 컨츄리쿡>(이하 <컨츄리쿡>)은 한국계 미국인 셰프 에드워드 리와 배우 변요한, 고아성, 신시아 등이 한국 시골로 떠나 손맛의 뿌리를 찾아가는 음식 여행기다. 프로그램은 전통 시골 밥상의 정취를 현대의 미식 감각으로 재해석하며 동시에 한 편의 영화처럼 아름다운 영상미를 담는다. 겉보기에는 스타 셰프와 유명 배우들이 어우러진 흥미로운 조합의 여행 예능이지만 그 내면에는 향수와 감정 그리고 지역 문화의 의미를 담아내려는 야심이 엿보인다. 들어가는 장면부터 제작진은 촘촘한 서사적 장치를 통해 시청자를 프로그램의 세계로 이끈다. 낯익은 풍경과 따뜻한 음악 그리고 할머니의 손맛이라는 키워드는 우리를 자연스레 향토의 기억으로 안내하며 이 예능이 단순한 먹방이나 여행기가 아닌 문화 비평적 시선까지 품었음을 예고한다.

에드워드 리는 이전에 넷플릭스 화제작 <흑백요리사>에 출연해 준우승을 차지하며 이름을 알렸다. 방송에서 그는 자신의 한국 이름 '이균'을 밝힌 뒤 "저는 비빔인간입니다"라고 말했고, 서로 다른 재료가 섞여야 제맛을 내는 비빔밥처럼, 자신도 한국과 미국, 두 문화의 경계에서 뒤섞이며 살아온 존재임을 요리로 표현했다. 고향을 떠난 자의 언어, 흩어진 뿌리와 혼합된 정체성, 바로 그 디아스포라적 감각은 그의 요리 안에 고스란히 배어 있다. 그리고 그 감정은 이번 여행에서도 조용한 결로 이어진다.

첫 회부터 에드워드 리는 낯선 재료와 풍경 속에서 자신의 기억과 감정을 조심스럽게 꺼내 보인다. 그가 한국 시골에서 마주한 익숙하면서도 낯선 장면들은 이 프로그램이 감성과 이성을 동시에 자극하는 방식으로 전개될 것임을 예고한다. 비평적 관점에서 <컨츄리쿡>은 음식 예능의 문법을 따르면서도 리얼리즘을 지향한다. 과연 이 시네마틱 푸드트립은 새로운 레시피를 보여주고 있을까? 아래에서는 프로그램의 구조와 연출, 반복되는 감정의 공식, 지역성의 소비와 전시, 그리고 미장센에 이르기까지 차례로 살펴보며 그 의미와 한계를 비평해 보고자 한다.

구조와 연출: 여행 서사와 예능 포맷의 조리법

<컨츄리쿡> 의 전개 구조는 매 회차 한 편의 작은 드라마처럼 짜여 있다. 에드워드 리 일행이 특정 지역을 찾으면 그곳에서 현지의 할머니나 주민들을 만나 전통 음식을 배우는 도입부가 펼쳐진다. 이어서 현지 재료를 탐색하고 셰프와 배우들이 힘을 합쳐 새로운 요리를 만들어내는 전

개부가 뒤따른다. 마지막으로 완성된 음식을 함께 나누며 감정의 클라이맥스를 형성하는 결말부로 마무리된다. 이러한 막 구조는 익숙하면서도 안정감을 준다. 마치 레시피대로 조리하듯 프로그램은 정해진 흐름에 맞춰 맛과 이야기를 조화롭게 끓여내는 연출을 선보인다. 특히 각각의 에피소드에는 기승전결의 흐름이 분명해 서사적 완결성을 확보하고 있다. 에피소드마다 전개되는 이 같은 구성은 시청자에게 익숙함과 안정감을 제공한다. 다음 회차에서는 어떤 지역의 음식과 풍경이 펼쳐질까 하는 기대감 그리고 예측 가능한 전개 속에서 찾아오는 감정의 여운은 이 프로그램만의 정서적 리듬을 만들어낸다. 이러한 반복성과 안정된 서사는 단지 형식의 취향이 아니라, 일상 속에서 소비되는 텔레비전이라는 매체가 요구하는 조건이기도 하다. 매주 같은 시간, 익숙한 구조 안에서 변주되는 이야기와 정서는 시청자의 피로를 덜어주면서도, 오히려 더 깊은 정서적 몰입을 가능케 한다. <컨츄리쿡>은 바로 그 지점에서 감정과 구조의 균형을 조율하며, 텔레비전이라는 일상 매체 안에서의 '잔잔한 감동'이라는 감각을 성실하게 조리해 낸다.

연출 면에서도 눈에 띄는 특징은 예능적 재미와 다큐멘터리적 진정성의 균형이다. 에드워드 리와 배우들은 요리 미션을 수행하면서 자연스럽게 티격태격 케미를 보여주고 이는 예능 프로그램으로서의 웃음을 책임진다. 예컨대 여수 편에서 변요한과 게스트 배정남이 서툰 솜씨로 요리하며 웃음을 자아내는 장면은 철저히 버라이어티 쇼의 맥락에 닿아 있다. 하지만 이러한 웃음의 요소 뒤에는 늘 음식에 담긴 사연과 진심이 자리한다. 제작진은 과장된 효과음이나 자막 남발을 절제하고 대신 출연진의 즉흥적인 대화와 현장 음향을 살려 현실감을 연출한다. 또한 각 회의 주요 장면은 클로즈업이나 느린 화면 전환을 통해 감정의 흐름에 여백을 주고, 관찰자적 시선을 유지한 채 인물과 상황을 조용히 따라간다. 이런 연출 방식은 시청자가 현장에 함께 있는 듯한 몰입감을 유도하면서도, 감정을 설계하고 조율하는 연출의 손길을 느끼게 한다.

반복과 감정의 공식화: 재현되는 감동, 익숙해지는 눈물

<에드워드 리의 컨츄리쿡>이 에피소드를 거듭하며 보여주는 감정의 흐름에는 일정한 형식(format)이 있다. 매 회차, 이국의 식재료를 접한 출연진은 놀라움과 호기심으로 시작해 이어 할머니들의 손맛과 이야기에 감동과 공감을 표한다. 절정 부분에서는 어김없이 출연자들의 울컥하는 순간이나 뭉클한 고백이 등장한다. 이를테면 경북 예천의 메주 마을 에피소드에서 에드워드 리가 따뜻한 찌개 한 숟갈을 맛보더니 돌아가신 할머니를 떠올리며 눈물을 보이는 장면이 그런 예이다. 그 순간 화면에는 출연자의 눈물이 클로즈업되고 주변은 조용해지며 잔잔한 피아노 선율이 흐른다. 이러한 감정 연출의 공식은 상당히 전형적이지만 그 효과만큼은 분명하다. 시청자들 역시 함께 가슴이 먹먹해지고 눈시울이 붉어지도록 유도되는 것이다. 프로그램은 매번 이 학습된 감정 곡선을 그려내며 시청자의 카타르시스를 책임진다.

그러나 감정의 구조화가 반복될수록 감동의 강도는 점차 예측 가능한 수준으로 수렴하는 위험도 있다. 애초에 이 기획이 내세운 가장 큰 감정적 자산은 할머니의 손맛에 깃든 향수와 진정성이었다. 하지만 회차를 거듭하며 이러한 눈물의 패턴이 관성적으로 되풀이될 때 그 진정성은 연출의 테크닉으로 변모해 버릴 우려가 있다. 예능에서 감정의 상품화는 흔한 딜레마다. 시청자는 감동하면서도 동시에 "이번에도 이 대목에서 울음을 터뜨리겠군" 하고 예상하게 된다. <컨츄리쿡>도 예외는 아

니어서 몇 회차를 지나면 감정의 고조 장면이 하이라이트 클립으로 소비되고 시청자 역시 익숙한 정서적 흐름에 자연스레 반응하게 된다. 이 지점에서 바라보면 이는 프로그램이 가진 따뜻한 정서의 힘과 장르적 한계가 교차하는 지점이다. 감정을 꾸준히 끌어올리는 연출의 기법은 훌륭하지만 그 공식화된 감동이 진부함과 피로감으로 돌아오지 않도록 더 섬세한 접근이 필요해 보인다.

지역성과 전시: 로컬의 삶, 화면 속에 소비되다

에드워드 리의 여정은 곧 한국의 지역성(locality)을 탐험하는 과정이다. 강원도의 깊은 산골, 안동의 전통 마을, 여수의 바닷가 마을 등 각 지역은 특유의 식문화와 풍경으로 프로그램의 무대가 된다. 화면에 비치는 풍경들은 눈부시게 아름답고 그 속에서 살아가는 현지 주민, 특히 할머니 세대의 모습은 한편의 인류학적 다큐처럼 소중하게 다가온다. 프로그램은 이러한 지역의 삶과 문화를 적극적으로 전시한다. 가령 여수 편에서는 갓김치를 담그는 할머니들의 손놀림을 세세히 보여주고, 해녀들을 만나 이야기를 나누고, 배를 타고 해산물 작업 현장을 동행하는 장면이 등장한다. 이러한 로컬리티의 전시는 도시 시청자들에게는 낯선 풍경을 마주하는 즐거움이자, 문화적 호기심을 자극하는 요소로 작용한다. 이러한 장면들은 겉보기에 신선하고 특별해 보이지만, 사실 한국 방송이 오랫동안 반복해 온 '지역 발견 서사'의 익숙한 형식이기도 하다. <1박 2일>이나 <삼시세끼> 등의 프로그램이 보여준 '시골 체험' 포맷은 도시민에게 향수 어린 농촌 이미지를 제공해 왔다.

문제는 이 지역성이 어떻게 소비되고 있는가에 있다. 프로그램 속 할머니들은 전통의 보증인처럼 그려지고 그들의 삶은 낭만화된다. 이러한 분위기는 마을 어르신들과의 만남을 통해 조성된 따뜻한 정서로 이어지지만 그 감정의 흐름 또한 연출된 구조 안에 있다. 지역의 생활 세계가 예능이라는 무대 위에 올려질 때, 그것은 이미 콘텐츠로서 재가공된 현실이다. 시청자는 할머니의 진정한 삶을 보는 듯하지만 실상은 제작진이 선별하고 연출한 현실을 소비하는 것이다. 이를 두고 지역성의 소비라고 부를 수 있을 터인데, 이는 기 드보르(Guy Debord)가 『스펙타클의 사회』(1996)에서 제시한 '스펙타클' 개념과 연결된다. 현대사회에서 진정한 삶은 이미지와 재현의 영역으로 대체되고, 사람들은 직접 경험하기보다는 미디어를 통해 간접적으로 현실을 소비한다는 그의 지적은 여전히 유효하다. 리얼리티 예능의 일상 스펙터클이라는 개념 틀에서 볼 때, 현대 예능 프로그램은 이렇게 현지 문화를 하나의 테마파크처럼 보여주는 경향이 강하다. <컨츄리쿡> 역시 '한국 시골'이라는 공간을 향수어린 배경으로 삼아 도시인이 향유할 감성 콘텐츠로 변환한다. 이때 로컬 푸드와 토속적 정서는 프로그램의 재료로 쓰이지만 정작 그 지역의 현실 문제나 삶의 복잡성은 깊이 다루지 않는다. 예컨대 할머니들의 고된 삶이나 농어촌의 현재 모습보다는 낭만적인 과거의 연장선으로서의 이미지가 강조된다. 이러한 측면에서 프로그램은 문화적으로 가치 있는 기록을 남기면서도 동시에 소비 지향적 시선을 함께 보여준다. 로컬리티가 진정성과 상품성 사이에서 줄타기하는 모습이랄까. 비평적으로 볼 때 <컨츄리쿡>은 지역 문화를 존중하고 조명하려는 의도를 갖췄지만 결과적으로는 피사체와 관찰자의 거리를 완전히 좁히지는 못한다. 화면 속 지역성은 우리의 이해를 돕는 창인 동시에 우리의 즐거움을 위한 놀이터로 기능하기 때문이다.

연출의 미장센: 음식과 풍경의 서정적 배치

<컨츄리쿡>은 일반적인 예능보다 장면 하나하나에 더 섬세한 시각적 정성을 들이며 미장센의 밀도를 높인다. 카메라 워크나 조명, 색감에서부터 세심한 미적 고려가 엿보인다. 각 지역의 풍광은 드론 촬영과 와이드 숏을 통해 한 폭의 그림처럼 전시되고 이어서 좁은 부엌 안의 장면으로 전환될 때는 로 앵글이나 클로즈업을 사용해 현장감을 살린다. 촘촘하게 쪼개진 장면들에는 매번 정갈한 식기, 단정히 손질된 식재료, 촉촉한 수증기가 담기며 음식의 시각적 온기를 부각한다. 완성된 요리는 반드시 정갈한 그릇에 담겨 천천히 촬영되며, 음식 자체의 빛깔과 질감이 하나의 감각적 서사로 기능한다. 이처럼 음식과 장면의 결합은 단순한 맛 표현을 넘어 음식이 담고 있는 정서와 배경을 함께 전달하려는 시도로 읽힌다. 이런 연출의 미장센 덕분에 시청자는 단순히 '맛있겠다'를 넘어서 음식에 깃든 이야기와 분위기까지 함께 느끼게 된다.

연출의 세밀함은 편집과 음악에서도 두드러진다. 웃음이 필요한 장면과 감동을 전하는 장면에서 편집 템포와 배경음을 명확히 구분해 정서의 리듬을 만들어낸다. 밝고 경쾌한 브금(BGM)은 배우들의 좌충우돌 요리 과정에 활기를 불어넣고, 잔잔한 현악기의 선율은 할머니의 옛이야기나 에드워드 리의 독백과 어우러져 여운을 증폭시킨다. 이러한 청각적 연출은 화면의 미장센과 맞물려 총체적인 감각 경험을 제공한다. 미장센이라는 용어가 원래 무대 위 시각 요소의 배치를 뜻하듯 <컨츄리쿡>의 연출은 예능의 무대를 한국 농촌이라는 공간에 정교히 배치하고 그 안에 음식, 사람, 이야기를 조화롭게 배열한다. 다만 완성도 높은 미장센이 때로는 과도한 미화로 느껴질 가능성도 있다. 현실의 농촌은 늘 그림 같을 수만은 없는데 프로그램은 필요한 순간에만 아름다운 면면을

포착하기 때문이다. 예컨대 비바람 부는 날이나 농촌의 쓸쓸한 겨울 풍경 대신 언제나 해질녘 황금빛 노을과 정겨운 웃음소리만을 담아낸다면 그것은 연출된 낭만일 것이다. 그럼에도 불구하고 <컨츄리쿡>의 미장센은 분명 이 예능이 지향하는 바 음식과 사람에 대한 경의를 시각적으로 극대화하는 힘을 지닌다. 덕분에 프로그램은 보고 듣는 즐거움이 풍성한 미감(美感)의 세계를 구축해 낸다.

나가며: 새로운 시도와 익숙한 공식 사이에서

<에드워드 리의 컨츄리쿡>은 한국 예능에서 비교적 새로운 시도를 담은 작품이다. 스타 셰프의 쿡방과 배우들의 여행 예능을 결합하고 거기에 공들인 연출과 휴먼다큐의 뭉클함을 양념처럼 버무렸다. 그 결과물은 때때로 아름답고 감동적이며, 때때로 예상 가능한 공식을 따르는 안정감을 준다. 이 프로그램이 보여준 가장 큰 성취는 음식이라는 소재를 통해 세대와 문화를 잇는 서사를 대중적으로 풀어냈다는 점일 것이다. 에드워드 리가 한국의 할머니들에게 배우고 또 자신의 방식으로 보답하는 과정은 세대 간의 소통이자 문화적 재창조의 드라마로 읽힌다.

흥미롭게도 에드워드 리의 디아스포라적 배경은 이 과정에 독특한 무게를 부여한다. 그는 한국 음식에 대해 완전히 무지한 외국인도, 어릴 적부터 자연스럽게 체득한 한국인도 아니다. 어딘가 어긋나 있지만 동시에 깊숙이 연결된 그 모호한 거리감이 오히려 새로운 발견을 가능하게 한다. 디아스포라로서 그가 가진 특별한 감수성, 어머니로부터 물려받은 혈연적 기억과 미국에서 자란 환경 사이의 간극이, 이 프로그램에 예상치 못한 서사적 긴장을 만들어낸다. 우리는 그 과정을 보며 우리 자

신의 할머니를 떠올리고 우리 사회가 잊고 있던 가치를 재확인하기도 한다.

하지만 이 정서적 여정이 디아스포라가 지닌 복잡한 현실을 충분히 반영한다고 보긴 어렵다. 이는 프로그램이 디아스포라라는 정체성을 하나의 서사적 자원으로 활용하면서도, 그 이면의 고통과 갈등을 충분히 조명하지 않기 때문이다. 에드워드 리가 한국 음식을 배우며 느꼈을 내적 갈등, 이것이 정말 '내' 음식인가, 나는 이 문화에 얼마나 속해 있는가 같은 디아스포라 특유의 정체성 혼란은 감동적인 재회의 서사 뒤로 밀려난다.

더 나아가 이런 재현 방식은 디아스포라 경험을 지나치게 낭만화할 위험을 안고 있다. 실제 디아스포라들이 겪는 문화적 소외감, 어느 쪽에도 완전히 속하지 못하는 불안, 정체성의 분열 같은 날카로운 현실들이 '따뜻한 고향 찾기' 서사 안에서 무화되어 버린다. 이는 디아스포라를 하나의 감정적 장치로 소비하는 것이며, 결과적으로 그들의 실존적 조건을 단순화하고 평면화하는 효과를 낳는다.

또한 익숙한 예능적 공식을 답습한 부분들도 분명히 존재한다. 감정의 공식화나 지역성의 소비 문제에서 보았듯 새로운 포맷 속에서도 틀에 박힌 장면들이 반복될 때 창의성은 줄어든다. 혁신적인 재료로 새로운 요리를 선보였지만 결국 레시피가 비슷했다면 그 한계는 명확하다. 이는 비단 이 프로그램만의 한계가 아니라 음식 여행 예능 장르 전체가 가진 숙제일 것이다. 앞으로 이런 유의 프로그램이 계속 된다면 어떻게 감동을 진부하지 않게 만들고 지역의 이야기를 피사체가 아닌 주체의 시선으로 담아낼지 고민해야 할 것이다. 디아스포라와 같은 복잡한 정체성을 다룰 때는 단순한 감정적 소구를 넘어 그 안에 담긴 모순과 갈등을 정면으로 마주할 용기도 필요하다.

<컨츄리쿡>의 여정을 모두 지켜본 뒤 마음에 남는 것은 두 가지 모습이다. 하나는 낯선 이방인이 시골 마을 부엌에서 할머니들과 웃고 울며 진심으로 교감하던 순간들이다. 다른 하나는 그 순간들을 빈틈없이 포착해 낸 카메라와 편집의 냉철한 시선이다. 비평의 자리에서 보자면 이 프로그램은 진심과 연출이라는 두 재료를 솜씨 좋게 다룬 한 그릇의 음식과 같다. 담백하면서도 군더더기 없는 비빔밥 같은 완성도를 보이지만 양념장 어딘가에는 약간의 MSG처럼 인위적 향신료가 섞여 있는 느낌도 지울 수 없다. 그럼에도 불구하고 <에드워드 리의 컨츄리쿡>은 한국 예능에 새로운 풍미를 더한 의미 있는 시도임에 틀림없다. 시청자로서 느낀 감동과 즐거움을 인정하면서도 비평자로서 아쉬운 대목들을 짚어보았다. 결국 이 프로그램은 맛있게 잘 차린 한 상이었지만 다음에는 한층 더 새로운 레시피로 우리의 미각과 심금을 사로잡아 주길 기대해 본다.

가 작

제28회 좋은 방송을 위한 시민의 비평상

노동자가 위험한 나라에 MBC 〈노무사 노무진〉이 찾아왔다

정현환

들어가며: 노동자가 위험한 나라에 찾아온 〈노무사 노무진〉

지금 우리 사회 노동자들의 삶은 안전하지 못하다. 곳곳에서 베이고 깔리며 찔리고 끼여 죽음을 당하기 때문이다. 아침에 "갔다 올게"라며 일터로 출근했으나 저녁에 집으로 퇴근하지 못하는 비극이 오늘도 반복되고 있다. 노동자들의 부고(訃告)가 전파를 타고 대중은 '산업재해'라고 불리는 노동자 사망 뉴스에 '어떻게 사람이 저렇게 죽을 수 있어'라고 놀라는 상황이 심심치 않게 되풀이된다.

이 엄중한 현실에서 MBC는 2025년 드라마 <노무사 노무진>을 지난 5월부터 6월까지 총 10회 방영했다. 시청 내내 기시감이 들었다. 1970년 11월 13일 고(故) 전태일 열사는 외침이 떠올랐기 때문이다. 드라마는 여러 에피소드로 구성됐지만, 결국 한 가지를 말하고 있었다. "근로기준법을 준수하라! 우리는 기계가 아니다!"라는 전 열사의 마지막 절규였다. 55년 전, 전 열사의 마지막 외침을 소환한 <노무사 노무진>은 없는 법을 만들어달라는 게 아니라, 기존에 있는 법을 제발 잘 지켜달라는 그의 절실함을 다시 상기시켰다.

그런 점에서 약 두 달 동안 매주 금요일과 토요일 시청자를 찾은 <노무사 노무진>의 존재는 반가웠다. <노무사 노무진>은 앞서 같은 방송사에서 동 시간대 방영했던 전작들이 1%대 시청률로 부진했던 점과 다르게 최고 시청률 6%를 기록하며 종영했다. 왜 <노무사 노무진>은 시청자의 큰 사랑을 받았을까. 드라마는 이미 끝났는데 시즌 2가 기다려지는 이유가 뭘까. 더 나은 모습으로 다시 돌아올 거라는 점을 의심치 않으며 단점을 보완할 수 있는 몇 가지 방안을 감히 제언해 본다.

풍자와 해학으로 노동 문제를 다룬 〈노무사 노무진〉

드라마 제목에서 언급한 '노무사'는 부당해고와 산업재해 신청, 임금 체납 등의 사건을 대리하는 직업을 말한다. 그런데 '노무진'이라는 이름이 남다르게 다가왔다. 노동과 관련한 사무를 뜻하는 '노무(勞務)'와 불교 용어인 '무진(無瞋)'(성내지 않는 착한 마음의 작용)이 합쳐진 말로 해석이 가능해 보였다. 노동과 불교의 결합. 그래서인지 1회부터 착한 마음을 가진 노무사가 어떻게 불교의 가르침을 전달할지 흥미롭게 지켜봤다.

그 기대는 빗나가지 않았다. <노무사 노무진>은 '산업재해로 죽은 노동자의 영혼을 보는 노무사의 성불(成佛) 프로젝트'라는 설정으로 현재 우리 노동계의 부조리를 날카롭게 꼬집었다. 1회에서 노무진(정경호 분)는 어느 날, 갑자기 큰 사고를 당한다. 생(生)과 사(死)의 경계에서 보살

(탕준상 분)에게 목숨을 빚진다. 노무진은 목숨을 얻는 대가로 '원혼(冤魂)과 소통'하는 능력을 얻게 된다. 이 신비한 재주로 노동자의 산업재해 소식을 일반 대중과 소통하는 메신저로 거듭난다. 드라마는 이 모든 과정에서 삶과 죽음, 그리고 노동이라는 다소 무거울 수 있는 주제를 풍자와 해학으로 긍정적인 분위기를 연출해 시청자에게 다가섰다.

〈노무사 노무진〉 산업재해 현주소를 드러내다

드라마 <노무사 노무진>은 풍자와 해학에 노무진이 사망한 노동자에 빙의(憑依)되는 설정으로 열악한 의료 노동 실태를 아주 구체적으로 고발했다. 3, 4회에서 정경호는 의료계와 간호계 대표적인 직장 내 괴롭힘의 하나인 '태움'(영혼이 재가 될 때까지 태운다는 뜻) 당한 노동자의 삶을 직접 체험한다. 혼신을 다하는 정경호 배우의 연기에 지난해 11월 서울의료원 사태가 저절로 떠올랐다. 여기에 정 배우는 한 청년이 어떻게 사망했는지를 추적하며 시청자가 생소할 수 있는 산재보험법과 시행령을 간단명료하게 전달했다.

이 친절함은 5회에서도 반복됐다. 현행 「화물자동차운수사업법」에 따르면, 운전자는 2시간 연속 운행할 때마다 15분씩 쉬어야 한다. 하지만 '이익' 때문에 아주 쉽게 무시된다. 그래서 오늘도 큰 인명사고로 발생한다. 드라마는 현재 우리 현실에서 반복되는 주요 노동 병폐를 살피며, 화물과 버스 운전사 졸음운전 사고의 주된 원인은 개인이 아니라 휴식 시간을 제대로 보장하지 않는 나쁜 환경과 문화에 있다고 꼬집었다.

7회에서도 마찬가지였다. <노무사 노무진>에서 허윤재(유선호 분)는 한여름 지하 주차장에서 심각한 탈수 상태로 발견된 한 노동자의 삶을 보여줬다. 드라마 속 생사의 갈림길에 선 유선호의 위중한 모습은 2023년 6월 코스트코 하남점 주차장에서 30대 노동자가 사망한 뉴스를 자연스럽게 연상케 했다. 드라마는 노동자가 폭염 특보 상황에서 1시간마다 10~15분을 쉬지 못해 숨진 사실을 재조명했다.

그렇게 <노무사 노무진>는 회차마다 의미가 남달랐다. 그중 단연 압권은 8, 9회였다. 우리 산업재해의 현주소를 가장 잘 드러낸 에피소드로 8명의 노동자가 창고 화재 사고로 사망한 사연을 다뤘다. 주·조연을 가리지 않는 배우들의 생생한 연기는 한때 우리 사회를 떠들썩하게 했던 2020년 4월 이천 물류 창고 화재 사건으로 시청자를 안내했다. <노무사 노무진>은 실제 사고의 주된 원인인, 비용이 많이 든다는 이유로 사용자가 스프링클러를 설치하지 않은 점을 드라마에서 콕 짚어냈다. 또 대다수 출구를 봉쇄해 결국 38명 노동자가 목숨을 잃은 실태를 극적으로 묘사했다.

그렇게 <노무사 노무진>은 총 10회에 걸쳐 지금까지 그동안 우리 사회에 큰 충격을 줬던 노동자 사망과 산업재해를 자세히 들여다봤다. 드라마는 어떤 한 사람의 잘못을 지적하는 쉬운 길을 가지 않았다. 그 대신 우리 노동 환경의 구조적 결함을 꼼꼼히 짚으며, 있는 법이 무용지물하게 되는 우리 사회 노동 현주소를 방영 내내 고발했다.

'무관심'이 노동자를 결국 죽음으로 내몬다

"저희는 법대생인데요?"

드라마 <노무사 노무진>은 매회 노동과 관련한 법과 제도를 시청자가 이해하기 쉽도록 전달했다. 동시에 노동자들의 안타까운 죽음이 사람들의 '무관심'에 있다고 날카롭게 지적하기도 했다. 6회가 특히 그랬다. 대학교 측이 청소 노동자들을 손쉽게 해고하려고 '직무교육'이라는 업무와 전혀 무관한 시험을 치르게 한다. 낙제한 노동자 일부는 굴욕감과 수치심을 느끼고 심지어 부당해고를 당한다. 그러다 어느 날, 직무교육 시험에 큰 부담을 느낀 한 청소 노동자가 극심한 스트레스로 사망한다. 노무진은 대학교 청소 노동자인 자신의 어머니가 부당한 대우를 받는 이러한 현실에 분노한다. 다음엔 우리 엄마가 당할 수 있다는 위기감에 발 벗고 나선다.

노무진의 도움을 받은 청소 노동자들은 그렇게 노조를 결성한다. 노조는 대학교 측과 단체 협약을 벌였으나 원만한 합의점을 찾지 못해 결국 파업을 감행한다. 이 상황에서 일부 학생들이 "누가 미화원 하라고 칼들고 협박했나? ㅋㅋㅋ", "우리 학비로 쓰레기 왕국 구경하네 ㅋㅋ"이라며 청소노동자들을 비꼰다. 몇몇 학생들은 "수업권 침해에 따른 업무방해 혐의로 고소하겠다"며 파업 중단을 요구한다. 청소 노동자들은 "학생들도 졸업하고 나면 학생이 아니라 노동자야. 이분들의 오늘이 당신들의 미래가 될 거다"라는 말에 힘을 받으며 버틴다.

하지만 참고 또 참았던 청소 노동자들은 결국 무너진다. 드라마에서 수년간 이어온 대학교의 갑질도 모자라 동료가 억울하게 죽은 점도 참았는데 "저희는 법대생인데요?"라는 문장에 단단했던 연대에 금이 간다. 청소 노동자들은 "여러분의 월급이 저희 등록금에서 나간다는 사실을 잊지 말아 주세요"라는 법대생들의 천민자본주의에 속절없이 붕괴한다.

드라마 속 법대생들이 청소 노동자에게 던진 말과 행동은 결국 어떠한 관념을 의미한다. "우린 청소 노동자와 다르다"는 차별 의식과 우월주의를 말이다. 이들의 언행에 정경호가 "학생들의 학습권이 존중받아야 할 될 권리라면 파업 또한 노동자들의 정당한 권리다"라고 발끈한다. 법대생들의 말에 참다못한 나희주(설인아 분)도 "목숨줄을 쥐고 부당한 짓을 하는 사람을 고소해야지, 왜 파업으로밖에 저항할 수 없는 무력한 사람들을 고소한다는 겁니까?"라고 말하지만, 법대생에겐 그저 공허한 메아리일 뿐이다.

왜 유독 6회에서 사측과 싸우고 부당한 노동 부조리에 생계까지 집어던지며 싸우던 노동자들이 쉽게 무너졌을까. 드라마는 이 에피소드에서 무얼 드러내고자 했을까. 바로 '무관심'이다. 드라마는 사람들의 무심(無心)이 결국 노동자를 죽음으로 내모는 현실을 꼬집었다. 동시에 드라마는 아무리 훌륭한 법과 제도가 있더라도 사람들의 외면이 계속되는 한, 노동자들의 안타까운 죽음이 되풀이될 수밖에 없음을 이야기했다. 위험한 노동 현장이 안전한 일터로 바뀌는 데 대중의 '관심'이 그 무엇보다 중요하다는 점을 강조했다.

아무도 책임지지 않은 '노동' 현실을 꼬집다

"이 법은 산업재해로 사망자가 한 명만 발생해도 사업주를 형사 처벌한다."

사실 MBC가 노동과 산업재해를 다룬 건 사실 이번이 처음이 아니다. 2019년 드라마 <특별근로감독관 조장풍>으로 노동자에게 갑질을 일삼는 악덕 사업주의 부당 노동 실태를 이미 지적했다. 그리고 지금, 6년여 만인 올해 MBC는 우리 사회 병폐인 노동 문제와 산업재해를 '유령 보는 노무사'라는 설정으로 시청자를 다시 찾았다.

왜 하필 '노무사'였을까. 현재 우리 노동계의 최대 현안이 「중대재해

처벌법」이기 때문이라고 생각한다. 이 법은 2022년 1월 27일 시행됐다. 올해 6월까지 이 법을 위반한 혐의로 기소당한 경영 책임자와 법인은 총 121개에 이른다. 하지만 이 숫자는 「중대재해처벌법」 위반으로 현재 수사 중인 1091건(올해 3월 기준)의 11%에 불과한 수치다. 해당 기간 노동 현장에서 사망한 이는 총 156명, 부상자는 37명이었음에도 약 10%만 기소됐다.

<노무사 노무진> 이러한 현실을 외면하지 않고 8회에서 가장 구체적으로 드러냈다. 노무진은 노동자들의 반복되는 사고에 "그냥은 못 넘어갈 거예요, 중대재해처벌법이라는 게 있거든요"라고 말한다. 이내 일하다가 갑작스러운 화재로 원혼이 된 노동자가 "언제는 법이 없어서 처벌을 안 했나?"라고 반문한다.

이에 노무진의 조력자인 고견우(차학연 분)는 "중대재해처벌법 이후 산업 현장에서 숨진 근로자는 1700명 가까이 되는데, 그중에 검찰의 기소는 74건이다"며 "실형이 선고된 건 단 네 건이다"라고 설명한다. 그러면서 "이 네 건도 과거 비슷한 사고나 관련 전과가 있는 가중처벌 대상이었다"며 "나머지는 죄다 집행유예와 벌금형이 고작이다. 일하다가 1700명이 죽었는데 처벌이 고작 2%가 말이 되냐"라고 토로한다.

'사람이 노동하다가 사망했는데 아무도 책임지지 않는 세상'

8회를 보며 계속 이런 생각이 들었다. 그러다 이것이 MBC가 올해 드라마로 '노무사'를 내세운 진짜 이유라는 결론에 도달했다. 결국 <노무사 노무진>은 우리 사회 노동자들이 위험한 일터에서 사망하는데 제대로 처벌받지 않은 현실을 보여줬다. 심지어 가장 법을 잘 알고 엄격히 지켜

노동자를 보호해야 할 사용자가 정작 가장 많이 법을 어기는 실태를 정확히 알렸다. 그 진심이 통했을까. <노무사 노무진> 8, 9회는 다른 회차 대비 높은 시청률을 기록했다.

나가며: 지나친 신파와 피해자 배려의 아쉬움

올해 포스코이앤씨 건설 현장에서 총 네 건의 사망 사고가 발생했다. 연이은 중대재해에 이재명 대통령은 지난 7월 29일 국무회의에서 강하게 질타했다. 제재 방침을 구체적으로 밝히기도 했다. 그런 점에서 노동과 산업재해를 다룬 드라마 <노무사 노무진>은 현재 우리 사회가 요구하는 시대적 부름에 매우 적절하게 응답했다.

그러나 장점이 돋보였던 <노무사 노무진>에 몇 가지 구성과 설정이 미흡했다. 특히 매번 에피소드 결말이 '감정 과잉'과 '억지로 감동 주입'이라는 '신파'로 점철된 점이 아쉬웠다. 신파는 흠잡을 수 없는 드라마에 결국 가장 큰 흠이 됐다. 특히, 1, 2회가 다른 회차 대비 유독 심했다. 특성화고 현장 실습생 이민욱(박수오 분)의 사망 사건을 다뤘는데 에피소드 내내 노동자들은 동료가 도대체 어떻게 죽었는지 진실을 알리려는 노무진의 활약에 미온적으로 대응했다. 그런데 이랬던 이들이 별다른 계기 없이 갑자기 태도를 바꿔 사용자를 고발한다. 부자연스러운 드라마 전개는 결국 시청자에게 억지로 감정을 주입해 눈물샘을 자극하는 신파로 끝이 났다.

아울러 드라마 <노무사 노무진>은 실제 사건을 많이 참고했다. 산업재해 관련 현재 결말이 나지 않은 사연을 십분 활용했다. 따라서 소재를 다룰 때 좀 더 신중해야 했다. 그래서일까. 지난 6월 24일 '비정규직 없는 서울대 만들기 공동행동'(비서공)은 <노무사 노무진> 5, 6회를 두고 "폭력의 구조적인 원인을 보여주기보다 관리자 개인의 일탈적인 행위로만 보일 수 있는 연출을 다수 사용했다"라며 "실제 사건을 분노의 소재로 쓰고 사이다를 위해 도구화하는 데 그쳐 유감스럽다"라고 비판했다. <노무사 노무진>은 산업재해로 목숨을 잃은 노동자와 그 유족을 더 많이 배려해야 했다.

<노무사 노무진>은 그렇게 몇 가지 단점을 뒤로하고 종용했다. 드라마는 끝이 났지만, 아직 우리 사회에서 마무리되지 못한 노동 문제가 너무나도 많다. 지금보다 더 알려져야 할 산업재해와 중대재해 사건이 쌓여 있다. 그래서 감히 앞으로 기대해 본다. 그동안 드라마로 잘 다루지 않았던 '노동'이라는 소재를 훌륭하게 다룬 <노무사 노무진>이 몇 가지 옥에 티를 보완해 시즌 2로 다시 시청자 앞에 등장하기를 기다려본다.

우리에게 닿지 못하는 "하기 싫어요"라는 간절한 외침

조여랑

육아 관찰 예능 <요즘 육아 금쪽같은 내 새끼>는 2020년부터 방영되기 시작해 본방송과 2차 편집 영상에서 많은 관심을 모으며 승승가도를 달리고 있는 채널A의 예능 프로그램이다. 해당 프로그램은 보호자가 자신의 아동이 문제가 있다며 의뢰를 하고, 출연자들이 함께 그들의 생활을 담은 관찰 영상을 본 후 상담과 교육을 통해 아동의 행동을 교정하는 형식을 지닌다. 매주 새로운 아동들의 문제 행동은 카메라에 담겨서 방송되고 유튜브를 통해서 2차 창작되어 퍼져나간다. 채널A <요즘 육아 금쪽같은 내 새끼>의 공식 홈페이지에 들어가면 사연을 신청할 수 있는 네이버 폼이 소개되어 있다. 네이버 폼 가장 첫 번째 칸에는 "주인공 금쪽이, 엄마, 아빠가 촬영에 동의할 시 '동의합니다'라고 적어주세요"라는 문구가 적혀 있는 걸 볼 수 있다. 이처럼 해당 프로그램에서는 사전에 가족구성원 전원의 동의를 받고 녹화를 시작한다는 것을 강조하고 있다.

그러나 해당 프로그램의 출연 아동 연령이 유아(3~7세) 초등학생(8~13세)이니만큼 사전에는 방송 촬영에 동의했던 아동들도 촬영 도중에 촬영에 대한 거부 의사를 밝히는 경우들이 종종 발생한다. 이러한 상황에서 아동의 목소리는 보호자와 제작진에 의해 무시되기도 하며 결국 반강제적 출연을 하게 되는 사례들이 존재한다.

TV 프로그램에 출연하는 아동의 권리에 관한 문제는 과거 육아 예능의 시초 격인 <아빠! 어디 가?> 에서부터 꾸준히 제기되어 왔다. 미디어에 노출되는 아동들의 모습은 시청자들에게 오락으로서 소비되고 해당 자료는 아동이 성장하고 자신의 삶을 주체적으로 꾸려나가는 나이가 될 때까지 꼬리표처럼 따라붙기 때문이다. 이러한 상황에서 <요즘 육아 금쪽같은 내 새끼>와 같은 아동 관찰 예능은 아동을 보호하고 더 나은 방향으로 인도하려는 프로그램의 취지와는 역설되게 아동의 거부 의사에도 불구하고 그들의 문제적 행동을 불특정 다수에게 노출시키며 아동의 권리를 충분히 존중하지 않고 해당 아동에게 평생의 상처를 남길 수 있다는 점에서 문제를 제기할 필요성이 있다. 따라서 이 글은 <요즘 육아 금쪽같은 내 새끼> 158회와 92회, 148회 속에서 보이는 아동의 촬영 거부 방식과 메시지를 분석하고, 이에 대한 제작진들의 대처를 분석하며 육아 관찰 예능 촬영 중 아동의 인권을 존중하는 것의 중요성에 대해 이야기해 보려 한다.

<요즘 육아 금쪽같은 내 새끼> 158회 속에서는 등교를 거부해 학교에 가지 않고 보호자인 엄마에게 폭력을 휘두르는 13세 아동이 출연했다. 보호자는 학교를 계속해서 결석하는 상황이 되자 심각성을 느끼고 이를 프로그램에 제보한 것이다. 출연 아동이 촬영에 대한 거부 의사를 밝힌 것은 친구들과 함께 놀이터에서 노는 장면을 촬영할 때였다. 자신들의 주변을 둘러싸고 있는 카메라에 익숙하지 않았던 친구 1이 “야, 집에 카

메라만 10대가 넘게 있더라"라고 말을 하자, 친구 2도 주변에 있는 카메라들을 가리키며 "카메라 저기에도 있고 여기에도 있고"라며 카메라가 불편하다는 내색을 비추었다. 친구들의 눈치를 보던 출연 아동은 보호자에게 가서 "엄마, 나 촬영하고 싶지가 않아", "촬영하기 힘들다, 참"이라며 1차적인 촬영 거부 의사를 밝혔다. 하지만 이가 받아들여지지 않자 출연 아동은 계속해서 촬영 거부 의사를 밝히다가 결국 눈물을 보인다. 제작진들이 와서 이를 달래자 출연 아동은 감정이 격해져 "아예 도움이 안 된다고요, 카메라가 찍든 말든 저한텐 도움이 안 된다고요. 도움을 주든 말든 저는 친구들이랑 놀고 싶은데" 라며 절규한다. 이후 등장한 보호자는 "이건 엄마한테 필요한 거야", "그래서 너한테 협조를 구하고 있는 거야", "촬영을 그만하는 건 이기적인 거지"라고 말하며 출연 아동을 달랬다. 이와 같은 상황에서 해당 아동은 긴 시간 동안 촬영에 대한 거부 의사를 밝혔다. 하지만 이에 대한 제작진들의 반응은 카메라를 끄는 것이 아닌 출연 아동을 달래거나 제압하면서 이 과정 또한 카메라로 기록하고 이를 방송에 내보내는 것이었다.

<요즘 육아 금쪽같은 내 새끼>에서는 해당 회차를 제외하고도 이러한 장면이 빈번히 등장하고 있었다. 92회에서는 아버지의 엄격함에 압박감을 느끼는 삼 남매가 출연했는데, 이때 한 아동은 촬영 초반에 "재혼가정인 걸 들키기 싫은데", "촬영 못 하겠어요"라며 보호자에게 전화를 해 촬영을 그만하자는 메시지를 전달했다. 이후 출연 아동은 손수건으로 카메라를 가리고 눈물을 흘리는 등 촬영에 거부 의사를 내비쳤지만 이 또한 그대로 방송에 내보내졌고 패널들은 "이후에 동의를 했다고 합니다"라고만 말하며 일단락했다. 148회에서는 분노 조절에 어려움을 겪는 아동이 출연했다. 촬영 도중 보호자와 다툼이 생겨 보호자가 이와 관련해 제작진과 회의를 하자 아동은 "촬영 그만하자"고 라며 보호자에게

화를 내기 시작한다. 이후 자신을 찍는 제작진들을 향해 "찍지 마"라며 소리를 치기도 하지만, 이가 받아들여지지 않자, 집 밖으로 도주를 했다. 하지만 제작진은 찍지 말라며 도망치는 아동을 좇아가면서 계속해서 촬영을 진행했고 이 또한 그대로 방영되었다. 이 모든 사례에서 제작진들은 공통적으로 아동이 촬영을 하고 싶지 않다는 의사를 표시했음에도 불구하고 이를 무시한 채로 방송을 진행했다.

아동 권리는 아동에게 주어진 인권이자 아동에게 주어지는 특별한 권리와 보호에 대한 배려를 의미한다. 이는 부모와 적절한 관계를 유지할 수 있는 권리, 국가의 보편 교육을 받을 수 있는 권리, 그리고 인간으로서의 독자성을 발휘하는 권리를 포함하고 있다. '인간으로서의 독자성 권리'에 대한 논의는 아이를 단순히 보호자에 의해 보호받는 소유물로서 바라보는 '양육 관점'과 아동이 주체적으로 자신의 삶과 관련된 문제를 결정지을 수 있어야 한다는 '자기결정관점'이 서로 대립하며 발전해 왔다.[1] 근현대에 들어서며 아동을 보호해야 한다기보다는 아동의 권리를 보호해야 한다는 목소리가 높아져 '자기결정관점'의 시선으로 아동을 바라보는 사람들이 늘어났다. 따라서 아동이 출연하는 방송을 제작하는 제작진들은 출연 아동의 의사 즉 촬영에 대한 동의 혹은 거부의 메시지를 귀 기울여 듣고 이를 존중해야 한다. '자기결정관점'이라는 이론적 측면과 더불어서 규범적 측면에서도 아동 출연자의 자기결정권을 바라볼 수 있다. 방송통신위원회가 2020년에 발표한 「방송출연 아동·청소년의 권익보호를 위한 표준제작 가이드라인」에서는 아동 청소년 출연자의 방송출연 '동의'와 관련해 다음과 같이 규정한다.

---

1 정기상, 「아동의 자기결정권에 관한 헌법적 고찰: 의료영역에 있어 아동의 자기결정권 논의를 중심으로」, ≪헌법재판연구≫, 6(2)(2019), 157쪽.

> 아동과 청소년 출연에 관해 아동·청소년과 그 보호자의 사전동의를 얻어야 한다. 사전동의를 얻을 때는 프로그램의 내용과 성격 및 촬영 과정, 그리고 방송프로그램이 나간 후에 생길 수 있는 결과에 대해 아동·청소년과 그 보호자에게 충분히 설명하여야 한다. 아동·청소년에게는 그들의 연령과 성숙 정도에 따라 그들이 이해할 수 있는 언어로 설명해야 한다. 아동·청소년 출연자와 그 보호자가 출연에 동의했다고 하더라도 그들의 출연이 적절한지 전문가 등의 의견을 고려해야 하는 경우가 있을 수 있다.[2]

방송에 출연하는 아동과 청소년들은 반드시 사전에 동의를 얻어야 하고 촬영 과정과 프로그램의 성격에 대해 상세히 설명해야 한다는 조항이 포함되어 있다. 이는 출연 아동들의 의견을 존중하면서 그들의 권리를 보호하고 방송 출연으로 인해 받을 수 있는 상처나 고통을 최소화하기 위함이다.

<요즘 육아 금쪽같은 내 새끼>의 여러 회차를 바라보고 분석해 본 결과, 해당 예능에서는 이러한 아동의 자기결정권을 존중하는 조항이 철저히 지켜지고 있다고 말하기는 어렵다. 아동이 지속적으로 촬영에 대한 거부 의사를 표시했음에도 보호자 혹은 제작진에 의해서 촬영에 강제로 참여하게 되는 경우가 여러 차례 포착되었다. 이러한 상황은 대부분 보호자가 아동의 말을 무시한 뒤 제작진은 보호자의 동의만 가지고 촬영을 진행하는 형식으로 전개된다. 보호자와 제작진의 그늘 아래에서 아동의 "하기 싫어요"라는 목소리는 철저히 외면당하고 그저 방송의 더

2 방송기반총괄과, 「방송출연 아동·청소년의 권익보호를 위한 표준제작 가이드라인」(방송통신위원회 가이드라인, 2020.12.18), 2~3쪽.

자극적인 소재로서 이용되는 것이다. 제작진들이 이를 더 자극적인 요소로서 활용한다는 것은 채널A의 유튜브 채널 <요즘 육아 금쪽같은 내 새끼> 2차 창작 영상의 제목이나 섬네일(영상의 표지)에서 잘 확인할 수 있다. 출연 아동이 촬영을 거부한 회차의 영상에는 "최초 촬영 거부", "금쪽이 급기야 촬영 거부" 등의 텍스트가 포함되어 있고, 마치 이것이 출연 아동의 문제적 행동인 것처럼 불특정 다수에게 공개하고 있다.

과거 <슈퍼맨이 돌아왔다> 316회에서 비슷한 상황이 연출된 적이 있다. 출연 아동이 배변을 하기 전 부끄러움을 느끼고 카메라 감독들에게 카메라를 꺼달라고 이야기한 것이다. 하지만 그 의견은 반영되지 않았고 아동이 촬영을 거부하는 장면부터 배설 중인 장면까지 방송에 나가게 되었다.[3] 과거부터 아동이 촬영에 거부 의사를 내비치는 것은 "어리광"이나 "장난"과 같이 무시해도 되는 말로 여겨져 왔다. 결국에는 아동 스스로가 동의하지 않은 장면들이 불특정 다수에게 노출되고 이는 아동에게 수치심과 상처를 남긴다. 지금까지 약 10년이 넘는 시간 동안 이와 같은 장면들이 당당히 방송에 나올 수 있었던 것은 아동의 의사가 제작진과 시청자들의 무관심 속에 있었다는 뜻이다. 아동이 주인공으로서 출연하는 예능 방송을 제작할 때에는 반드시 아동의 의사를 최우선으로 생각하면서 그들에게 충분한 의사결정의 시간과 기회를 주어야 한다. 또한 보호자가 아동의 목소리를 무시하고 이를 강행하려 해도 제작자들은 멈추어야 한다. 이는 방송이라는 체계 내에서 지킬 수 있는 바람직한 제작자로서의 행동이며 미래의 아동 인권을 위하는 더 나은 방송 문화를 만들기 위한 발걸음이 될 것이다.

---

3 "아동 리얼리티 예능, 아동도 그 안에서 웃고 있을까", ≪서울시립대신문≫, 2020년 4월 14일 자.

입 선

제28회 좋은 방송을 위한 시민의 비평상

현실보다 현실적인 위로

강현지

최근 공개되는 드라마의 크레디트에 심심치 않게 등장하는 문구가 바로 '원작'이다. 콘텐츠 경쟁이 심화되면서 각 방송사들이 웹툰, 웹소설 등의 원작 IP를 각색한 작품을 선보이는 경우가 많아지고 있다. 막대한 제작비를 들이는 만큼, 독창적인 설정이나 플롯으로 이미 인기를 끈 적이 있는 보증수표를 활용하고자 하는 선택이다. 이 드라마들은 주로 초현실적이거나 자극적인 소재를 기반으로, 시청자들의 이목을 사로잡을 만한 화려한 미장센을 보여준다.

하지만 원작의 힘에 기대지 않고, '쌍둥이 자매가 인생을 바꾸어 산다'는 단순한 로그 라인만으로 성공을 거둔 드라마가 있다. 바로 tvN의 <미지의 서울>이다. 주연배우 박보영의 1인 2역으로 주목받았던 이 드라마는 첫 화 시청률 3.6%에서 출발해 8.4%의 좋은 성적으로 막을 내렸다. 이 글에서는 <미지의 서울>이 사랑받을 수 있었던 요인과 아쉬웠던 점을 분석해 보고, 이 드라마가 콘텐츠 업계에 주는 시사점을 짚어보고자 한다.

1.

<미지의 서울>이 가진 첫 번째 장점은 일상생활과 감정선을 그리는 현실성이다. <미지의 서울>의 첫 화는 서울에서 자취를 하며 한국금융관리공사에서 일하는 '미래'가 정신적으로 한계에 내몰리는 모습에서 출발한다. 이를 알게 된 쌍둥이 자매 '미지'는 당분간 서로인 척 바꾸어 살 것을 미래에게 제안하고, 처음으로 고향인 두손리를 떠나 서울살이를 시작한다. 외모만 같을 뿐, 성격이 정반대인 둘은 들키지 않으려 애쓰며 서로의 일상에 녹아든다. 미지는 와전된 소문으로 직장 내에서 투명 인간 취급을 받는 미래의 직장 생활을, 미래는 할머니의 간병을 도맡아 하면서도 집에서 천덕꾸러기 취급을 받는 미지의 일상을 경험하며 서로의 고충을 이해하게 된다. 이 과정에서 자매 간의 미묘한 비교 심리, 서로에 대한 부러움, 바로잡을 수 없는 소문에 대한 괴로움, 직장에서의 번아웃 등은 누구나 한 번쯤 겪어봤을 법한 감정이 섬세하게 표현된다. 행정고시에 실패한 후 금융공기업에 입사해 엄마의 기대에 부응하지 못했다고 생각하는 미래, 달리기 유망주였지만 부상으로 선수 생활을 접게 된 미지의 과거 배경 역시 무척 현실적인 설정이다.

두손리의 인물들 또한 어딘가에 실제 있는 인물들이라 느껴질 만큼 생생하게 그려진다. 특히 미지와 미래의 엄마 '옥희'는 여러 관계에서 복잡한 심리를 보여준다. 옥희는 동창인 '분홍'이 교감으로 있는 초등학교에서 급식 조리사로 일하며, 분홍과는 시시때때로 티격태격한다. 분홍

이 변호사 아들 '호수'를 자랑할 때면 백수인 딸 미지가 떠올라 심통을 낸다. 일찍부터 미래와 미지를 홀로 키워온 옥희는 현재는 엄마인 '월순'을 부양해야 하는 입장이다. 미래는 월급 대부분을 생활비로 보태고, 미지는 월순의 간병을 적극적으로 돕고 있기에 두 딸에 대해서 늘 미안하고 고마운 마음을 안고 있지만, 막상 겉으로는 그 마음을 표현하지 못하고 억척스럽게 군다. 월순에게 충분히 사랑받지 못했다는 서운함이 있어 딸들에게는 같은 기억을 주고 싶지 않음에도 불구하고, 방법을 몰라 늘 서투르다. 월순-옥희-미지와 미래 3대에 걸친 모녀 관계 속 다양한 대사들은 보는 이들로 하여금 각자의 기억 속 어느 한 부분을 떠올리게 할 만큼 현실적이고, 보편적이다.

이렇게 섬세하게 쌓아 올린 현실성을 따라가다 보면, 시청자들은 어느새 이 드라마의 가장 비현실적인 지점인 쌍둥이의 대리 출근까지도 응원하게 된다. 1인 2역이나 쌍둥이의 바뀐 운명 등을 다룬 작품들이 많았음에도 <미지의 서울>이 신선하게 느껴졌던 것은, 이들의 맞바꾼 삶이 낭만적이기보다는 현실적인 고민으로 밀도 있게 채워졌기 때문이다.

2.

또한 <미지의 서울>은 사회적 약자에 대한 다층적인 묘사로 신선함을 더한다. 미지의 동창이자 이 드라마의 남자 주인공인 호수는 어렸을 적 교통사고로 장애를 얻었다. 호수는 장애로 인해 본인이 주변 사람들에게 민폐를 끼치는 게 아닌지를 극도로 경계한다. 함께 겪은 교통사고로 인해 아버지가 목숨을 잃었기 때문에, 본인을 키워준 새엄마 분홍에게 자신이 평생 짐 같은 존재였을 것이라 짐작한다. 그래서 청력을 잃을 수도 있는 위기에 처하자 호수는 분홍에게는 비밀로 하고, 미지에게는 이별을 고한다. 호수의 장애에 대한 미지의 사소한 배려조차 호수에게는 자신이 감당해야 할 몫을 떠넘기는 것으로 느껴졌기 때문이다.

그리고 호수가 미지에게 이별을 고하는 순간, 미지는 과거 은둔형 외톨이로 지내던 시절의 본인을 회상한다. 모든 위로와 격려의 말이 다 자신을 향한 공격으로밖에 들리지 않던 그 시절을 떠올리며, 호수가 그때의 자신과 같은 입장이라면 어떤 말을 해도 소용이 없으리라는 생각을 하게 된다. 과거의 미지는 할머니가 입원한 병원에 급히 가기 위해 집 밖으로 나오며 타의적으로 은둔형 외톨이 생활을 청산하게 되었다. 다시 문밖으로 나오지 못할까 봐 방문을 제대로 닫지 못하는 등 아직도 완전히 극복하지 못한 상태였기 때문에, 결국 어떤 말로 호수의 마음을 돌릴 수 있을지 몰라 그를 잡지 못한다.

미지 외에도, <미지의 서울>에는 또 한 명의 은둔형 외톨이가 등장한다. 바로 미래의 직장 선배인 '수연'이다. 수연은 미래에 앞서 사내 고발을 했다가 직장 내 괴롭힘을 당했던 인물이다. 따뜻하고 긍정적인 성격을 가졌던 수연도 현실의 괴로움을 이기지 못하고 칩거 생활을 하게 된다.

장애인, 은둔형 외톨이 등은 보통 드라마에서 전면에 내세우는 경우가 많지 않을뿐더러 등장한다 하더라도 평면적으로 그려지는 경우가 많지만, 이 드라마에서는 그렇지 않다. 예컨대, 호수의 첫 직장인 로펌의 선배 변호사인 이충구 또한 휠체어를 타는 장애인이다. 그러나 호수와 이충구 모두 장애를 극복한 변호사로 불리는 것을 싫어한다. 호수는 정의를 추구하고, 이충구는 승소만을 추구하지만, 이는 그저 변호사라는 직업인으로서의 특성이지 그들이 가진 장애에 기인하는 특성은 아니다.

은둔형 외톨이 또한 인물의 성격적 결함이나 부족한 사회성 때문이 아닌, 잠시 지나가는 심리적인 어려움 때문에 처한 상태 정도로 그려진다.

미지의 고향 친구인 경구는 성소수자이지만 직접 언급될 때 빼고는 이에 관련된 언어적, 비언어적 묘사는 전혀 없다. 당연하게 그려지는 이들의 모습을 통해 시청자들은 사회적 약자가 우리 주변에 늘 존재하고, 존재했고, 나 또한 언제든 그런 상황에 놓일 수 있다는 깨달음을 얻게 된다.

3.

다만, 미지의 직장 생활에서 비중 있게 다뤄진 인물인 김로사에 대한 묘사는 다소 아쉽다. 신사옥 부지 매입 문제로 이충구 측과 대립하게 된 김로사는 본인이 평생 간직해 온 비밀이 탄로 날 위기에 놓인다. 미지와 호수의 도움을 받아 본인의 법적 권리를 되찾고자 하는 과정이 극 후반부 본격적으로 펼쳐진다.

김로사의 사연은 축약하자면 사실 본인은 김로사가 아니며, 죽은 김로사를 대신해 그의 아이를 돌보고 있다는 것이었다. 하나의 반전 요소이기는 했지만, 다소 피로한 감이 있었다. 동성애 코드, 가정 폭력 피해, 피가 섞이지 않은 가족을 돌보는 관계 등 이미 주요 줄거리에서 다루어졌던 요소들이 반복되어 나열되었기 때문이다.

4.

미래 대신 업무를 대신 맡게 된 미지를 포함, 한국금융관리공사의 직원들의 가장 큰 두려움이 '칠달지사 발령'이라는 것도 아쉬운 지점이었다. 극 중 칠달지사는 모두들 기피하는 지사로, 칠달지사 발령은 곧 조직 내에서 배제되는 것과 다름없다는 식으로 묘사된다. 물론, 갑자기 미래의 업무를 대신하게 된 미지에게 큰 압박감을 주기 위한 요소로 칠달지사 발령이 활용되었다는 건 이해할 수 있다. 미지에게는 미래의 자리를 있는 그대로 지키는 것이 가장 중요한 일인데, 갑자기 근무지가 바뀌어버리는 것은 중차대한 사건이기 때문이다.

하지만 마지막 화에서는 비리를 저지른 국장이 정말로 칠달지사로 발령이 난다. 모함에 가까운 소문을 내 미래를 괴롭혔던 박상영이 잠시 사무실을 떠났다가 복귀했던 것처럼, 현실에서는 논란을 일으킨 인물을 잠시 다른 근무지로 보낸 후 다시 복귀시키는 경우가 많다. 특히나 대부분의 공기업에서는 일정 기간이 지나면 반드시 근무지를 변경해야 하는 순환 제도를 채택하고 있기 때문에, 현실적으로 특정 지사 발령이 완전히 조직 중심에서 멀어지는 행보라고 보기가 어렵다. 극 중 언급된 바와 같이 칠달지사에서는 실적 달성이 어려워 직원들이 기피한다면, 조직이 이를 극복해 낼 방안을 강구하는 것이 맞는 방향이다. 더욱이 이 드라마가 서울과 두손리의 공간적 대비를 강조하고, 서울에서 숨 막히는 삶을 살았던 미래가 두손리에서 회복하는 과정을 잘 그려냈기에 또 다른 특정 지역으로의 이동을 낙오로 간주하는 게 아쉽게 느껴졌다.

5.

그러나 아쉬운 몇몇 지점에도 불구하고, <미지의 서울>은 결말부에 이르러 더욱 빛난다. 호수는 언제나 자신을 아들로 생각해 왔다는 분홍의 진심을 알게 되고 “사랑이란 끝까지 한편을 먹는 것”이라는 아버지의 말을 전해 듣고 가슴에 새긴다. 동시에, 수어를 배우며 청력을 잃게 될 수도 있는 미래에 대비한다. 미래는 사내 비리를 고발한 후 다시 두손리로 돌아와 딸기 농사를 제대로 시작한다. 미래가 용기를 낸 덕분에 선배 수연도 다시 회사로 돌아온다. 미지는 호수와의 사랑을 이어가며 대학에 진학해 새로운 꿈을 찾는다. 옥희는 월순이 과거 가정 폭력으로부터 자신을 지켜냈다는 사실을 알게 되고, 마음속에 품었던 월순에 대한 원망을 내려놓게 된다.

이들의 면면을 들여다보면, 모두 뜻하지 않게 저마다의 좌절을 겪었다. 그리고 이 드라마는 그 좌절을 결코 가벼이 다루지 않았다. 때로 몇 년이 걸릴지언정 인물들은 충분히 아파하고 방황한 끝에야, 주변의 지지와 사랑을 원동력으로 스스로 다시 일어났다. 그리고 또 다른 누군가가 아파할 때 곁에서 조용히 사랑을 보내며 힘이 되어 주었다. 작품에서 강조되었던 건 넘어져도 다시 일어날 수 있는 자기 자신의 용기만큼이나, 힘든 시간까지 품어줄 수 있는 따뜻한 환경이 중요하다는 점이었다.

어쩌면 이 지점이 작금의 현실과 가장 대비되는 지점이기에, 시청자들에게 가장 큰 감동을 준 요인일 것이다. 'N포 세대'부터 '헬조선', 최근엔 '쉬었음 청년'에 이르기까지, 우리 사회는 끊임없이 주거난과 취업난으로 어려움을 겪는 청년들을 이미 십수 년 동안 무언가로 정의하기에 바빴다. 청년들에게 실패하고 다시 일어날 시간적, 정서적 여유가 주어지지 않는 사회구조는 돌아보지 않고, 그저 개인의 문제 또는 일시적인 사회 현상 정도로 뭉뚱그려 온 것이다. 또한 약자들을 기다려주기보다는 무시하고 혐오하는 일이 훨씬 빈번했다. 어느 위치에 있건 충분히 회복의 시간을 거치고 다시 자신의 자리를 찾아오는 등장인물들을 보며, 시청자들은 비록 그것이 현실과 다를지라도 대신 위로받을 수 있었다. 미지가 반복해서 외치는 "어제는 끝났고, 내일은 멀었고, 오늘은 아직 모른다"는 주문은, 더 이상 내 탓을 하지 않고 오늘에만 집중하며 나아갈 수 있는 아주 현실적인 위로였다. 그리고 모두 오늘에 집중해서 살며, 어려운 일이 있을 땐 주변과 연대한다면 이겨낼 수 있으리라는 희망을 품게 되었다.

<미지의 서울>이 다른 콘텐츠 제작자에게 주는 시사점도 바로 여기에 있다. 아무리 새롭고 참신한 설정이 더해진다 해도 콘텐츠, 특히 드라마는 결국 현실의 재구성이다. 대중을 사로잡기 위해서는 현실 사회에서 어떤 고민과 문제들이 대두되고 있는지를 치열하게 연구해야만 한다. 무거운 사회적 이슈가 아니더라도, <미지의 서울>에서 다루어진 소문이나 남의 시선에 대한 사회적 압박과 같은 요소들이 더해진다면 똑같은 이야기에도 훨씬 흡입력이 생긴다. <미지의 서울>처럼 현실 사회를 시공간적 배경으로 두지 않는다고 해도 마찬가지다. 결국 작품을 소비하는 건 오늘을 살고 있는 시청자들이기에, 이런 고민이 결여된 채 인기 작품을 리메이크하는 것만으로는 공감을 이끌어낼 수 없다. 현실과 맞닿아 있으면서도, 현실을 살아가는 우리에게 더욱 위로가 되고 힘이 될 수 있는 메시지 하나를 건네는 것. 그것이 바로 콘텐츠 제작자들의 숙제일 것이다.

입 선

제28회 좋은 방송을 위한 시민의 비평상

수축사회를 바라보는 시선, 절망에서 희망까지

〈PD수첩〉 연속기획 '수축사회' 3부작 비평

곽나연

1. 들어가며: 위기에서 희망까지, 3부작의 여정

"South Korea is Over, 대한민국은 망했다."

독일 유튜브 채널의 충격적 결론으로 시작된 <PD수첩>의 연속기획 '수축사회'는 한국 사회가 직면한 인구 절벽과 고령화라는 거대한 도전을 정면으로 응시한다. 1부 '시나리오 2060 두 소멸 이야기'에서 미래의 경고를, 2부 '죽어야 끝나는 간병'에서 현재의 절망을, 3부 '사라지는 마을, 살려는 청년'에서 희망의 가능성을 차례로 제시한 이 기획은 단순한 현안 보도를 넘어 사회적 상상력의 새로운 지평을 열었다. 하지만 절망에서 희망으로의 서사적 전환이 과연 시청자들에게도 유효했을까? 기획 의도와 실제 효과 사이의 간극을 면밀히 살펴볼 필요가 있다.

2. 1부 'AI 시뮬레이션'의 함정: 화려한 영상 뒤 숨겨진 근거

연속기획의 문을 연 1부는 AI 시뮬레이션이라는 혁신적 기법으로 2060년 대한민국의 모습을 구현해 냈다. 소진된 국민연금, 혈액이 거래되는 도시 등 시각적으로 충격적인 미래상은 시청자들에게 강력한 임팩트를 주었다. 하지만 여기서 중요한 문제가 제기된다. 이 시뮬레이션의 기반이 되는 근거에 대해서는 작은 자막으로 짧게 지나갔을 뿐이다.

제작진이 의도한 것이 '영화'와 같이 생생한 미래를 그리는 영상미가 아니라 오늘에서 이어지는 가능성 높은 미래였다면, 그 변수의 변화 가능성은 없는가에 관하여도 더 심도 있게 탐구했으면 좋았을 것이다. 예를 들어 기술 발전에 따른 돌봄 로봇의 보급, 이민 정책의 변화, 새로운 사회보장제도의 도입 등 미래를 바꿀 수 있는 다양한 변수들에 대한 검토가 부족했다.

AI 시뮬레이션의 화려함에 매몰되어, 정작 그 예측의 전제조건이나 변화 가능성에 대한 냉정한 분석이 소홀해진 것은 아닌지 아쉬운 대목이다. 시청자들은 충격적인 영상을 보며 절망감을 느꼈지만 그 미래가 과연 피할 수 없는 '운명'인지, 아니면 우리의 선택에 따라 바뀔 수 있는 '가능성'인지 명확한 판단 근거를 얻지 못했다.

3. 1부 정책 현실의 적나라한 폭로: 답 없는 분노만 남기다

대구 남구의 현재를 통해 미래를 예견한 1부는 분명 현실 진단에서는 성공했다. 분만실이 창고로 바뀌고, 놀이터에 아이 대신 노인이 앉아 있는 현실은 통계보다 강력한 메시지를 전달했다. 유튜브에 1,651개의 댓글이 달린 것은 이 프로그램이 얼마나 많은 시청자의 관심과 우려를 자극했는지 보여준다.

하지만 시청자들이 AI 시뮬레이션의 충격적 미래상을 본 후 자연스럽게 가지게 된 의문은 해결되지 않았다. 인구 소멸의 문제가 이토록 심각한데 도대체 '나라님'들은 무엇을 하고 있을까? 익명을 요청한 지자체 공무원들의 증언은 이 의문에 일부 답했지만, 동시에 더 큰 답답함을 안겨주었다.

논산시가 지방소멸대응기금 약 20억 원을 '육군병장의 길' 조성 사업에, 약 15억 원을 '황산대교 야간조명' 설치 사업에 투입했다는 보도는 다소 충격적이다. 인구 감소 지역 89개 지자체가 이름만 다른 비슷한 문화관광 분야에 지방소멸대응기금을 사용하고 있다는 현실 또한 그렇다. "다 그 사업이 그 사업"이라는 담당 공무원의 자조 섞인 증언과 "누가 더 글을 잘 써서 평가위원들을 설득하는 작업"이라는 냉소적 평가는 정책의 본질이 얼마나 왜곡되어 있는지를 적나라하게 보여준다.

강진군청 인구정책 팀의 "1997년, 1998년부터 이 문제를 고민하고 보고했으나 중앙정부는 별로 감흥이 없었는지 예산 지원은 주지 않았다"라는 증언을 보면서, '일개 공무원'의 무력감을 시청자도 같이 체감할 수밖에 없었다. 20년 넘게 현장에서 절실하게 고민했던 지자체의 노력이 중앙정부의 무관심 속에서 좌절되어 온 '인구 소멸 대응 정책의 역사'가 고스란히 드러났기 때문이다.

하지만 여기서 1부의 가장 큰 한계가 드러났다. 이러한 문제적 정책에 직접 관여한, 또 현재 관여하고 있는 결정권자들의 의견이나 판단을 방송에서는 전혀 확인할 수 없었다는 점이다. 380조 원이라는 천문학적 예산을 투입하고도 실패한 정책에 대한 책임 있는 설명이나 반성 역시 찾아볼 수 없었다. 결과적으로 시청자들에게는 문제의식만 각성시켰을 뿐, 해결의 실마리는 제시하지 못했다. 섭외의 어려움이나 의도적인 인터뷰 회피 등 제작진의 의지와 무관한 현실적 장벽이 존재했을 수도 있다. 그러나 이에 대한 정보가 전혀 없는 시청자로서는 피로감과 무력감을 느낄 뿐이다.

4. 2부 '죽어야 끝나는 간병': 외면당한 고통스러운 현실

2부에서 제작진은 더 구체적이고 절실한 현실로 시청자를 이끌었다. 4년째 중증 뇌손상 아내를 간병하는 손한수 씨, 6년째 뇌경색 어머니를 돌보는 김창수 씨, 3년째 치매 어머니를 보살피고 있는 이은주 씨가 등장해 실제 가족의 돌봄 장면들을 있는 그대로 보여주었다. 세 출연자의 너무나도 솔직한 고백 앞에 우리 또한 '간병'이라는 주제가 멀리 있는 '남의 이야기'만은 아님을 절실히 느낄 수밖에 없었다.

기약 없는 고통 속 간병인이 느끼는 좌절감에 대한 전문가들의 상세한 설명도 있었기에, 함께 등장한 서울 잠실한강공원에서 벌어진 존속살해와 동반자살 시도 사건이 극단적이고 예외적인 사례로 읽히기보다 그 선택 이면에 놓인 더 큰 아픔을 헤아리게 되는 시간이었다. 이른바 '간병살인'이 지속적으로 증가 중이라는 사실 또한 안타까움을 더했다.

내년 3월 시행 예정인 「돌봄통합지원법」을 미리 실험하고 있는 부천시 사례를 소개한 것은 1부에서 부족했던 정책적 대안 모색의 시도로 평가할 만하다. 경기도 부천시는 초고령화사회를 대비해 2019년부터 의료 요양 일상생활 주거 등을 연계한 통합돌봄서비스를 제공하며, 특히 의료사각지대에 놓인 노인이 없도록 돌봄 공백을 메우는 것에 주안을 둔다고 밝혔다.

그러나 앞선 사례들의 충격이 너무 컸기 때문일까. 과연 간병의 고통을 실질적으로 덜어줄 수 있을지에 대하여는 의문이 남았다. 실제 의료진 방문 사례가 화면에 등장했지만, 거동 불가능한 가족을 돌보는 문제에 관해 가감 없이 힘듦을 토로했던 앞선 출연자들의 당면 문제가 이러한 방식으로 해결될 수 있을지에 대해서는 확신을 가지기 어려웠다. 전문가 또한 '치료보다 예방적 돌봄'이 해법이라고 밝혔기에, 그렇다면 지금 정말로 '간병지옥'에 빠져 있는 이들에 대한 도움의 실마리는 어디에서 찾아야 할까 막막함도 밀려왔다.

시청자들의 반응 또한 복잡했다. 유튜브 기준, 1부 대비 5분의 1 수준인 325개의 댓글 수는 이 프로그램이 얼마나 힘겨운 시청 경험이었는지를 방증한다. 더 주목할 점은 과거나 현재 간병 유경험자들이 "차마 끝까지 다 보지 못했다"라는 반응을 보인 것이다. 이는 2부가 현실을 너무 적나라하게 드러낸 나머지, 정작 그 현실을 살아가는 당사자들에게는 상처가 되었을 가능성을 시사한다.

특히 주목할 점은 댓글에서 죽을 권리와 안락사에 대한 의견이 상당한 공감을 받았다는 것이다. 이는 현재의 돌봄 시스템하에서 많은 사람들이 품위 있는 죽음조차 선택권으로 인식하고 있음을 보여준다. 제작진이 의도한 정책적 개선 요구보다는, 오히려 더 극단적이고 비관적인 결론에 도달한 시청자들이 적지 않았던 것이다.

5. 3부 '사라지는 마을, 살려는 청년': 미약한 희망의 빛

3부는 앞선 두 편의 절망적 톤과는 확연히 다른 희망적 메시지를 전달하려 했다. 거창산 농산물을 유튜브로 판매하는 고홍근 씨, 박영민 씨가 이끄는 거창의 '덕유산 고라니들'의 자발적 네트워킹, 어머니의 고추장과 된장을 상품화해서 판매하는 이다은 씨 등이 '청년 친화 도시' 거창군의 성공 사례로 소개되었다. 가죽공예를 통해 안정적 수입을 올리고 있는 영양군의 김우민 씨, 농업의 가치를 발견하고 '괴산군에 살아보기' 프로그램을 마련하여 같은 청년세대에 새로운 선택지를 공유하려 노력해 온 이지현 씨, 지역단체의 응원에 힘입어 앵무새 농장을 만든 성기욱 씨 등 새로운 기회를 만들어온 다양한 청년들의 사례가 조명되었다.

영양군 귀농 1년차 김민주 씨가 이야기하는 "빈집이 많이 있어도, 빈집을 구할 수가 없다"는 현실적인 문제에 대해, 오도창 영양군수의 "온단채(공공주택) 40여 채를 새로 지었으며, 공공임대주택, 체류형 전원마을, 정주형 작은 농 등 180세대 정도를 확보했다"라는 인터뷰로써 지자체의 구체적 노력을 확인할 수 있었다는 점은 1부보다 한결 개선된 면이었다.

또한 행정안전부가 도시 청년들의 지역 정착을 도모하기 위해 지역살이 등 프로그램을 지원한 '청년마을 만들기 사업성과'로 총참여자 1만 680명이 참여, 880명이 지역에 정착해 8% 넘는 비율의 의미 있는 성과를 냈음을 알리며 정부와 지자체가 이들을 세심히 보살피고 지원할 것을 당부한 것은 언론의 책임 있는 자세였다.

"농사만으로는 부족해서 카페 등 다른 일을 생각하는 중"이라는 영양군 김민주 씨의 이야기와 "일로 연결되니까 삶이 연장된다, 1년은 더 살아볼 수 있겠다"라는 괴산군 김은오 씨의 이야기를 통해 일자리의 중요성을 한 번 더 확인할 수 있었다. 다만 프로그램에 등장한 사례들은, 그 일자리가 유튜브 등 개인의 역량이나 해당 지역에 부모 등 연고의 존재, 먼저 정착한 청년들의 주선에 기대고 있음을 동시에 보여주었기에, 여전히 지역 정착은 '개인 차원의 도전'이라는 무거운 결말을 남긴다.

과연 1, 2부를 연속으로 본 시청자들이 이런 개별적 성공 사례에서 진정한 희망을 느꼈을까? 1부에서 아이들의 미래를 염려하던 젊은 부부들이 2부의 간병 지옥을 목격한 후, 3부의 지역 청년 사례를 보고 "아이를 더 낳아야겠다"라고 결심하기란 쉽지 않아 보인다. 오히려 많은 시청자들에게는 소수의 용기 있는 청년들의 실험이 전체 사회의 구조적 문제에 비해 너무 미미해 보였을 가능성이 크다.

6. 연속기획의 역설: 의도된 희망 vs 실제 절망

3부작을 관통하는 가장 큰 문제는 기획 의도와 실제 효과 사이의 괴리다. 제작진은 '절망에서 희망으로'의 이행되는 서사를 의도했다고 본다. 1부의 충격적 미래 전망, 2부의 절절한 현실 고발, 3부의 희망적 대안 모색은 논리적으로 연결되어 있다. 하지만 시청자들의 실제 반응은 이와 다른 양상을 보였다.

1부의 압도적인 관심(1651개 댓글)에 비해 2부의 상대적 외면(325개 댓글)은 많은 사람들이 현실의 무게를 감당하기 어려워했음을 보여준다. 또한 안락사와 죽을 권리에 대한 공감대 확산은 제작진이 의도한 정책 개선 요구와는 정반대 방향의 결론이다. 시청자들은 시스템 개선보다는 개인의 선택권 확대를 더 현실적 대안으로 받아들인 것이다.

3부의 댓글은 171개로 줄었으며, 그 의견은 더욱 다양하다. 지역살이에 만족했다는 댓글도 간간이 보이지만, '병원이 없어' 살 수 없다는 의견, 청년끼리 경쟁해야 한다는 문제, 연고가 없으면 힘들다는 의견, 농촌 일자리 구조 자체가 바뀌어야 한다는 댓글, 방송만 믿어서는 안 된다는 냉정한 의견까지 각기 다른 염려와 비판이 뒤따르고 있었다.

결과적으로 연속기획은 희망보다는 절망을 더 효과적으로 전달했다. 이는 현실의 무게가 대안의 가능성을 압도했기 때문이다. 3부에서 제시된 청년들의 지역 정착 사례는 의미 있지만, 1, 2부에서 제기된 구조적 위기의 규모에 비해서는 턱없이 부족해 보였다.

특히 10여 개 넘는 청년 모임이 성공적으로 운영되고 있다는 괴산의 사례에서, 마지막 장면으로 청년들의 밴드 합주 모습을 흥겹게 보여주기보다, 아무 연고 없이 괴산에 내려온 청년이 직접 집과 일자리를 찾는 과정을 있는 그대로 보여주었으면, 귀농귀촌에 대한 현실적 고민과 갈등을 품은 도시 청년들이 용기 내어 한 걸음 내딛어 보는 데에 더 도움이 되지 않았을까 생각한다.

아울러 연속기획이 단순히 '지역 살리기'에 국한된 것이 아니라 "대한민국은 끝났다"라는 대한민국 자체의 소멸에 대해 포문을 열며 시작한 만큼, 지역에 정착한 청년들 사이 태어난 아기의 모습을 비추며 '지역에서 마지막 태어난 아기'라든가 '어디 가든 환영받는다'라는 귀한 아기의 현실에 대한 언급 대신, 실제 육아에 관한 현실과 정책적 뒷받침이 더 자세히 조명되었더라면, 지역도 살리고 대한민국도 살리는 길이 존재함을 시청자들도 체감할 수 있었을 것이다.

7. 나가며: 희망을 향한 새로운 출발

<PD수첩> 연속기획 '수축사회'는 한국 사회가 직면한 거대한 도전을 정면으로 다룬 용기 있는 시도였다. 혁신적 제작기법, 현실에 대한 날카로운 진단, 대안 모색의 진정성은 모두 높이 평가할 만하다. 하지만 시청자들의 실제 반응을 통해 드러난 것은 선의의 기획 의도와 실제 효과 사이

의 큰 간극이었다.

가장 아쉬운 점은 AI 시뮬레이션의 화려함에 매몰되어 시뮬레이션의 또 다른 변수에 대한 가능성을 탐구하는 것에는 소홀했다는 것이다. 기술 발전에 따른 돌봄 로봇의 보급, 이민 정책의 변화, 새로운 사회보장제도의 도입 등 미래를 바꿀 수 있는 다양한 변수들에 대한 검토가 부족했다. 또한 정책 실패를 고발하면서도 책임 있는 당사자들의 목소리를 담지 못했다. 문제 제기의 날카로움이 오히려 절망감을 확산시킨 것은 아닌지 성찰이 필요하다.

사람은 희망이 없으면 포기한다. 이는 개인의 삶에서도, 사회 전체에서도 마찬가지다. 1부에서 출연한 젊은 부부들의 걱정스러운 표정은 바로 이런 절망감의 구체적 발현이었다. 아무리 현실을 정확히 진단했다 하더라도, 그 진단이 치유의 가능성과 연결되지 않으면 단순한 절망의 확산에 그칠 뿐이다.

<PD수첩>이 연속기획의 서두를 열며 '두 소멸'을 보여준 것은 현실을 직면하는 데 많은 도움이 되었을지 모르나, 정작 시청자들이 절실하게 원했던 것은, 이미 심각성에 대해 공감대가 무르익은 '정해진 미래'에 대한 재확인이 아니라 '또 다른 시나리오의 가능성'이었다. '인구 소멸'이 대한민국만의 문제는 아닌 만큼 일본의 지방창생 정책이나 독일의 동서독 통합 과정에서의 인구 이동 대응, 북유럽의 고령화 대비 사회시스템 등 해외의 다양한 사례를 통해 우리가 놓치고 있는 부분은 무엇인지, 어떤 '변수'를 바꿀 때 '시나리오의 결말'도 달라질 수 있는지 성찰해 볼 수도 있었을 것이다.

물론 '연속기획'인 만큼 향후 이와 같은 방향의 방송을 기획 중일 수도 있었지만, 그러한 예고를 전혀 접할 수 없는 일반 시청자의 입장에서는 희망 없는 내일을 보아야 하는 고통에 빠질 수밖에 없었다. 특히 3부

에서 보여준 청년들의 지역 정착 사례들이 여전히 '개인 차원의 도전'에 머물러 있다는 한계는, 구조적 문제에 대한 시스템적 해법의 필요성을 더욱 절실하게 느끼게 한다.

이 기획이 던진 질문들은 여전히 유효하고 중요하다. 수축하는 사회에서 어떻게 살아갈 것인가? 이러한 질문들에 대한 답을 찾기 위해서는 절망적 현실 인식을 넘어서는 새로운 상상력이 필요하다. 진정한 해법은 문제의 크기에 압도당하지 않으면서도, 현실을 외면하지 않는 균형 잡힌 접근에서 나올 것이다. 그리고 무엇보다 시청자들에게 "그래도 살아볼 만하다"는 희망을 줄 구체적이고 실현 가능한 대안을 제시할 때 미디어는 진정한 사회적 책임을 다할 수 있을 것이다. <PD수첩>이 보여준 용기 있는 문제 제기가 더 많은 건설적 논의와 희망적 실험으로 이어질 때, 수축사회에서도 품위 있게 살아갈 수 있는 길이 열릴 것이다.

입 선

21세기에 발견한 파랑새

〈다큐멘터리 3일 특별판 어바웃타임: 10년 전으로의 여행 72시간〉을 보고

김다빈

"이번 여행을 나중에 돌아보면 어떤 여행일 거 같아요?"

"저는 친구한테 아직 말 안 했는데 돌아다니면서 생각을 한 게 나중에 한 10년 후쯤 똑같은 코스를 똑같이 돌면 괜찮을 거 같다는 생각을 했어요. 추억이 많이 남을 것 같아요."

"좋네, 가자!", "그렇지? 괜찮지?"

"날짜도 똑같이. 다큐 또 찍으세요. 10년 후에."

"그때도 제가 이 일을 하고 있을까요?"

"2025년 8월 15일 여기서", "만나요!"

"그래요, 약속!", "진짜요?"

〈다큐멘터리 3일: 청춘, 길을 떠나다 내일로 기차여행 72시간〉 중

(2015.8.30 방송)

들어가며: 우리가 잊고 있던 낭만이라는 것에 대하여

2022년 3월, 15년간 KBS의 간판 다큐멘터리 프로그램이었던 <다큐멘터리 3일>이 종영했다. 현장성이 중요한 다큐멘터리 특성상 코로나19 이후 취재에 제약이 컸고, 시청률 저하도 이유로 거론되었다. 2000년대 초, 다큐멘터리의 객관성에 대한 논의를 딛고, 연출자의 개입을 최소화하며 72시간 동안 한정된 공간과 시간을 선택, 길 위에서 장소와 사람을 관찰해 사회의 여러 모습을 보여준 <다큐멘터리 3일>. 그간 많은 시청자에게 공감과 인상을 남겨왔기 때문에 종영 당시에도 프로그램을 폐지하지 말아달라는 의견이 KBS 시청자 게시판에 달리기도 했다. 폐지 줍는 할머니 앞에서 눈물을 흘리는 VJ를 보며 함께 울기도 하고, 치열하게 살아가는 사람들을 보며 위로와 용기를 얻기도 했었기에, <다큐멘터리 3일>이 조명한 현실을 그들도 피해갈 수 없었다는 것이 안타깝기도 했다.

그랬기에 시청자들은 잠시나마 돌아온 <다큐멘터리 3일>에서 우리가 잊고 지낸 낭만이라는 것을 찾고 있는지도 모르겠다. 10년 뒤에 이곳에서 다시 만나자는 당시에는 가벼웠을 약속이 눈덩이처럼 불어나 많은 사람의 관심을 받게 됐고, 스스로를 낭만 VJ라고 칭하게 된 이지원 VJ의 SNS 관련 글에는 낭만을 찾으러 온 사람들로 북적인다. '20대 초반의 청춘', '이제는 사라진 안동역', '10년이라는 시간', '연락처가 없어 소식을 전할 수 없는 아날로그 약속', 이 모든 키워드가 하나로 합쳐지니 시청자들은 세 사람의 약속에서 현실에 치여 잊고 있던 자신의 낭만을 찾아 대입해 보기도 하면서, 그들이 꼭 만나길 응원한다.

낭만이란 무엇일까? 현실에 매이지 않고 감상적이고 이상적으로 사물을 대하는 태도나 심리, 또는 그런 분위기라는 사전적 정의를 가진 '낭만(浪漫)'의 어원은 로마(Roma) 시대에서 온 것으로, 로맨틱(Romantic)에

서 유래했다고 한다. 일본에서 로만(Roman)을 한자로 옮길 때 浪漫(ろうまん, 로망)이라 음역했고,[1] 한국에서 이를 그대로 가져와 읽은 것이 지금의 '낭만'이라는 단어가 되었다. 흩어지는 물결이라는 한자 뜻을 생각하면, 낭만은 우리가 잡을 수 없는 덧없는 것처럼 느껴지기도 한다.

<다큐멘터리 3일 특별판: 어바웃타임>이 우리에게 보여주고 싶었던 낭만은 무엇이었을까? 어쩌면 청춘 그 자체일지도 모르겠다. 엄청난 경제 효과를 불러오는 것이 아닐지라도, 효율적이지도 않고 세상의 대단한 순간을 담아내는 것이 아닐지라도 <다큐멘터리 3일>이 이전에도 그래왔던 것처럼 제작진은 이번에도 거창한 무언가가 아닌 청춘 그 자체가 낭만이라는 것을 우리에게 상기시켜 주고 싶었던 것 같다. 그렇기 때문에 또다시 기차에 올라 72시간이라는 시간에 만난 다양한 청춘들을 보여주며, 우리에게 '이런 것이 낭만 아니겠어요?'라고 되묻는 것 같기도 하다.

'낭만은 청춘이다.'라는 물음을 가지고 필자의 20대 초반을 돌이켜 본다. 아날로그는 불편이었고 대단한 낭만과 청춘이 있었던 거 같지도 않은데 '즐거웠지, 좋았지'라는 말이 자동으로 튀어나온다. 필자에게 낭만이란 잊은 줄 알았던 그 시절을 문득 떠올렸을 때 강물처럼 잔잔하게 밀려오는 그리움일지도 모르겠다. 이제는 오지 않을 것을 알고 있는 시대의 편린이 생각보다 작지 않았음을 깨닫게 되는 순간 같기도 하다.

이젠 AI가 이성을 넘어 감성을 자극하는 시대에 들어섰다. 인간이 AI와 사랑에 빠지는 영화 <HER>의 이야기가 이제는 공상이 아닌 현실에서도 충분히 일어날 수 있는 사건에 가까워지고 있다. 이러한 AI시대에 <다큐멘터리 3일 특별판: 어바웃타임>은 AI라면 하지 않을 후회와 그리

1 정해황, "[중도시평] 낭만(浪漫)에 대하여", ≪중도일보≫, 2020년 10월 28일 자.

움, 아날로그의 낭만을 자극하며, 낭만이 그리 복잡한 수식으로 이루어진 것만은 아니라는 점을 다시 한번 깨닫게 한다. 또 우리의 지난 일상이 얼마나 낭만적이었는지를 돌아보게 만든다.

시간을 보게 하는 힘: 다큐멘터리

롱폼 콘텐츠는 이제는 그저 밥 친구가 되어버린 것 같다. 1시간이 채 안 되는 예능도 숏폼 하이라이트 위주로 쪼개보지 않으면 금방 집중력을 잃고 OTT를 뒤적거리기만 한다. 영화를 보러 가도 얼마의 시간을 견뎌야 하는지 상영 시간부터 확인하게 된다. 유튜브 쇼츠에서 보고 재밌을 것 같아 찾아본 드라마인데도 2배속으로 보지 않으면 답답해지기까지 한다. 밥을 먹거나, 일할 때 그저 틀어놓는 배경 소음이 아니면, 하루 1~2시간을 들여서 하나의 콘텐츠를 충실히 시청하는 일이 이제 점점 어려워지고 있다.

알고리즘이 제안하는(때론 강요하는) 콘텐츠만을 거부감 없이 보다가도 아주 가끔 좋아하는 것을 찾아보게 되고, 그들이 기획한 시간대로, 이전 장면을 돌려보기도 하며 푹 빠지게 만드는 콘텐츠가 있다. 바로 다큐멘터리다. 2024년 12월 발표된 '2024 한국 다큐멘터리 창작자 실태조사 보고'[2]에 따르면 국내 창작자들이 다큐멘터리 제작에 어려움을 토로하고 있는 실정이지만 EBS 다큐멘터리의 유튜브 채널[EBS Documentary

---

2 김주현, 「다큐멘터리스트는 무엇으로 사는가 - 2024 한국 다큐멘터리 창작자 실태조사 보고」(2024.12.19), ACT!, https://actmediact.tistory.com/1891(검색일: 2025.9.7)

(EBS 다큐)]은 최근 500만 구독자(2025년 9월 7일 기준 구독자 508만 명)를 돌파했고, 넷플릭스 다큐멘터리 <나는 신이다>의 후속작인 <나는 생존자다>는 공개된 지 이틀 만에 '오늘 대한민국의 TOP 10 시리즈' 1위를 기록했다. 국내 다큐멘터리 장르에 대한 관심은 앞으로도 쉽게 사그라지지 않을 것으로 보인다.[3]

과거 인간의 지식 습득의 욕구를 자극하는 것이 책이었다면, 글보다 영상이 정보를 습득하는 가장 익숙한 미디어가 되어가는 요즘 시대에, 책의 역할을 다큐멘터리가 대신해 주는 것은 아닐까 생각해 본다. 주제에 대한 깊이 있는 시선과 성찰을 담은 다큐멘터리의 특징이 시청자들의 지식 습득 욕구를 자극하는 '시각적 서적'이 되어 정보 과잉 시대에 선별된 양질의 정보를 제공함으로써 새로운 역할을 해나가고 있는 것은 아닐까? 사건과 사람, 장소와 시간 등을 볼록 렌즈처럼 정밀하게 포착해 시청자들의 마음과 정신에 깊은 흔적을 남기고 그들이 조명한 시간과 이야기를 돌아보게 만드는 것, 그것이 쏟아지는 콘텐츠 시장 속 다큐멘터리가 가진 힘이 아닐까 싶다.

'10년의 세월을 거슬러 교신하는 어쩌면 동화 같은 이야기'

<다큐멘터리 3일 특별판: 어바웃타임>이 방송된다는 소식을 들었을 때 생각했던 대략적인 이야기의 구조는 다음과 같았다.

---

3 "[이슈PICK+] '나는 생존자다' 72시간 만에 한국 넷플릭스 1위 … 외신 "현실판 오징어 게임"", 투데이코리아19, 2025년 8월 18일 자.

과거 약속의 순간을 상기하고, 약속을 맺은 VJ를 인터뷰하고, 그들을 만나러 가는 여정을 잠시 보여준 뒤, 감동의 재회 후 〈유 퀴즈〉의 한 장면처럼 두 명의 여학생의 삶의 이야기를 듣는다.

하지만 <다큐멘터리 3일>은 종영한 지 3년이 지났음에도 <다큐멘터리 3일>의 본질을 우리에게 다시 회상시키듯 '재회'가 아닌 재회의 '여정'을 조명한다. 서울역, 어딘가로 떠나는 사람들과 이야기를 나누고, 약속의 시간과 같은 이른 오전 삶을 충실히 살아가는 청춘들의 이야기를 듣는다. 사람들이 생각하는 낭만과 청춘에 대한 이야기를 들으며 조금씩 그날의 안동역으로 향한다.

"왜 나에게 이런 일이 생겨서 부끄럽게 만들까"(이지원 VJ).

기대와 떨림의 72시간 동안 이지원 VJ는 자주 부끄럽다고 말했다. 그 말에서 그가 지닌 약속의 무게를 십분 느껴보기도 했다. 세 명이 한 작은 약속은 10년의 세월을 넘어 이제는 대국민의 약속이 되었고, 모두가 만족할 수 있는 결말을 보여줘야 하는 무거운 약속이 되어갔다. 시청자들은 그들의 약속이 실현되는 것을 통해 우리가 잊었던 낭만을 다시 발견하고 싶어 했다. 이지원 VJ에 스스로를 대입해 본다. 그들을 만나러 가는 72시간 동안, 필자의 10년을 되돌아본다. 10년간 무엇이 달라졌을까? 그들이 나오지 않으면 어떡하지? 나는 그들에게 부끄럽지 않은 사람인가? 그들과 내가 친분이 있는 것도 아닌데, 그저 길에서 만났던 사람일 뿐인데도 그들과 10년 전의 나에게 부끄럽지 않은 사람이 되고 싶어진다.

안동역으로 향하는 여정 속에, 어쩌면 10년 후 낭만과 청춘이 되어 있을 현재의 사람들을 만나 그들의 이야기와 응원을 듣고 또 다른 10년 후를 약속하기도 한다. 그렇게 72시간을 지나 약속의 날이 왔다. 시간이 흘러 이제는 폐역이 되어버린 구 안동역, 이른 시간임에도 그들의 약속의 결말을 보기 위해 많은 사람이 응원 팻말까지 들고 자리를 지키고 있다. 하지만 카메라를 설치하고 선 이지원 VJ의 얼굴에 초조함과 걱정이 스쳐 보인다. (거짓 신고로 판별되었지만) 역사에 폭발물을 설치했다는 신고 전화에 어수선해지는 것 역시 현실의 일부를 보여주는 것 같다. 1시간 정도 되는 다큐멘터리가 이제 10분도 남지 않았는데, 완성되지 못한 약속에 함께 초조해져 간다. '혹시 만나지 못한 걸까?, 두 명의 학생에게 그간 무슨 일이 생긴 걸까?' 다수의 콘텐츠를 보며 도파민에 절여진 뇌는 최악의 시나리오를 계속 만들어낸다. 이 약속의 끝이 아름답다고 우리의 10년이 아름다워지는 것도 아닌데, 우리는 아직도 어딘가에 푸르고 찬란한 시간이 계속되기를 바라기라도 하는 것 같다.

그리고 약속의 7시 48분, 검정 화면 위에 한 여성이 제작진에게 다가왔다는 문구가 뜬다. 카메라 전원을 모두 꺼달라는 요청을 한 여성 역시 이지원 VJ처럼 무엇인가가 부끄러웠을까? 10년의 세월은 명랑하기만 했던 청춘의 무엇을 바꿔놓은 걸까? 그들은 서로의 안부를 묻고 그날의 약속에 대한 이야기를 나눈 뒤 헤어졌다. 해외에 있어 오지 못한 다른 여성분은 약속 하루 전 메시지를 통해 안부를 전해주었다고 한다.

조금은 허탈하게, 기대했던 약속의 '완벽한' 결말은 그곳에 있지 않았다. 그들에게 가볍고 아름다운 약속은 시간이 흘러 설렘보다는 부담으로, 기대보다는 걱정으로 다가왔던 것 같기도 하다. 단단한 돌덩이 같던 추억이 약속의 포장지를 열어보니 얼음처럼 녹아 아주 작은 조각으로 남은 것을 발견했을지라도, 가슴은 여전히 뜨듯하고, 간질간질했다. 72시간의 여정이 내레이션이 얘기한 대로 영화보다는 '동화' 같은 이야기가 되어 마침표를 찍어냈다. 반쪽이 된 것 같은 약속의 결말에 오히려 "자신을 주인공으로 대입해 볼 수 있어 좋았다"라는 댓글과 "소중한 건 마음에 담아두는 것이니 카메라를 꺼달라고 한 것이 약속의 완성처럼 느껴진다"라는 댓글이 보인다. 모두 이 이야기에서 저마다의 낭만을 찾아 결말을 지어낸다. 부끄럽다고 말했던 이지원 VJ는 "스스로 낭만을 지켰으니까 뿌듯하지 않을까? 너무나 좋습니다"라고 말했다.

나가며: 21세기에 발견한 파랑새

<다큐멘터리 3일 특별판: 어바웃타임>은 한 편의 「파랑새」 이야기를 본 것만 같다. 낭만을 찾아 떠난 여정 속에서 다양한 사람들의 또 다른 이야기를 들으며, 우리가 애써 찾아 헤매던 낭만은 사실 늘 우리 곁에 있었다는 사실을 깨닫게 된다. 모리스 마테를링크(Maurice Maeterlinck)의 희곡 「파랑새」에서 주인공 남매가 파랑새를 찾아 떠났지만 결국 자신들이 기르던 새가 그들이 찾던 파랑새였음을 깨닫게 된 것처럼, 청춘과 낭만 역시 먼 곳에 있는 것이 아니라 일상의 틈 사이에 있다는 조용한 메시지를 전하는 것만 같다. 희곡의 결말에 파랑새가 날아가 버려서 주인공인 '틸틸'이 파랑새를 돌려달라고 말하게 되는 부분 역시 이 이야기와 아주 잘 어울린다. 완벽한 재회는 없었고, 기대했던 감동의 클라이맥스와 카타르시스는 없었다. 하지만 그 불완전함 속에 오히려 더 깊은 여운이 맴돈다.

'서울에서 한 달 동안 음악의 답을 찾으러 왔다'는 여성은 "답을 찾은 것 같느냐?"는 질문에 "답을 찾으면 그 답 뒤에 더 많은 질문이 있는 것 같지만 일단은 답을 찾았다고 느끼고 있습니다. 방향을 찾았어요, 답보다는"이라고 말했다. 이 말은 어쩌면 <다큐멘터리 3일> 제작진이 우리에게 전하고 싶었던 결론일지도 모르겠다. 정답을 찾는 것이 아니라. 그

여정 속에서 소중함과 삶의 또 다른 방향을 찾는 것.

이제 우리는 또다시 <다큐멘터리 3일>의 새로운 이야기를 보지 못하게 될지도 모른다. 하지만 그들이 보여준 약속은 끝이 아니라 새로운 시작처럼 느껴진다. 또 다른 이야기로, 또 다른 낭만으로, 그들이 새롭게 한 약속처럼 언젠간 현실 속 낭만을 찾아 우리의 앞에 다시 모습을 드러낼 것만 같다. 이것이 우리가 기대하는 낭만의 힘이 아닐까?

영화 <어바웃타임>에서 시간을 되돌릴 수 있는 능력을 가진 주인공 '팀'은 일련의 사건 뒤에 시간 여행 능력을 사용하지 않고 하루하루의 일상을 더 소중하게 여기게 된다. 완벽하고 특별한 삶을 만들기 위해 시간을 조작하는 대신, 평범한 하루를 특별하게 바라보는 시선을 갖게 된 것이다. <다큐멘터리 3일>이 이전부터 보여왔던 것도 바로 그런 시선이 아니었을까 싶다. 거창한 삶과 사건이 아닌 충실한 하루를 살아가는 사람들의 이야기.

1시간이 채 되지 않는 <다큐멘터리 3일>이 우리의 일상에 선물 같은 낭만을 전해준 것처럼 잊고 있던 과거의 낭만을 떠올려 본다. 그리고 어쩌면 언젠가는 다시 만나게 될 그날을 혼자 약속해 보며 우리는 오늘도 충실한 하루를 살아간다, 그렇게 또 하나의 낭만을 만들어가며.

입 선

제28회 좋은 방송을 위한 시민의 비평상

한계를 품은 시도,
'가족'의 의미를 다시 묻다

김민주

가족은 드라마에서 흔히 쓰이는 소재다. 그런데 드라마에서 나타나는 가족은 대개 '정상가족'의 모습으로 그려진다. 여기서 정상가족은 혈연, 이성애, 법적 관계로 이루어진 가족을 말한다. 그렇다면 드라마 밖 현실은 어떨까? 현대 사회에 접어들면서 다양한 삶의 방식과 새로운 형태의 가족이 나타나기 시작했다. 우리가 사는 현실에는 정상가족의 틀에서 벗어난 다양한 형태의 가족이 존재한다. 그러나 대중매체에서는 여전히 이런 가족을 비정상적인 구조로 규정짓는 듯하다. 이러한 맥락에서 대중매체는 우리 사회에서의 전통적 가족관을 더욱 견고히 하는 도구로서 기능한다고 볼 수 있다. JTBC 드라마 <조립식 가족>은 혈연, 법적 관계에서 벗어난 가족에 대해 이야기한다는 점에서 주목할 만하다.

국립국어원에 따르면, '조립하다'는 "여러 부품을 하나의 구조물로 짜맞추다"라는 뜻이다. 즉, '조립식 가족'은 여러 개인이 모여 하나의 가족을 이룬다는 의미로 해석할 수 있다. 드라마 제목의 의미대로 <조립식 가족>은 이웃 관계인 두 아버지와 그들의 딸, 아들, 그리고 선 자리에서 한 번 본 여자가 맡기고 간 아들까지, 두 아빠와 세 아이들이 하나의 가족을 이루는 이야기다. 이 작품은 혈연 중심의 낡은 가족관에서 벗어나 '가족'의 정의를 새롭게 제시한다. 조립식 가족의 다섯 식구는 매일 같이 식탁에 앉아 식사를 함께하며 시시콜콜 서로의 안부를 묻는데, 바로 이 사소하지만 다정한 관계가 <조립식 가족>이 정의하는 '가족'이다.

<조립식 가족>은 아버지들의 헌신적인 사랑과 삼 남매의 애틋한 관계를 통해 정서적 유대와 돌봄이 가족을 구성하는 핵심적인 요소임을 전달한다. 그러나 이런 메시지를 전하는 동시에 정상가족에 대한 결핍과 정상가족으로의 편입을 보여준다는 모순이 존재한다. 따라서 이 글에서는 <조립식 가족>이 전하는 혁신적인 메시지의 이면에 있는 서사적 한계에 대해 논의하고자 한다.

먼저, 삼 남매 중 주원과 산하의 로맨스 서사는 이 작품이 전하고자 하는 메시지와 충돌한다. "그럼 양자결연 하면 피가 안 섞였어도 친부모 친자식과 동등한 법률관계가 될 수 있대. 어때? 좋지? 안 좋을 게 하나도 없지?"(1화)라는 주원의 대사를 통해 주원은 법적 관계에 집착하는 인물임을 알 수 있다. 물론 주원이 가지는 정상가족에 대한 결핍은 충분히 이해 가능한 지점이다. 동네 사람들의 주제 넘는 참견과 생각 없이 쏟아내는 말들 속에서 그녀도 '우리 진짜 가족이에요!'라고 외치고 싶었을 것이다. 그렇지만 이는 '조립식 가족'을 진짜 가족으로 받아들이지 못하고 불안해하며, 안정적인 가족 제도 안으로 들어가고자 하는 주원의 심리를 나타낸다. 새로운 형태의 가족을 이야기하는 드라마에서 나타난 주인공의 이런 결핍이 과연 적절한 설정이었는지 의문이 든다. 결정적으로, 산하와의 로맨스 서사는 주원이 제도화된 가족으로 편입될 것임을 암시한

다는 점에서 이 작품의 보수적인 한계가 분명하게 드러난다.

드라마 전반부에서 나타나는 주원과 산하의 관계는 혈연, 법적 관계를 뛰어넘은 가족을 보여주는 상징적 관계로서 존재했다. 그러나 이들의 관계가 로맨스로 전환되며, 이성애를 기반에 둔 전형적인 남녀의 관계로 남게 되었다. 이 억지스러운 로맨스 서사는 창작자들의 한계를 보여주는 듯하다. '조립식 가족'이라는 참신한 소재를 가지고서, 안전한 모험을 위해 남녀의 연애라는 익숙하고 진부한 스토리를 욱여넣었기 때문이다. 창작자들이 진취적 시도를 하면서도 일종의 보험으로서 낡은 관습에 의존했다고 해석할 수 있다.

<조립식 가족>의 메인 홍보 포스터는 이 한계를 부각한다. 포스터 속의 "함께 자라는 동안 마음도 자랐다"라는 문구는 이 작품의 메인 서사가 주원과 산하의 로맨스임을 보여준다. 작품의 전반부에서 보이는 조립식 가족의 탄생은 로맨스 서사를 위한 일종의 장치일 뿐, 이 작품이 진정으로 하고자 하는 이야기는 남매처럼 자라온 남녀의 감정적 변화와 이들의 연애는 아닌지 의문이 들게 한다.

이러한 혼란은 실제 작품의 전개에서 명확해진다. 작품의 중반부 이후부터는 조립식 가족에 대한 스토리는 뒷전으로 미루고, 주원과 산하가 남매 관계에서 벗어나 연애를 시작하는 과정을 상세히 묘사한다. 본격적으로 드라마가 로맨스 중심으로 전개되기 시작하며, 주요 서사는 주원과 산하가 아빠들에게 연애 허락을 받는 과정으로 전환된다. 이에 따라 나머지 가족 구성원들이 이들의 연애를 어떻게 받아들이는지에 대한 갈등 상황이 부각되는데, 그 결과, 드라마의 진보적 메시지는 희미해지고 만다. 혁신적인 메시지를 전하는 듯했던 이 작품은 후반부에 접어들며 결국 평면적인 스토리로 회귀하는 것이다. 이처럼 주원과 산하의 로맨스 서사는 <조립식 가족>이 전하고자 했던 메시지의 설득력을 약화

시키는 것을 넘어, 보수적 가족관을 강화하는 데 기여한다. 홍보 포스터의 문구부터 주요 서사의 전환까지, 작품의 전반부에서 구축한 '조립식 가족'이라는 메시지의 일관성을 흐트러뜨리는 결과를 낳았다.

주원과 다른 의미로 조립식 가족에 대해 불안감을 느끼는 인물로 해준이 있다. 해준은 주원의 친부 정재와 선 본 여자가 맡기고 간 아들로, 이 가족에서 유일하게 누구와도 혈연으로 묶이지 않는 인물이다. 해준은 핏줄로 맺어지지 않은 가족구성원이라는 점에서 상징적이다. 그런데 친모가 정재에게 돈까지 빚진 탓에 해준은 계속해서 정재에게 나중에 돈을 꼭 갚겠다며, 늘 잘하려고 애쓰는 모습을 보인다.

해준은 끊임없이 자신의 존재 가치를 증명하려 든다는 점에서 자신이 언제든 이 가족에서 이탈할 수 있다는 불안감을 지니는 인물임을 확인할 수 있다. 해준은 친부가 찾아온 것을 정재에게 비밀로 하는데, 정재가 그 사실을 알게 되자 해준은 "가라 칼까 봐 ……. 말 안 할라 캤어요. 원래도 엄마 올 때까지만 델꼬 있을라 캤잖아요. 근데 이제 엄마 대신에 친아빠 왔으니까 내 가라 칼지도 몰라서 ……. 무서워서 ……"(3화)라고 말한다. 이 장면에서 해준이 스스로를 조립식 가족과 하나 되는 존재가 아닌 타자로 인식하고 있음이 드러난다.

시간이 흘러 친모가 정재를 찾아와 빌린 돈을 갚고 간 이후, 해준은 "엄마가 갚은 돈 있잖아요. 일단 그걸로 내년에 등록금 하면 알바 해가 갚을게요"(7화)라고 말하는데, 이는 해준이 정재에게 가지고 있는 부채감을 나타낸다. 부모의 헌신적 사랑, 희생에 대해 자식이 부채감을 느끼는 것이 당연할 수 있다. 그러나 이후에 해준이 정재에게 더 이상 짐이 되고 싶지 않다며, 친부를 따라 미국에 가는 선택을 한 것으로 보아 해준의 부채감은 자신이 정재의 핏줄이 아니라는 점에서 비롯된 감정이 아닐지 생각하게 된다. 돈을 갚겠다는 해준에게 정재는 "아빠한테 뭐 갚는다 그런 말 하지 마. 너 갚을 거 하나도 없어. 주원이가 안 하는 말은 너도 하지 마"(7화)라며 갚을 필요 없다고 했지만, 한국으로 돌아온 해준이 미국에서 번 돈을 저금한 통장을 정재에게 건네며 "아빠한테 갚으려고 진짜 열심히 했는데"(12화)라고 말하는 것을 통해 그가 느끼는 보은에 대한 의무감이 해소되지 않았음을 알 수 있다.

이미 가족의 일원으로 자리 잡았음에도 스스로를 타자화하고 부채감을 가지는 모습을 보면, '딸 같은 며느리는 없다'라는 말이 떠오른다. 딸 같은 며느리는 없다는 것은 결국 피가 섞이지 않은 남의 자식은 내 자식이 될 수 없다는 의미가 아닌가? 해준은 핏줄로 묶이지 않는다는 점에서 조립식 가족의 상징적인 인물인데, 그런 해준이 오히려 철부지 같은 캐릭터로 그려졌다면 어땠을까 하는 아쉬움이 남는다. 언젠가 이 가족을 떠나게 될 지도 모른다는 불안감 따위는 존재하지 않는다는 듯이 말이다.

마지막으로, 산하와 친모의 화해 서사 또한 혈연 중심의 전통적 가족관을 강화한다는 점에서 아쉬움을 남긴다. 산하의 친모 정희는 과거 산하에게 '너 때문에 내 딸이 죽었다'며 어린 아들을 정서적으로 학대하고, 끝내 아들과 남편을 버리고 떠난 인물이다. 이후 정희는 재혼해 새로운 가정을 꾸렸지만 그 행복도 잠시, 교통사고로 인해 남편이 죽고 그녀 역시 큰 부상을 입게 된다. 이에 산하는 조립식 가족을 떠나 친모의 병수발을 들러 서울에 가기로 결심한다. 산하는 서울의 명문대에 진학할 수 있었음에도 불구하고 조립식 가족을 떠나기 싫어 집 근처의 대학에 진학하고자 했던 인물이다. 그런 산하가 자신을 학대했던 친모의 곁을 제 발로 찾아가는 모습은 혈연을 기반에 둔 천륜의 끈끈함을 보여준다. 이는 산하가 지닌 혈연에 대한 잘못된 집착으로 보이기도 한다.

모자간의 화해는 그동안의 감정을 씻고 각자의 상처를 극복하고자 했다는 점에서 긍정적으로 평가할 여지가 있다. 이들은 화해를 통해 막내딸이 죽은 그날에서 벗어날 수 있었기 때문이다. 문제는 이 작품에서 모자의 화해가 산하의 주도로 이루어진다는 것이다. 산하와 정희를 이분법적으로 나눈다면 산하는 학대의 피해자고, 정희는 가해자다. 그런데 화해가 전적으로 피해자에 의해 이루어짐으로써 산하가 당한 정서적 학대의 무게가 가벼워진다. 동시에 정희의 과거 잘못된 행동에 대한 논의는 생략됨으로써 그저 어린 자식을 잃어 제정신이 아니었다는 이유로 모든 잘못이 합리화된다. 그 결과, 아동학대에 대한 죄의식이나 책임은 삭제되고 그로 인한 상처는 온전히 산하가 감당해야 하는 몫으로 전가된다.

또한, 산하와 정희의 화해는 다소 급작스럽게 작품의 후반부에서 이루어지는데, 이는 화해 서사가 해피엔딩을 위한 도구로 활용되었다고 보인다. 주인공의 꽉 닫힌 해피엔딩을 위해 모자 갈등을 얼렁뚱땅 해소하고자 한 것이다. 이러한 갑작스러운 화해는 오직 "피는 물보다 진하다"라는 문장하에서 혈연관계를 수단으로 이루어지는데, 이는 그들이 지난 오랜 세월 동안 겪은 복잡한 감정과 갈등의 깊이를 축소하는 게으른 서사로 보인다. 이 과정에서 혈연을 뛰어넘은 가족에 대해 이야기하던 드라마가 모순적이게도 혈연의 끈끈함을 강조하게 된다. 결국 산하는 어린 시절 자신을 가스라이팅한 친모와의 관계를 끊어내지 못했다. 산하가 친모의 존재를 지우고, 동생의 죽음이 자기 탓이라는 끝없는 죄책감에서 혼자 힘으로 해방되었다면, 보다 입체적인 캐릭터가 되었을 것이다.

지금까지 <조립식 가족>에서 드러난 아쉬운 지점들을 살펴보았다. 하지만 이러한 서사적 한계에도 불구하고, 이 작품은 여전히 긍정적으로 평가될 여지가 있다. 그 이유는 <조립식 가족>이 대중문화로서의 역할을 충실히 수행했기 때문이다. 그렇다면 대중문화는 어떤 역할을 수행해야 하는가?

대중문화는 대중의 사회적 감정 형성에 큰 영향을 미친다. 그러므로 대중문화는 우리가 사는 현실을 진정으로 반영함으로써 특정 집단 등에 대한 대중의 인식을 바람직한 방향으로 선도해야 한다. 대중문화는 단순한 오락적 요소로 존재하는 것에 그쳐서는 안 된다는 뜻이다. 우리 사회가 직면한 문제를 성실히 고민하고, 그 고민의 결과인 창작물을 통해 대중을 이끌어야 한다.

국회에서 생활동반자법이 발의되고 있는 지금, <조립식 가족>은 새로운 형태의 가족에 대해 이야기했다는 점에서 대중문화로 올바르게 기능하려 노력했다고 볼 수 있다. 나아가, 시청자들로 하여금 정상가족 이데올로기에서 벗어나게 하고, 궁극적으로는 우리 사회의 화합을 이끌고자 했다고도 보인다. 결론적으로 <조립식 가족>이라는 드라마는 때로 전통적 가족관에 기대는 전개를 보이기도 했지만, 기존의 가족에 대한 낡은 인식을 버리고 다양한 가족 형태의 가능성을 제시했다는 사실 자체로 주목할 만하다. 앞으로도 이러한 고민을 담은 작품들이 꾸준히 등장하기를 기대해 본다. 그 여정에서 시행착오가 있을지라도, 그것이 바로 대중문화가 대중과 함께 성장해 나가는 과정일 것이다.

음악으로 여는 한일전, 화합의 미래 마중물

김시윤

숙명, 운명, 결전의 날, 물러설 수 없는 한판

한일(韓日)전은 양국에서 뜨거운 관심의 대상이며, 일반적인 수식어로는 그 비상한 뉘앙스를 담아내기 어렵다. 특히 스포츠에서 대립하는 한일전은 한국 사회에서 해결되지 않은 과거사 문제와 결부되어 더욱 격렬한 열광을 유발하는 경향이 있다.

과거 사례들은 한일전이 지닌 국민적 의미를 명확히 보여준다. 1992년 바르셀로나 올림픽 마라톤에서 황영조 선수는 일본인 모리시타 선수를 제압하고 금메달을 획득하며 국민적 감격을 안겼다. 또한 2010년 밴쿠버 올림픽 피겨 부문에서 김연아 선수가 일본인 아사다 마오 선수를 상대로 금메달을 차지한 순간 온 국민에게 깊은 감동을 선사했다. 축구 한일전은 월드컵 경기를 제외하고도 단일 경기 최고 시청률을 기록하는 등 그

파급력이 상당하며, 2008년 베이징 올림픽과 2009년 월드 베이스볼 클래식(WBC)에서의 야구 국가대표팀의 성과 또한 한일전에서의 승리와 명승부가 핵심 동력이었다. 이처럼 한일전은 한국 국민에게 단순한 국제 스포츠 이벤트를 넘어, 강렬한 집단적 경험과 '절대 물러설 수 없는 한판'이라는 인식을 각인시켰다.

그러나 이러한 열광적 분위기는 부정적 이면을 내포하기도 한다. 한일전에서의 패배는 심각한 상실감으로 이어졌으며, 기대에 미치지 못한 경기력은 국민적 분노와 질타의 대상이 되었다. 해방 직후 첫 한일전 당시 이유형 축구 대표 팀 감독이 "건국 후 첫 한·일전에서 일본을 이기지 못하면 현해탄(대한해협)에 빠져 죽겠다"는 서약서를 작성했다고 전해질 만큼, 당시의 분위기는 극도로 살벌했다.[1] 세월이 흐른 지금도 한일전은 '패배해서는 안 되는 전쟁 같은 시합'으로 여겨지는 경우가 일반적이다. 이는 한일전이 스포츠를 넘어선 국가적 자존심 대결로 인식되는 한국 국민의 보편적 정서를 반영한다.

새 시대, 새 한일전: 대결 구도를 넘어서

이러한 전통적인 한일전 인식을 고려할 때, <한일톱텐쇼>와 같이 한일전의 포맷을 차용한 문화 콘텐츠는 독특한 면을 드러낸다. 이 새로운 형태의 한일전에서는 기존의 전투적 경쟁이나 패배에 대한 극단적 각오가 불필요하다는 점이 눈에 띈다. 참가자들은 '노래'라는 공통의 장기를 바탕으로 최선을 다해 겨루고, 양국 참가자들을 서로 격려하며 화합하는

1 "축구 한일전, '영욕의 한·일전 반세기'", ≪중앙일보≫, 2015년 9월 21일 자.

분위기를 지향한다. 주목할 점은 이를 지켜보는 한국 시청자들이 자국 참가자뿐만 아니라 일본 참가자들에게도 애정과 응원을 보낸다는 사실이다. 문화적 교류의 힘을 활용한 이 '한일전'은 그간 스포츠 대결에서 나타났던 격렬함과 배타성에서 벗어나, 상호 존중 기반의 건강한 경쟁이라는 새로운 지평을 제시한다.

〈한일톱텐쇼〉의 전신, 〈한일가왕전〉의 의미

<한일톱텐쇼>는 기존의 <한일가왕전>을 기반으로 탄생한 프로그램이다. 따라서 <한일톱텐쇼>를 온전히 이해하기 위해서는 <한일가왕전>의 특성을 선행적으로 분석할 필요가 있다. <한일가왕전>은 '국가대표' 포맷을 철저히 활용했다. 2009년 <슈퍼스타K> 이후 수많은 경연 프로그램이 양산되며 콘텐츠의 차별화가 어려워진 상황에서, 2024년 첫 방송된 <한일가왕전>은 '음악에서의 한일전', 즉 '노래로 겨루는 국가대표 간의 진검 승부'라는 발상만으로 대중의 이목을 집중시켰다.

<한일가왕전>의 포맷은 전통적인 스포츠 한일전의 구도를 답습했다. "한국과 일본의 트롯 국가대표 Top 7이 펼치는 한일 음악 국가 대항전"이라는 부제 아래, <현역가왕>을 통해 선발된 한국 국가대표 TOP 7과 <TROT GIRLS JAPAN>에서 선발된 일본 국가대표 TOP 7이 대결하는 형식이었다. 6부작으로 구성된 <한일가왕전>은 최고 시청률 11.9%를 기록하며 <현역가왕>의 흥행을 이어받아 상당한 인기를 구가했다. 이처럼 국가대표로 선출된 음악 팀들은 대결을 통해 인상적인 무대를 선보였다.

달라진 응원전: 국경 없는 공감과 비판적 수용의 확대

<한일가왕전>에서 나타난 응원 양상은 기존의 한일전과 명확히 구분된다. 특히 한국 청중의 환호가 일본인 참가자들에게 집중된 현상은 분석의 대상이다. 2위를 차지한 우타고코로 리에를 비롯해 스미다 아이코, 후쿠다 미라이, 카노우 미유 등 일본 참가자들이 한국 관객들로부터 호의적 반응을 이끌어냈다는 점은 전통적인 대결 구도와 차이를 보인다.

이러한 현상은 유튜브 데이터에서도 확인된다. 우타고코로 리에의 「어릿광대의 소네트」와 「눈의 꽃」이 각각 1000만 회 이상의 조회수를 기록했으며, 스미다 아이코의 「긴기라기니 사리케나쿠」 또한 1000만 회를 넘는 조회수를 기록하는 등 일본 팀 무대 영상의 대중적 파급력이 상당했다. 이들 영상에 대한 댓글 대다수가 한국어로 작성되었다는 점은 한국 시청자들의 적극적인 몰입을 시사한다. 더욱이, 결승전에서 한국 참가자 전유진에게 우승을 내준 우타고코로 리에의 「어릿광대의 소네트」 무대에 대해 일부 한국 시청자들 사이에서 판정의 편파성에 대한 아쉬움을 표하는 이례적인 반응이 관찰되었다. 이는 자국 선수에 대한 무조건적인 지지에서 벗어나, 순수한 기량에 대한 객관적 평가가 이루어질 수 있음을 보여주는 사례로 해석된다.

이러한 반응의 배경에는 음악이 국적이나 편향성에서 자유롭다는 인식이 기저에 깔려 있었다. 즉, 음악이 제공하는 감정적 경험은 국적과 무관하게 보편적으로 수용될 수 있다는 논리다. 특정 유튜브 댓글[2]을 통해

---

2 "가수는 웃으면서 노래 부른다. 가사는 웃으라고 한다. 그런데 듣는 사람들은 모두 울고 있다. 이런 장면 처음이다. 정말 감동적인 노래였다. 오랜만에 나도 울었다", "이 노래는 1980년에 개봉된 〈날아라 이카루스의 날개〉라는 영화의

알 수 있듯, 일본 음악 콘텐츠가 한국 시청자들에게 감정적으로 도달했음은 분명하다.[3] 이는 국경을 초월한 음악의 소통 가능성을 입증한 것이며, 문화적 장벽을 허무는 데 음악이 지닌 잠재력을 보여준다는 점에서 의미가 있다.

〈한일톱텐쇼〉: 화합 지향적 포맷으로의 진화

<한일톱텐쇼>는 <한일가왕전>이 보여주었던 '완화된' 한일전 양상에서 더 나아가, 경연의 요소를 극도로 배제한 화합과 축제의 형태로 기획되었다. <한일가왕전>이 대결의 외형을 유지하며 제한적 경쟁 구도를 설정했다면, <한일톱텐쇼>는 이러한 대결적 면모를 거의 제거하고 양국의 교류와 협력에 중점을 두었다. 특히 <한일가왕전>을 통해 인지도를 얻은 일본 TOP 7 팀이 계속 출연하면서, 이들의 지속적인 활동은 이전 프로그램을 시청했던 관객들에게 콘텐츠의 연속성을 제공하고 친숙도를 높이는 결과를 낳았다.

더욱이 <한일톱텐쇼>는 나카시마 미카, 콘도 마사히코, 마츠자키 시게루 등 일본 대중음악계의 저명한 아티스트들이 출연했다. 과거에는 이러한 일본 유명 음악인들이 한국 방송에 출연한 사례가 극히 드물었

주제곡이다. 46년전에 서커스의 줄타기 공연중에 떨어져 사망한 청년의 실화를 영화로 만들었다고 한다. 그 청년은 아이들에게 웃음을 주고 싶어서 삐에로가 되었다고 함. 꽃다운 나이에 돌아가신 청년이 안타깝지만 지금도 노래속에 살아서 우리에게 감동을 주고 있다."

3 "우타고코로 리에(歌心りえ): 어릿광대의 소네트(道化師のソネット)", 〈한일가왕전〉 5회, MBN MUSIC(유튜브, 2024.5.1).

다는 점을 고려할 때, 이는 한일 간 문화 교류의 차단이 해소되고 관계가 개선되는 양상을 보여주는 구체적인 변화로 해석할 수 있다. 이들의 등장은 프로그램의 음악적 스펙트럼을 확장하고, 단순히 경쟁을 넘어선 예술적 교류의 장을 마련했다는 점에서 의미가 있다. 이는 한일 관계에 있어 문화적 장벽의 해소와 상호 이해의 증진이라는 보다 큰 흐름을 반영하는 현상으로 평가된다.

달라진 한일 음악 지형: 문화 개방과 상호 인정의 서사

"마츠다 세이코의 노래를 한국 방송에서 듣다니 ……" 지난해 뉴진스의 하니가 부른 마츠다 세이코의 「푸른 산호초」가 한일 양국에서 큰 화제가 된 후, <한일가왕전>에서 일본 팀이 부른 「푸른 산호초」 관련 영상에 달린 이와 같은 한국 시청자의 댓글은 단순한 감상을 넘어 변화된 한일 문화 관계의 상징적 단면을 드러낸다.

한국은 광복 이후 반일 감정과 문화적 식민화에 대한 우려로 상당 기간 일본 대중문화를 엄격히 규제했다. 마츠다 세이코의 「푸른 산호초」(1980년 7월 발매)가 한국에서 공연되거나 대중적으로 소비될 기회는 사실상 전무했다. 일본 문화 개방은 김대중 정부 시기인 1998년에 이르러서야 전면적으로 이루어졌으며, 그 전까지 양국 간의 대중문화 교류는 극도로 제한적이었다.

이러한 규제의 배경에는 반일 감정뿐 아니라, 당시 일본의 월등한 문화적 수준에 한국 문화계가 잠식될 것이라는 우려가 존재했다. 일본은 1960년대 이후 세계 2위 경제 대국으로 성장했으며, 세계 음반 시장에서도 미국에 이어 2위를 차지할 정도로 거대한 시장을 형성했다. 당시 일본의 대중음악은 상당한 수준에 이르렀고, 1990년대 한국 가요계 역시 선진 시장이던 일본 음악으로부터 직간접적인 영향을 받았다. 한일 문화 개방 이후 한국에서 명곡으로 재평가된 곡들 중 상당수가 일본곡의 리메이크였다는 사실은 이러한 문화적 격차와 영향 관계를 명백히 뒷받침한다.

하지만 21세기 들어 이러한 상황은 변화의 조짐을 보이기 시작한다. 한국의 문화 콘텐츠가 점차 글로벌 경쟁력을 갖추게 되었고, 한류는 일본 내에서도 꾸준히 영향력을 확대해 나갔다. 초기 한류 드라마의 성공이 일본의 특정 연령층에 주로 한정되었다면, 이후 등장한 K-POP 그룹들과 K-드라마, K-뷰티 등 광범위한 분야의 한류는 일본 내에서 더 넓은 세대에 걸쳐 인기를 얻으며 존재감을 키우는 데 성공했다. 특히 10~30대 젊은 층에서 한류가 큰 호응을 얻는다는 점은 주목할 만하다. BTS, 트와이스, 블랙핑크 등 글로벌 K-POP 그룹들이 일본 오리콘 차트 상위권을 기록하며 팬층을 확장했고, 일본 넷플릭스에서 방영된 한국 드라마 <사랑의 불시착>, <이태원 클라쓰> 등이 큰 흥행을 거두며 K-드라마 열풍을 주도했다.

더 나아가 K-뷰티, 패션 등 한국의 다양한 문화 콘텐츠가 일본 젊은 세대에게 큰 관심사로 떠오르면서 이들에게 한국은 동경의 대상이 되거나 새로운 트렌드를 선도하는 이미지로 인식되는 경향이 나타난다.[4] 이는 한국을 대하던 기존 세대의 시각과는 다른, 일본 젊은 세대의 차별화된 한국 인식을 부각하는 부분이다. 이렇듯 현재 한류의 성장은 과거 한국과 일본 간 대중문화 분야의 격차가 변화하고, 상호 간의 문화적 영향력

---

4 쿠사나기 타이치(草薙太一), 「〈겨울연가〉부터 〈이태원 클라쓰〉까지, 일본의 한류 붐」, 방송영상트렌드&인사이트, https://www.kocca.kr/trend/vol34/sub/s42.html(검색일: 2025.9.5).

이 재조정되는 흐름을 이끌어냈다고 평가할 수 있다. 특히 이러한 변화는 '음악'이라는 범주에서도 분명하게 감지되는 부분이었다.

더욱 유연해진 일본 문화에 대한 관점

과거 일본 문화를 바라보는 한국인의 시선에는 복합적인 감정이 얽혀 있었다. 민족적 감정과 함께 일부 영역에서는 상대적인 열등감 또한 어느 정도 내재되었을 것이다. 그러나 K-문화가 세계적으로 확산되고 일본 내에서도 한류의 인기가 상승하면서, 일본 문화를 향한 관점에도 점차 새로운 양상이 나타나기 시작했다. 이는 기존의 경계심이나 복합적인 감정들이 점차 완화되거나 새로운 시선으로 전환되고 있음을 시사한다.

그 결과, 과거 우리 방송에서 드물게 접했던 일본어 노래를 부르는 일본 가수들의 무대가 점차 자연스러워지는 시대가 도래했다. 한국의 걸그룹 트와이스가 일본 콘서트에서 한국어로 노래하는 것이 자연스러운 것처럼, 일본 가수들이 한국 무대에서 노래를 부르는 것에 대해 이제는 많은 이들이 문화적 개방성의 일환으로 받아들인다. 그러한 의미에서 <한일톱텐쇼>와 <한일가왕전>의 유튜브 영상에 달린 한국 네티즌들의 일본 가수를 향한 애정과 응원 댓글들은, 국경을 초월해 음악 자체를 향유하는 단계에 도달했음을 보여주는 사례로 해석될 것이다. 이처럼 음악으로 하나 된 '새로운 한일전'은 기존의 전투적이고 대결적인 한일전과는 달리, 서로 화합하고 건강하게 경쟁할 수 있는 새로운 시대의 가능성을 보여준다.

특히 이러한 변화는 젊은 세대에서 더욱 두드러진다. 최근 한국 젊은 세대에게 숏폼 영상 배경음으로 인기를 얻었던 오오츠카 아이의 「사쿠

란보」, 유우리의 「베텔기우스」 등과 아이묭, 요아소비 같은 일본 가수들의 인기는 한일 간 문화 교류의 폭이 넓어지는 신호로 볼 수 있을 것이다. 서울대학교 일어일문학과 박훈 교수의 저서 『위험한 일본책』에서 언급되었듯이 한국의 10대, 20대 젊은이들이 일본을 '귀여운 아날로그의 나라'로 인식하는 한편, 일본의 10대, 20대 젊은이들은 한국을 '선진국'으로 여기며 역사적 사실에 대한 기존 세대와는 다른 인식을 보이기도 한다. 서로 간의 위화감이나 과도한 경계심보다는 상호 이해와 존중을 기반으로 한 관계 정립의 가능성으로 나아가는 것이다.[5] 이는 <한일톱텐쇼>와 <한일가왕전>에 남겨진 일본 가수를 향한 응원 댓글들과 일본 원곡에 대한 긍정적인 반응이 등장한 배경 중 하나로 볼 수 있다.

〈한일톱텐쇼〉의 의의와 과제

새로운 시대에는 새로운 형태의 교류가 필요하다. 한국과 일본에는 아직 해결되지 않은 정치적·역사적 문제들이 존재하지만, 적어도 문화를 통한 교류는 이러한 경직된 관계에 온기를 더하는 역할을 한다. 특히 이러한 문화를 향유하는 한국과 일본의 젊은 세대들은 오늘날 일본의 소설로 소통하고, 한국의 K-POP 스타에게 찬사를 보내며, 한국과 일본의 아티스트들이 어우러져 부르는 노래에 환호를 보낸다.

동일한 맥락에서 <한일톱텐쇼>는 새로운 시대를 여는 중요한 마중물이 될 수 있다. 향후 한일 가수들 간의 협업과 화합의 무대가 더 많은 프로그램을 통해 확대되기를 기대한다. 새로운 한일 관계의 지평을 열

5 박훈, 『위험한 일본책』(어크로스, 2023), 139~140쪽.

어갈 마중물은 문화에서 시작될 수 있을 것이며, 그 배경에는 한국 대중문화의 성장에 대한 자신감이 자리 잡고 있다. 이 시점에서 필요한 것은 단순히 한쪽이 우위를 점하는 관계가 아니라, 상호 존중과 이해를 바탕으로 공존하며 미래를 함께 모색하는 것이다. 물론 문화 교류가 양국 간의 모든 갈등을 해소할 수는 없겠지만, 서로에 대한 이해를 증진시키고 긍정적인 관계를 구축하는 데 중요한 역할을 할 것임은 분명하다.

입 선

제28회 좋은 방송을 위한 시민의 비평상

악마가 필요한 시대에 구덕이를 꿈꾸다

김제이

1. 그녀들의 거짓말이 성공한 이유

2024년 가을과 이듬해 겨울까지 대한민국 텔레비전 드라마의 흥행을 견인한 캐릭터는 여성 법률가였다. 가을부터 SBS에서 방영된 <지옥에서 온 판사>(2024.9.21~2024.11.2/14부작)는 지옥에서 죄인을 심판하는 악마 유스티티아가 지상으로 내려와 대한민국 서울중부지법 강빛나 판사가 되어 악인을 심판하는 이야기이고, <지옥에서 온 판사>의 종영 이후 JTBC에서 방영된 <옥씨부인전>(2024.11.30~2025.1.26/16부작)은 조선시대 노비 구덕이가 양반가의 규수 옥태영의 신분이 되어 오늘날 변호사라 할 수 있는 외지부로 활약하는 이야기다.

하나는 현대사회를 배경으로 한 판타지 속 판사 주인공이고 다른 하나는 조선시대를 배경으로 한 휴먼드라마의 변호사 주인공이기에, 두 드라마는 사건과 캐릭터를 재현하는 규칙에 차이가 있으며 같은 법정물이라도 재판의 소재가 되는 다툼을 다루는 방식과 이를 통해 시청자들의 욕망을 해소하는 방식에도 현저한 차이가 있다. 그러나 두 드라마는 닮은 점에 많다. 모두 여성이 주인공이고 주인공들이 법률가로서 남다른 능력을 발휘한다는 점에서 공통적이며 주인공들 모두 정체를 숨기기 위해 거짓말을 한다는 점에서도 같다. 또한 그녀들의 거짓 신분을 응원하는 이들이 늘어난다는 점에서 유사하며 무엇보다 주인공들에게 몰입되어 공감하고 대리만족하는 시청자들이 많았다는 점에서 두 드라마에 주목할 만하다. <지옥에서 온 판사>와 <옥씨부인전>은 첫 방영 시청률을 두 배 이상 올리고 드라마 흥행의 기준이라 할 수 있는 시청률 10%를 훌쩍 넘기며 OTT 플랫폼에 넘겨준 시청자들의 마음을 되돌리는 데 성공했기 때문이다.

다른 듯 서로 닮은 두 드라마가 시청자의 마음을 붙든 이유는 무엇일까? 법에 대한 불신과 거리감이 커져가는 이 시대, 방법은 다르지만 두 드라마가 법에 대한 대중의 결핍을 채워줬다는 점에서 해답을 찾아보려 한다.

2. 악화된 법 감정, 악마에게 의지하다

법 감정이 나빠지고 있다. 과거 사회적 불평등과 사법 시스템의 한계를 비판하던 용어로 '유전무죄 무전유죄'가 대표적이었다면 이제는 '피해자보다 가해자 인격을 보호하는 법', '솜방망이 처벌', '제 식구 감싸기' 등 재판에 대한 불신을 토로하는 표현들이 다양하게 쏟아져 나온다. 국민 다수가 법원 판결을 신뢰하지 않는다는 방증이다.

악화된 법 감정은 사적 복수를 소재로 한 콘텐츠들로 표출되고 있다. <빈센조>, <모범택시>, <더 글로리>는 모두 법을 불신하는 개인이 직접 범죄자를 응징하여 흥행에 성공한 드라마다. 그러나 사적 복수극이 카타르시스를 주어 대중의 호응을 받으면서도 장면이 폭력적이고 캐릭터들이 도식적이며 불법을 사용하는 개인의 복수를 정당화하고 미화한다는 비판을 동시에 받아왔다.

<지옥에서 온 판사>는 사적 복수극의 진화된 버전이라 할 수 있다. 판타지를 사용해 사적 복수극이 지적받는 문제를 해결하면서도 카타르시스는 배가한다. 지옥에서 죄인을 심판하는 악마 유스티티아가 복수의 대행자로 나서서 피해자가 복수의 행위자가 되는 캐릭터 전형성에서 벗어났다. 강빛나의 몸을 입고 판사 행세를 하는 유스티티아는 지옥 왕의 명령으로 살아 있는 악인을 처벌하는 것이기 때문에 엄밀히 말하면 공적 업무를 집행하는 것이고 지옥에서 내릴 벌을 미리 주는 것일 뿐이다. 복수의 대행자를 비인간으로 설정해 도식적인 캐릭터와 불법적인 개인의 복수라는 비판을 피할 수 있게 만든 것이다.

반면 에피소드의 소재는 더욱 사실적으로, 범죄자의 처벌은 더욱 폭력적으로 재현해 복수의 쾌감을 높인다. 먼저 데이트 폭력이나 보험금을 노린 가족 살인, 아동 학대처럼 사회적으로 이슈가 된 실제 사건에서 모티브를 얻은 소재로 사건에 대한 사실감을 높였다. 또한 대한민국 판사로서 범죄 사건을 재판하는 유스티티아는 피의자들의 양형을 교묘하게 조절하고 본인이 직접 지옥의 형벌로 단죄하는데, 환상 장치를 이용한 단죄 방식에 의해 폭력이 반복되고 점점 더 잔인해진다. 이처럼 19금 수위가 되는 폭력의 잔인함도 판타지의 형식 안에서 개연성을 확보하고 재미와 사이다 매력을 강화해 시청률을 상승시킨 것이다.

그러나 시청자들이 유스티티아식 단죄에 빠져든 이유는 장면의 쾌감 때문만은 아니다. “난 법대로 판결했을 뿐이에요. 애꿎은 사람 원망하지 말고 이 나라 법이나 원망하세요”라며 솜방망이 처벌을 하는 판사를 보면서 법의 무력함에 좌절하는 피해자에게 동질감을 느끼는 한편, 피의자가 저지른 범죄를 피의자에게 똑같이 반복 경험시킨 후 “바이 알인페르노(Vai all'inferno: 지옥으로 떨어져)”라며 단죄하는 유스티티아에게서 피해자 중심의 정의가 실현됐다고 생각하며 통쾌한 대리만족을 느끼기 때문이다.

유스티티아(Justitia)는 로마 신화의 ‘정의의 여신’으로 세계 각국의 사법기관이나 공공건물에서 볼 수 있는, 눈을 가리고 검과 저울을 들고 있는 조각상의 주인공이다.

이름 자체가 ‘정의’를 뜻하는 유스티티아식 단죄는 현실에서 해소되지 않는 피해자의 억울함을 신화적으로 해소하는 정의의 대행이라 할 수 있다. <지옥에서 온 판사>는 상상적 정의를 실현하기 위해 정의의 여신을 지옥의 심판관으로 변형한 후 다시 한국 사회 법정으로 소환한 것이다.

3. 법의 진심으로 악랄한 시대에 맞서다

유스티티아가 가장 높은 곳에서 힘과 권세를 누린다면 구덕이는 조선시대 노비로서 가장 밑바닥의 삶을 살았다. 약이 아깝다고 병든 엄마를 산채로 매장한 주인이 구더기처럼 살라고 지어준 이름대로 구덕이는 온갖 천대를 받으며 살아갔다. 그러나 태생이 영민해 글쓰기, 셈하기는 물론이고 일머리, 운동신경, 손재주마저 뛰어난 능력자이며 어려운 상황에서도 남을 먼저 돕는 따뜻한 성미까지 겸비해 주변에서도 늘 도움이 따른다. 주인집 학대를 견디다 못해 탈출했을 때 양반가의 옥태영을 만나 입양을 통해 옥태영의 동생이 되는 행운을 얻는다. 그러나 도적 떼의 습격을 받고 유일한 생존자가 되어 옥태영의 신분을 대신 살아가게 된다.

신분을 숨기고 외지부 옥태영으로 동분서주하며 제2의 인생을 사는 구덕이에게는 세 명의 정체성이 모여 있다.

하나는 노비로서 밑바닥 인생을 살았기 때문에 약자의 마음을 누구보다 잘 아는 구덕이 본인의 정체성이고, 또 하나는 "가졌기 때문에 우월한 게 아니라 가졌기 때문에 책임을 져야 한다"라며 외지부가 되어 어려운 사람들을 도우려 했던 옥태영의 정체성이다. 그래서 외지부가 된 구덕이는 가솔인 노비 백이의 죽음의 진실을 규명하기 위해 양반가의 규수 신분으로 직접 증거를 찾아다니고 노비를 물건으로 대하는 양반가의 반발에 법리적으로 맞서 백이와 가족의 억울함을 풀어준다. 이후로도 구덕이는 문해력과 법률 지식이 부족한 백성들 편에서 서서 이들의 재산과 권리를 지켜주며 사회적 약자들이 악랄한 시대를 견딜 수 있는 최후의 보루로 법을 이용한다.

마지막으로 청수현 현감으로서 공명정대하게 송사를 판결하려 했던 시아버지 성규진의 정체성이다. 그래서 법이 꼭 약자만을 위해 존재하는 것이 아니고 법 앞에서는 누구나 평등해야 한다며 죄인이나 원수라 할지라도 법의 보호를 받기 원했던 성규진의 가르침을 실천한다. 성규진을 역적으로 음해해 죽게 만들고 가문을 풍비박산시킨 이좌수의 비리를 밝혀내어 재수사를 이끌어내고 이좌수를 피의자로 세우면서도 복수하지 않고 도리어 그를 변호해 준 것은 구덕이에게 성규진의 정체성이 내재되어 있기 때문이다.

세 사람의 이상적인 인격을 흡수한 외지부 옥태영으로 살아가는 구덕이의 삶의 목표는 지켜야 할 사람을 지키는 것이고, 그것은 곧 법의 정신이다. 법의 진심을 보여주는 구덕이에 의해 법은 신분과 상관없이 억울한 사람들을 구제해 주는 강력한 힘으로 법의 본분을 다할 수 있게 된다.

이처럼 <옥씨부인전>은 구덕이를 통해 법의 유용성을 보여주지만 조선시대 실상은 달랐다. 성종 3년 12월 1일 『성종실록』을 보면, 다음과 같은 기록이 전해진다.

> 외지부라 불리는 자들은 항상 관아 근처에 있다가 원고나 피고를 몰래 사주합니다. 또 이들은 스스로 송사를 대신하며 시시비비를 어지럽게 만들어 관리를 현혹하고 판결을 어렵게 합니다. 해당 관부에 명하시어 조사해 처벌하소서!

조정은 외지부들이 법을 이용해 사회를 어지럽힌다고 본 것이다. 2023년 MBC에서 방영된 <조선변호사>는 송사를 일으키고 다니는 트러블메이커 변호사의 모습을 보여주었다. 실제로는 외지부들이 돈과 권력과 결탁해 국법 앞의 평등 원칙을 어그러뜨렸을 뿐 아니라 법의 허점을 악용하는 사례가 많았던 것이다. 법은 이용하는 사람에 의해 약이 되기도, 독이 되기도 하는 것이다.

그런 면에서 구덕은 유스티티아만큼이나 판타지적인 캐릭터일 수 있다. 영민한 노비와 어진 양반과 공명정대한 공직자의 이상적인 인격만을 혼합한, 현실에 존재하기 바라지만 존재하기 힘든 환상적인 인간이기 때문이다. <옥씨부인전>은 법의 이상적 모습을 보여주기 위해 판타지에 가까운 인간 캐릭터 구덕이를 창작한 것이다.

4. 악마가 필요한 시대, 구덕이를 꿈꾼다

4.2%로 시작했던 첫 방송 시청률이 2회 만에 6.8%가 되면서 시청률 탄력을 받던 <옥씨부인전>은 3회가 방영될 12월 7일부터 2주 연속 토요일에 결방했다. 12·3 비상계엄사태와 탄핵과 관련된 뉴스특보 때문이다. 계엄 사태는 국민들에 의해 진화되었지만 계엄령 당사자들에 대한 법의 집행 과정에서 국민들은 다시 법을 불신하게 되었다. 법을 적용하는 기준과 방식이 사람의 신분에 따라 다를 수 있다는 것을 경험하며 법 앞에 예외 없기를 바라는 국민의 바람은 얼마나 고통스러운 희망 고문인가 실감하며 허탈해야 했다. 시간이 흘러도 법은 이용하는 사람에 의해 수시로 무력해지기 일쑤다. 그래서 드라마는 환상과 낭만을 동원해 대중을 위로한다. 강빛나가 된 유스티티아와 옥태영이 된 구덕이가 탄생한 것도 그런 맥락에서다.

그럼에도 의구심은 남는다. <지옥에서 온 판사>는 사적복수극에 대한 지적을 영리하게 피해갔지만 유스티티아의 환상적 복수가 과연 최선의 복수이며 정의 구현을 실현하는 것일까.

피해자와 유족이 경험하는 상실은 복수로 회복될 수 없고 복수가 끝나도 허무와 공허는 남을 수 있다. 가해자가 고통받는 모습을 봐도 삶은 여전히 무너져 있다는 어느 유족의 인터뷰는, 동해복수(同害復讐)가 단기적 카타르시스는 주지만 근본적 해갈은 할 수 없다고 말한다.

<옥씨부인전>은 구덕이의 대인배 행동을 유스티티아식 복수의 한계를 보완한 해결법으로 제시하는 듯하다. 구덕이는 시아버지 성규진을 음해하여 죽도록 만든 범인이 이좌수임을 증거를 밝혀내 재수사를 통해 피의자로 세우지만, 미리 자수한 이좌수에 대한 면죄권을 제시해 이좌수를 구제한다. 죄인을 위해서도 법을 사용하라는 성규진의 뜻을 따른

것으로 이를 통해 성규진의 명예는 회복되고 가문의 위상은 더욱 높아지게 된다. 이좌수는 구덕이에게서 성규진의 뜻을 전해 듣고 쓰러져 울며 빼앗았던 재산을 모두 돌려준다. 피해자들이 바라는 것은 가해자가 상대를 인격체로 존중하고 공감해 우러나오는 반성과 사과, 그를 통한 피해자의 자존감 회복이라는 것을 보여준 것이다.

<옥씨부인전>도 단점은 있다. 구덕이를 제외한 다른 인물들이 모두 단선적이고 기능적이며 입지전적 인물의 감동적인 이야기를 구현하려다 보니 사건의 해결이나 승소 과정에 개연성이 없다. 그러나 그럼에도 대중이 TV 드라마에 바라는 낭만을 충족시킨다. 현실에서 보기 어려운 이상적 인물의 진심은 언제나 낭만적이기 때문이다. 법의 참 역할을 수행해 법심을 보여주는 법률가를 보는 것은 법에 대한 불신과 불만이 높아진 이 시대에 꼭 필요한 낭만이다. <지옥에서 온 판사>가 환상을 통해 법에 대한 카타르시스를 제공한다면 <옥씨부인전>은 낭만을 통해 법에 대한 이상을 제공한다.

한국 드라마는 낭만과 환상의 유기적 관계 속에서 대중과 소통하고 대중의 결핍을 해소시켜 왔다. SF물의 환상이 현대의 과학기술 발전에 영향을 미쳤듯 드라마가 재현한 법에 대한 환상과 낭만이 현실로 실현될 수는 없을까.

법 감정을 해소하기 위해 악마가 소환되는 시대에 법의 진심을 보여줄 구덕이를 꿈꾼다.

입 선

제28회 좋은 방송을 위한 시민의 비평상

진정성이라는 파도가 온다

JTBC 〈한끼합쇼〉

김태형

들어가며: 팬데믹이라는 폭풍 이후

과거와 현재에 돌이킬 수 없는 선을 긋는 것을 혁명이라고 정의한다면, 팬데믹 3년은 '타의에 의한 혁명'이라고 부를 수 있다. 점진적으로 이루어져야 했을 변혁들이 불과 몇 년 새 압축적으로 진행되었기 때문이다. 이러한 급변을 가장 잘 보여준 사례로 같은 기간에 방영한 두 토크쇼 tvN의 <유 퀴즈 온 더 블럭>(이하 <유 퀴즈>)과 JTBC <한끼줍쇼>를 들 수 있다. 길거리에서 만난 시민들의 진솔한 이야기를 인터뷰 형식으로 전달한 <유 퀴즈>나, 평범한 우리 이웃들의 밥상, 안방의 모습을 가감 없이 보여준 <한끼줍쇼>, 당시 두 프로그램의 위상은 한국 토크쇼 장르의 거대한 두 축이었다. 하지만 팬데믹으로 더 이상 시민들에게 가까이 다가가는 것이 불가능해지면서 두 프로그램의 핵심 동력도 사라지고 말았다. 결국 <유 퀴즈>의 경우 '길거리'에서 '스튜디오'라는 안전한 공간을 택하며 고전적인 토크쇼로 변해버렸고, <한끼줍쇼>는 핵심적인 플롯을 살릴 수 없자 끝내 폐지되어 시청자들에게 큰 아쉬움을 남겼다. 나 역시 그 아쉬운 시청자들 중 한 명이었다.

그런 상황에서 2025년 <한끼줍쇼>의 후속작이라 할 수 있는 <한끼합쇼>의 방영 소식은 반가운 일이었다. "고립된 이웃들의 밥 친구가 되겠다"라는 취지로 기획된 <한끼합쇼>는 첫 회 시청률 3.1%로, 성공적으로 첫 단추를 끼우는 듯 보였으나 결국 8회를 끝으로 조기 종영되고 말았다. 실패 요인으로는 다양한 분석들이 나왔다. 5화 이후 갑작스러운 방송 시간대 변경, 호불호가 갈릴 수 있는 포맷, 팬데믹 이후 높아진 시민들의 경계심에서 비롯된 섭외의 어려움 등 전반적으로 아쉬운 부분이 있었던 것은 사실이다. 그러나 조기 종영이 그 의미까지 퇴색시킨 것은 아니다. 오히려 <한끼합쇼>의 기획은 시대의 맥을 정확히 짚어냈다고 본다. 이에 이 글에서는 <한끼합쇼>의 어떤 점이 시대의 흐름을 잘 읽어 내었는지를 사회적 맥락과 함께 분석해 보고 나아가 <한끼합쇼>의 의의와 구조적 한계에 대해 고찰해 보고자 한다.

리얼의 계보학: 반응, 일상, 서사

<한끼합쇼>의 중요한 성취는 현시대의 시청자들이 갈망하는 '리얼'에 대한 요구를 정확히 포착해 낸 것이다. 그러나 방송사(史)에서 '리얼'이라는 단어는 시대에 따라 전혀 다른 의미로 사용되었기 때문에 아무런 맥락 없이 '리얼'을 이해하는 것은 불가능하다. 따라서 <한끼합쇼>의 의의를 논하기에 앞서 '리얼'의 의미가 어떻게 변모해 왔는지부터 알아볼

필요가 있다. 애초부터 '방송'과 '리얼' 사이에는 메울 수 없는 간극이 존재한다. 제작진의 시나리오에 맞춰, 정해진 세트 안에서 통제되는 출연진들의 반응들, 그중에서도 가장 좋은 것만을 편집해 완성한 방송은 '있는 그대로의 날것'이 아닌 제작진들의 선별에 의한 산물이고 당연하게도 '리얼'과는 거리가 멀다.

그렇다면 언제부터 '리얼'이라는 말이 방송에서 통용되기 시작했을까. '리얼'을 전면에 내세우며 리얼 버라이어티 장르를 처음으로 개척한 프로그램은 MBC <무한도전>이었다. '국내 최초 리얼 버라이어티 쇼'라는 슬로건은 대본이 중심이 되었던 기존의 콩트 쇼에 대한 반기였으며, 주말 예능 양대 산맥을 이루던 KBS <1박 2일> 역시 이와 같은 선상에 놓여 있다. 여기서 '버라이어티'란, 방송의 형식이 하나로 정해지지 않고 다양함을 뜻한다. 앞선 두 프로그램에서 방송을 나누는 단위는 '몇 화'가 아닌 '무슨 무슨 특집'이었다. '특집'이란 예전 방송에서는 명절 같은 특별한 날에 기존 형식이 아닌 다른 형식들을 새로이 시도하는 것을 의미했다. 반면 두 프로그램은 한 주 한 주 새로운 특집들로 구성되었다. 여기서 정보의 비대칭성이 발생한다. 오직 제작진만이 특집의 전체 설계도를 가지고 있으며 출연자들은 시청자와 마찬가지로 아무것도 모른 채 방송에 참여하게 된다. 이로 인한 정보의 격차는 출연자들을 예측 불가능한 상황에 맞닥뜨리게 하면서 자연스러운 웃음과 '리얼'한 반응을 이끌어낸다. 이와 더불어 과거 스튜디오 녹화물 형식에 적합했던 방청객의 웃음 같은 반응들은 제작진들의 속마음을 진솔하게 적은 자막으로 대체되었다. 이는 제작진과 출연진이 마치 화면 안팎에서 서로 대화하는 듯한 독특한 느낌을 주었음은 물론 시청자들 역시 방송 콘셉트 안으로 들어와 공감할 수 있게 만들었다.

리얼 버라이어티의 다음 타자는 '관찰 예능'이었다. 리얼 버라이어티의 매력이 특정한 상황에서 스스로도 모르는 사이에 나타나는 출연자들의 인간적 모습이었다면, 2010년 이후 시청자들은 보다 일상적인 삶의 표정[1]에서 재미와 웃음을 찾게 된다. MBC <나 혼자 산다>, <전지적 참견 시점>은 관찰 예능의 대표적인 사례다. 이 시기 '리얼'의 의미는 연출되지 않은 사생활과 동의어였으며, 나의 진짜 삶을 가감 없이 보여주는 것이 하나의 미덕이자 재미의 척도로 자리 잡게 된다. 가령 <나 혼자 산다>에서 어떤 출연자가 일상 속에서 카메라를 과도하게 의식한 듯한 모습을 보인다거나, 자기 계발이나 과한 청소 같은 행동들을 반복한다면 시청자들은 그 모습을 '가짜'로 규정하고 부정적인 평가를 내린다. '진정성'이 평가 기준이 되었기 때문이다. 내용의 변화와 함께 프로그램의 형식 역시 같이 변화했다. 우선 관찰 대상인 주인공의 일상을 편집한 VCR과 이를 지켜보는 스튜디오 내 패널들이 존재한다. 리얼 버라이어티에서 리액션 역할을 맡던 제작진들의 자막은 스튜디오에 출연한 고정 패널들의 코멘터리로 대체된다. 이는 관찰 대상과 스튜디오의 역할을 분리함으로써 마치 시청자가 패널들과 함께 사생활을 엿보는 듯한 구도를 만들어낸다. 또한 이때부터 제작진의 역할은 전면에 나서서 재미를 만들어내는 능동적인 역할에서 섭외와 VCR 편집 등 보이지 않는 곳에서 서사를 구축하는 수동적 설계자로 축소된다.

관찰 예능 이후 시청자들의 시선은 연예인의 삶을 넘어 평범한 이웃들의 삶에 도착한다. 이러한 요구에 응답해 만들어진 두 프로그램이 바로 tvN <유 퀴즈 온 더 블록>과 JTBC의 <한끼줍쇼>다. 이 둘은 '버디 로드 무비' 형식을 띤다. 두 MC는 정처 없이 거리를 돌아다니면서 마주한

---

1 김교석, 「〈무한도전〉, 결코 무모하지 않은 그들이 남긴 흔적: 〈무한도전〉이 예능계 역사에서 가지는 의미와 한계점」, ≪방송트렌드 & 인사이트≫, 14(2018).

시민들과 즉흥적으로 인터뷰하거나, 밥을 얻어먹는 등의 행동으로 관계를 맺는다. 리액션은 출연하는 두 MC와 게스트로 한정되며, 제작진들의 역할은 최소화된다. 여기에서 '리얼'은 시민들의 꾸밈없는 서사를 뜻하며, 재미는 MC와 그들 사이의 예기치 않은 시너지에서 비롯된다. JTBC의 <한끼합쇼>는 바로 이러한 전통의 맥을 잇는 프로그램이라 할 수 있다. 앞서 '리얼'의 변천사에서 살펴봤듯 시청자들의 요구는 제작진들의 개입은 최소한으로 줄이고 진실한 개인의 삶의 모습을 궁금해하는 방향으로 가고 있다. 그리고 이러한 흐름은 단순히 방송의 영역만으로는 설명할 수 없으며 팬데믹 이후 급변한 사회적 분위를 함께 읽어야 그 경향성을 이해할 수 있다.

진정성의 사회학: 비대면, 간접경험, 진정성

타인의 일상에 대한 관심이 증가하게 된 이유는 역설적이게도 비대면 문화가 사회 전반적으로 확대되었기 때문이다. 팬데믹 이후 우리 사회의 소통 방식은 근본적으로 변했고 배달 앱, OTT 서비스, 무인 키오스크의 성장세는 더 이상 우리에게 낯선 뉴스가 아니다. 이러한 변화를 가장 상징적으로 보여주는 현상이 젊은 세대에서 주로 나타나는 콜포비아(Callphobia)이다. 콜포비아란 전화(Call)와 공포증(Phobia)의 합성어로 음성 통화에 대한 심리적 기피 현상을 뜻한다. 2024년 알바천국이 MZ세대 1100여 명을 대상으로 조사한 결과, 응답자의 39.3%가 '콜포비아' 증상을 겪고 있다고 답했으며, 이는 2년 전 조사보다 10%p 가까이 급증한 것이다. 또한 가장 선호하는 소통 방식으로 '문자(메신저)'를 꼽은 응답이 75%에 달했지만, '전화 통화'는 11%에 그쳐 텍스트 기반의 비동기적 소통을 압도적으로 선호하는 것으로 나타났다.[2] 대인간의 직접적인 소통, 접촉이 공포로 느껴질 정도로 비대면 문화가 우리 사회에 얼마나 깊게 뿌리 내렸는지를 보여주는 단적인 사례다.

사회의 비대면화는 경험에 대한 우리의 질서를 근본적으로 뒤바꿔 놓았다. 일상의 상당 부분이 각종 제한들로 인해 직접 경험으로 이루어지지 않게 되면서 간접 경험의 비중은 점차 늘어갔고, 자연스럽게 간접 경험의 중요성과 무게감은 이전보다 비교할 수 없을 정도로 커졌다. 『경험의 멸종』(2025)의 저자 크리스틴 로젠(Christine Rosen)은 현재 상황을 이렇게 진단했다. "세상과 맺는 관계가 직접적인 경험보다 그에 대한 정보를 통해 이루어지고 있다." 직접 경험이 사라지는 시대에서 간접 경험은 더 이상 현실의 어떤 복제품이 아닌 직접 경험과 같은 위상을 차지하게 된다. 따라서 간접 정보에 대한 개입은 단순한 편집을 넘어 자신의 경험을 해치고 방해하는 행위가 되었다. 앞서 '리얼'이 점차 정해진 구조를 거부하고 일상 경험에 더욱더 내밀하게 변화하게 된 까닭은 이러한 맥락에서 기반한 것이다.

그렇게 '진정성'은 오늘날 핵심적인 평가 기준, 가치관으로서 작동하게 되었다. 미국의 영문학자 라이오널 트릴링(Lionel Trilling)이 "진정성이 우리 시대의 도덕상이 된 것은 실재성과 개인의 실존에 대한 불안감을 상징한다"라고 말했듯, 이제 진정성은 심지어 도덕에까지 분야를 가리지 않고 판단의 중요한 척도로 자리 잡았다. 이러한 흐름은 소비 시장에서 더 명확하게 드러난다. 한 설문조사에 따르면 소비자의 88%가 브랜드의 '진정성'이 어떤 브랜드를 좋아하고 지지할지 결정하는 데 중요

---

2 "'전화통화·대면업무 싫어요' … MZ 열 명 중 네 명은 '콜포비아'", ≪한국경제≫, 2024년 9월 29일 자.

하다고 답했다. 또한 “어떤 종류의 콘텐츠가 가장 ‘진정성’ 있다고 생각하는가?”라는 질문에 소비자들은 사용자 제작 콘텐츠(UGC)를 1순위로 꼽았으며, 이는 브랜드가 직접 제작한 콘텐츠보다 2.4배 더 진정성 있다고 평가했다.[3] 이는 방송사에 새로운 파도를 몰고 올 것이다. 이제 방송사는 시청자인 동시에 콘텐츠를 생산하는 대중과 ‘진정성’을 두고 경쟁하는 상황을 맞닥뜨리게 되었다.

결론: 〈한끼합쇼〉가 남긴 파문

앞서 거듭 강조한 것처럼 <한끼합쇼>는 기획적으로는 시대의 요구를 잘 읽어내었다. 하지만 <한끼줍쇼>와 차별화하기 위해 바꾼 포맷으로 인해 기획 단계의 목적이 상당 부분 희석되어 버렸다. <한끼줍쇼> 시리즈의 본질은 결국 문을 열어준 가정의 이야기다. 그들의 생활공간과 삶의 분위기, 저녁 식사 메뉴와 함께 집에 얽힌 다양한 사연이 시청자들이 가장 궁금해하는 부분이다. 하지만 <한끼합쇼>의 스포트라이트는 집주인보다 셰프의 능력에 더 맞춰졌고, 이에 따라 처음 의도했던 주제 의식이 흐려졌다. 물론 넷플릭스의 <흑백요리사>가 대성공을 거둔 이후 요리 콘텐츠에 대한 관심이 높아졌기 때문에 화제성 몰이의 측면에서는 좋은 시도였다고 생각한다. 그러나 <한끼합쇼>는 ‘토크’와 ‘요리’, 두 가지 이야기로 주제가 양분되었고, 최종 방영분에서도 두 주제가 잘 융화되었다기

---

3 “Stackla Report: Post-Pandemic Shifts in Consumer Shopping Habits” (2021.8.11), Business Wire, https://www.businesswire.com/news/home/20210811005194/en.

보다는 셰프의 요리 파트가 강조되었다는 느낌을 지울 수 없다.

또한 주방을 보여준다는 것의 부담감을 간과했다는 점은 <한끼합쇼>의 결정적인 패착이다. 다른 곳과 달리 주방은 집에서 가장 내밀한 공간이다. 유명 셰프가 요리해 주는 장면이 방송의 핵심이기에 자연스럽게 주방을 공개할 수 있어야 방송에 응하는 것이 가능했다. 이에 따라 발생하는 심리적인 문턱은 방송에 응하는 대상을 한정해 버렸다. 결과적으로 방송에 출연할 만큼의 여유와 시간이 있고 깔끔한 주방을 공개하는 데 부담이 없는 중산층 이상의 가정으로 범위가 좁혀졌고, 이는 프로그램이 보여줄 수 있었던 서사의 다양성을 크게 해쳤다. 대표적으로 7월 10일에 방영된 성북동 편은 이 문제를 적나라하게 보여준다. 초인종을 누르는 대부분의 집은 한국 사회의 평균 주택 수준보다 높았으며 최종적으로 초대에 응한 집은 시청자들이 공감하기 어려울 정도로 부유한 집이었다. 이는 <한끼합쇼>가 말한 이웃들의 문을 허물겠다는 슬로건을 무색하게 만들었다. 시청자들이 저들을 '이웃'으로 보지 않을 것이기에 그 어떤 공감대도 형성되기 어려웠을 것이다. 결과적으로 <한끼합쇼>는 시대의 흐름을 정확히 읽었지만, 그 흐름을 담아내는 그릇이 발목을 잡은 프로그램으로 요약할 수 있다.

그럼에도 <한끼합쇼>가 의도했던 도전이 앞으로의 방송 프로그램이 지향해야 할 방향이라는 점은 부정하기는 어렵다. 이제 시청자들은 더욱 엄격한 잣대로 진솔한 장면, 진정성 넘치는 서사를 방송국에 요구할 것이다. 유튜브 쇼츠, 인스타 릴스를 필두로 한 사용자 제작 콘텐츠는 양적으로 기존 미디어를 압도할 만큼 쏟아지고 있으며, 이는 거스를 수 없는 시대의 변화다. 비록 상업적인 실패를 거뒀지만 <한끼합쇼>는 '진정성'이라는 방송계의 미래 방향을 보여주었다는 점에서 그 의의를 찾을 수 있겠다.

입 선

제28회 좋은 방송을 위한 시민의 비평상

길 위의 철학에서 스튜디오의 권력으로

〈유 퀴즈 온 더 블럭〉의 진화와 방송문화적 딜레마

문종호

1. 우연히 탄생한 토크쇼와 '평범함'의 재정의

tvN의 예능 프로그램 <유 퀴즈 온 더 블럭>(이하 〈유 퀴즈〉)은 단순히 성공한 프로그램을 넘어, 한국 미디어 환경의 중대한 전환을 반영하는 하나의 문화적 텍스트로 자리매김했다. 이 프로그램의 핵심적인 변화, 즉 팬데믹으로 인해 강제된 길거리 즉석 인터뷰에서 기획된 스튜디오 토크쇼로의 전환은 단순한 제작 방식의 변경이 아니었다. 그것은 이데올로기적 변혁이었다. 이러한 변화는 프로그램을 전례 없는 인기와 영향력의 반열에 올려놓았지만, 동시에 근본적인 딜레마를 낳았다.[1] 진솔

1 "'유퀴즈' 코로나19에 바꾼 토크쇼 포맷이 호재되나", 뉴스앤, 2020년 7월 30일 자; "'유퀴즈온더블럭', 길거리 아닌 스튜디오 촬영으로 변경… 코로나19 여파", TV리

하고 평범한 삶을 조명한다는 프로그램의 설립 정신과, 대중 소비를 위해 인간의 서사를 선별하고 검증하며, 때로는 이상화하는 강력한 미디어 기관으로서의 새로운 현실이 충돌하게 된 것이다.

본 비평은 사용자가 제시한 두 가지 핵심적인 분석 틀을 기반으로 <유 퀴즈>를 심층적으로 탐구하고자 한다. 첫째, 포맷 진화가 갖는 방송 문화적 의미를 분석하고, 둘째, 공익적 역할에 대한 대중의 기대와 점증하는 셀러브리티 중심주의 사이의 내재적 긴장을 고찰한다. 분석 대상 기간은 공모전 규정에 따라 2024년 7월부터 2025년 8월까지 방영된 내용에 초점을 맞춘다. 특히 이 기간에 발생한 고(故) 오요안나 MBC 기상캐스터 관련 논란은 프로그램의 제도적 권력이 현실 세계에 미치는 심대한 영향을 탐색하는 중요한 사례 연구로 활용될 것이다.

'좋은 방송'과 '시청자 권익 증진'을 목표로 하는 '시민의 비평상'의 취지에 따라, 본 비평은 과거 수상작들이 보여준 미디어 윤리와 사회적 재현에 대한 성찰의 계보를 잇고자 한다. <유 퀴즈>의 변화는 제작 환경의 제약에 대한 불가피한 대응이라는 일반적인 서사를 넘어설 필요가 있다. 팬데믹은 단지 물류적 장애물이 아니라 이데올로기적 촉매제였다. 코로나19는 비효율적이고 '구조적 문제'를 내포하던 길거리 포맷에서 벗어날 완벽한 명분과 기회를 제공했다. 프로그램의 폭발적인 성공은 포맷 변경에도 불구하고가 아니라, 바로 그 변경 덕분이었다. 사회적 고립 속에서 대중이 인간적 연결을 가장 갈망하던 시기에, <유 퀴즈>는 정제되고 신뢰할 수 있으며 감성적으로 강력한 형태의 인간관계를 제공하며 시대의 요구에 정확히 부응했다.

포트, 2020년 3월 3일 자.

2. 포맷의 진화: '만남'에서 '선별'로

1) 길의 시학(詩學): 우연성과 여과되지 않은 목소리의 예찬

<유 퀴즈> 초기 시즌(시즌 1~2)의 매력은 진정성과 우연성에 기반했다. 제작진의 의도가 최소화된 길 위에서, 평범한 공간 속 비범한 이야기를 '우연히' 발견한다는 약속이 프로그램의 핵심이었다. 핵심 가치는 MC와 시민 사이의 상호작용 그 자체였으며, 이는 평범한 시민을 주인공으로 만드는 유재석의 독보적인 공감 능력 덕분에 가능했다. <유 퀴즈>는 섭외가 아닌 우연한 만남을 통해, 모든 사람의 삶에는 귀 기울일 만한 이야기가 있다는 철학을 시청자에게 증명해 보였다. 길 위의 대화는 예측 불가능했고, 때로는 산만했지만 바로 그 점이 꾸며내지 않은 '날것'의 감동을 선사했다. 퀴즈는 대화의 매개체였을 뿐, 프로그램의 본질은 예기치 못한 만남이 주는 따뜻함이었다.

2) 스튜디오의 건축학: 주제 중심 큐레이션의 부상

스튜디오로의 이전은 단순한 배경의 변화를 넘어, 프로그램의 작동 논리를 근본적으로 바꾸었다.[2] 이는 '발견'의 논리에서 '선별(Curation)'의 논리로의 전환을 의미했다. 이제 제작진은 매주 설정된 주제에 부합하는 인물을 사전에 물색하고 검증해 섭외하는 문지기(gatekeeper) 역할을 수행한다. 이 방식은 더 깊이 있고 구조화된 이야기 전개를 가능하게 했

---

2 "'유 퀴즈 온 더 블럭' 코로나19 영향, 스튜디오 촬영으로 포맷변경", iMBC 연예, 2020년 3월 3일 자.

지만, MC와 출연자 사이의 권력관계를 재편했다. 서사는 더 이상 길 위에서 함께 만들어지는 것이 아니라, 스튜디오 안에서 사전에 기획되고 연출된다.

이러한 변화는 '진정성'이 자발적 속성이기보다 정교하게 생산되고 관리되는 미학으로 변모하는 최근 미디어 트렌드를 반영한다. 이제 <유 퀴즈>의 포맷은 다른 토크쇼와 유사해졌으며, 이는 프로그램 고유의 정체성에 관한 질문으로 이어진다. 과거의 <유 퀴즈>가 '당신의 평범한 삶이 곧 특별함'이라고 말했다면 현재의 <유 퀴즈>는 '이 사람은 특별하기에 우리가 선택했다'라고 말한다. 이 미묘하지만 결정적인 차이는 프로그램의 기능을 재현(representation)에서 검증(validation)으로 이동시켰다. 프로그램에 출연한다는 것 자체가 하나의 강력한 사회문화적 인증마크가 된 것이다. 유명인, 정치인, 기업가들이 앞다투어 출연을 원한 이유는 단순히 자신의 이야기를 하기 위함이 아니라, <유 퀴즈>라는 막강한 플랫폼이 부여하는 '긍정적 가치'를 획득하기 위함이다. 윤석열 대통령 당선인 출연을 둘러싼 정치적 논란과 다른 정치인들의 출연 요청 거절 사례는 이 '검증 기계'에 접근할 권한을 둘러싼 갈등이 얼마나 치열한지를 극명하게 보여준다.[3] 당시 시청자들의 거센 반발은 이 검증의 힘이 정치적 목적으로 사용되는 것에 대한 강력한 저항이었다.

---

3 강대호, "[강대호의 대중문화 읽기] 비상계엄과 '유퀴즈' 결방의 상관관계", 오피니언뉴스, 2024년 12월 7일 자; "'유퀴즈' 출연 요청 놓고 CJ·청와대 '진실 공방'"(뉴스공방), KBS News, 2022년 4월 22일 자; "尹당선인 출연 '유퀴즈' 시청률 4.4% … 시청자 의견 글 1만여개", 연합뉴스, 2022년 4월 21일 자.

3) 영향력이라는 양날의 검: 공익성과 대중성의 충돌

(1) '선한 영향력'이라는 명제: 공감과 이해의 플랫폼

<유 퀴즈>가 한국 사회에 미친 긍정적 영향을 부인하기는 어렵다. 이 프로그램은 수많은 시청자에게 '위로'와 '교훈'의 원천이 되었다. 디지털 장의사부터 빌 게이츠와 같은 세계적 인물에 이르기까지, 다양한 삶과 직업을 조명함으로써 시청자의 공감대를 넓히고 시야를 확장하는 데 기여했다. 사회적으로 소외되거나 잘 알려지지 않은 목소리에 발언권을 부여하며 진정한 소통과 영감의 순간들을 만들어냈다. 평범한 사람들의 비범한 이야기를 통해, <유 퀴즈>는 각자의 자리에서 묵묵히 살아가는 삶의 가치를 재확인시켜 주는 순기능을 수행했다.

(2) 셀러브리티 헤게모니와 초심의 퇴색

그러나 프로그램의 영향력이 커질수록 초심은 희석되었다. 가장 큰 비판은 유명인 출연에 대한 과도한 의존이 프로그램의 근본적인 정체성을 침식한다는 점이다. 초기에는 일반인과 유명인의 조화가 돋보였다면, 시간이 흐를수록 균형은 유명인 쪽으로 급격히 기울었다. 특히 홍보 활동을 위해 출연하는 경우가 잦아지면서 프로그램이 거대한 홍보 플랫폼으로 전락했다는 비판을 피할 수 없게 되었다.

2024년 하반기부터 2025년 상반기까지의 출연자 명단을 살펴보면 이러한 경향은 더욱 뚜렷해진다. 배우 김태희, 밴드 DAY6, 방송인 강남과 전 스피드스케이팅 선수 이상화 부부 등 대중적 인지도가 높은 인물들이 연이어 등장했다. 이러한 변화는 초창기 팬들에게서 프로그램이 고유의 색깔을 잃고 여타 연예인 토크쇼와 다를 바 없어졌다는 아쉬움과 비판을 낳았다. 평범한 사람에게서 비범한 이야기를 찾던 프로그램이, 이제는 비범한 사람에게서 평범한 이야기를 듣는 데 만족하는 것처럼 보이기 시작한 것이다.

4) 이상화의 위험: 출연자 논란과 재현의 책임
(사례 연구: 고 오요안나 기상캐스터 비극)

<유 퀴즈>가 출연자를 '영감의 아이콘'이라는 이상적인 틀 안에 위치시키는 방식은 심각한 윤리적 위험을 내포한다. 법적 문제에 휘말린 금융 전문가, 알려지지 않은 개인적 논란을 가진 인물들 등 수많은 출연자 관련 논란은 제작진의 검증 시스템이 서사적 매력에만 치중할 뿐, 사실적·윤리적 엄밀성이 부족함을 반복적으로 드러냈다.

이러한 문제의 가장 비극적인 정점은 2025년 초에 불거진 고 오요안나 기상캐스터 사건이다.

① **출연과 이상화**: 고인은 2022년 말 방영된 170회에 성공한 전문직 여성이자 밝고 긍정적인 인물로 출연해 프로그램이 추구하는 이상적 서사를 완벽하게 구현했다.[4]

② **비극과 진실**: 그러나 2024년 9월 그녀의 사망 소식과 함께, 2025년 1월경 그녀가 <유 퀴즈> 출연 이후 오히려 직장 내 괴롭힘이 심화되었다는 충격적인 사실이 알려지면서 프로그램이 제시했던 이상화된 이미지는 산산조각 났다.

③ **삭제와 2차 가해**: 가장 큰 논란을 촉발한 것은 제작진의 후속 조치

---

4 "'유퀴즈' 故 오요안나 출연 회차 다시보기 서비스 중단", ≪한국경제≫, 2025년 1월 3일 자.

> 였다. 비극적 진실이 알려진 후, 모든 VOD와 스트리밍 플랫폼에서 고인이 출연한 170회차가 삭제된 것이다. 이 결정은 비평의 대상 기간 내에 이루어졌으며, 피해자의 존재를 지우는 행위이자 '2차 가해'라는 거센 비판을 불러일으켰다.[5]

고 오요안나 출연분의 삭제는 <유 퀴즈>의 '선별' 논리가 가장 극단적이고 비극적인 형태로 발현된 사례다. 한 출연자의 실제 삶이 프로그램의 '힐링'과 '감동'이라는 브랜드 서사에 담기에는 너무나 복잡하고 비극적이며 불편한 진실이 되자, 그 현실은 디지털 공간에서 제거되었다. 이 행위는 이야기꾼이었던 제작진을 자신들의 역사를 검열하는 검열관으로 변모시켰다. 이는 한때 자신들이 조명했던 한 인간의 기억보다 브랜드 이미지를 보호하는 것을 우선시한 결정이며, 프로그램이 지닌 제도적 권력의 어두운 단면을 명백히 드러낸다. 제작진이 의도하지는 않았을지라도, 그들의 선택은 결과적으로 고인의 마지막 흔적 중 하나를 지움으로써 그녀를 다시 한번 침묵시키는 결과를 낳았다.

3. 결론

1) 〈유 퀴즈 온 더 블럭〉의 '퀴즈'가 다시 물어야 할 것들

<유 퀴즈>는 현대 상업 방송이 직면한 핵심 딜레마의 축소판이 되었다.

---

5 "故 오요안나, '유퀴즈 출연분' 삭제·MBC 설부른 판단… '2차 가해' 논란", ≪문화일보≫, 2025년 1월 31일 자.

진정한 공익성 추구와 셀러브리티 문화, 시청률, 브랜드 관리라는 상업적 압박 사이의 끊임없는 갈등이 그것이다. 길 위에서 스튜디오로 이어진 여정은 민주적 스토리텔링의 철학에서 제도적 권력의 행사로 이동한 과정이었다.

2) '좋은 방송'으로 거듭나기 위해 〈유 퀴즈〉는 이제 다음과 같은 질문에 답해야 한다

① **출연자 구성의 재조정**: 설립 정신의 완전한 퇴색을 막기 위해, 방송 시간의 상당 부분을 비연예인, 일반 시민에게 의무적으로 할애하는 의식적인 노력이 필요하다. 이는 많은 시청자가 꾸준히 요구해 온 바이기도 하다.

② **윤리적 검증 강화**: 서사적 잠재력을 넘어, 모든 출연자에 대한 더 엄격하고 다층적인 윤리적 검증 절차를 도입해야 한다. 이는 향후 발생할 수 있는 논란을 최소화하고 시청자의 신뢰를 지키기 위한 최소한의 장치다.

③ **성인전(聖人傳)을 넘어선 복합성의 수용**: 출연자를 흠결 없는 영웅으로 이상화하려는 유혹에서 벗어나야 한다. 인간 삶의 복잡성과 모순을 그대로 인정하고 보여줄 때, 이야기는 더욱 진정성을 얻고 프로그램은 이상화된 이미지가 깨질 위험으로부터 자유로워질 수 있다.

④ **책임의 인정**: 고 오요안나 사건과 같은 비극 앞에서 '좋은 방송'이 나아갈 길은 삭제가 아닌 직면이다. 자신들이 다룬 서사가 현실의 비극과 교차할 때, 방송 이후에도 책임감 있게 관여하고 성찰할 수 있는 제도적 틀을 마련해야 한다.

프로그램의 제목에 담긴 '퀴즈'는 본래 우리 삶이 던지는 예기치 못한 질문들을 의미했다. 이제 <유 퀴즈>가 진정으로 '좋은 방송'으로 남기 위해 스스로에게 가장 어려운 질문들을 던져야 할 때다. 자신들이 휘두르는 권력의 무게는 얼마이며, 그에 따르는 책임은 무엇인지, 그리고 그들이 들려주기로 선택한 '사람 사는 이야기'의 진정한 의미는 무엇인지에 대하여 말이다.

입 선

좋은 방송을 위한 시민의 비평상

낭만이 사라진 시대, 기록이 전하는 힘

〈다큐멘터리 3일 특별판 어바웃타임: 10년 전으로의 여행 72시간〉

박소희

들어가며: '여행' – 시공간을 넘어 서사가 되기까지

인천국제공항공사가 보도한 자료에 따르면, 인천공항의 2024년 여객 실적이 7066만 9246명을 기록하며 2001년 국제선 여객 개항 이후 역대 최다 이용객 실적을 기록했다고 한다.[1] 지금으로부터 10여 년 전 대학생 시절 인천공항에서 아르바이트했었던 때 역시 인천공항 국제선 최다 이용객 기사를 보고 밀려오는 손님들을 맞이했던 기억이 선명한데, 인천공항 최다 이용객 수는 매해 갱신되는 듯하다. 그도 그럴 것이 이름만 들어도 가슴 설레게 하는 이름, 여행이니까. 대한민국 국민들은 여행에 미

1 인천공항 정책연구팀, 「인천공항공사, 개항 이후 최초로 국제여객순위 세계 3위 달성」(인천공항 보도자료, 2025.4.20).

친 사람들이라는 우스갯소리가 있듯 방송 프로그램의 스테디셀러 키워드 역시 '여행'이 아닌가 싶다. 시각적인 요소로 전달되는 방송 특성상 여행이라는 아이템은 시청자에게 가닿기 좋은 아이템인 덕에 한 카테고리 안에서도 각기 다른 템포의 변주를 준 새로운 여행 프로그램이 무수히 쏟아져 나왔고, 특히나 예능 쪽에서는 연애 프로그램과 더불어 여행 예능 전성기의 시대가 도래했다. 2025년 한 해도 <니돈내산 독박투어 4>, <공동여행경비구역>, <뚜벅이 맛총사>, <위대한 가이드 2>와 같은 여행 예능이 그 명맥을 이었다. 하지만 대부분의 여행 예능이 맛집 투어, 해외여행이라는 반복되는 포맷과 유명 연예인의 출연을 답습하며 지속적으로 소비된 결과, 결국 시청자들은 비슷한 방송 트렌드에 피로감을 느낄 수밖에 없을 터였다. 하지만 이런 방송계의 흐름과 정반대 방향으로 향하는 프로그램이 나타났으니, 그것도 정규 방송이 아닌 특집 편성으로.

이 프로그램은 누군가를 웃기기 위해 특별한 설정을 넣지도, 줄 서서 기다려야 하는 맛집을 가지도, 커다란 제작비를 들여 해외로 나가지도 않는다. 게다가 유명 연예인이나 인플루언서가 나오지도 않는다. 그저 일상 속 어딘가에 존재하는 누군가와 함께 흘러갔던 시간 속으로 여행을 떠날 뿐. 추억이 담긴 과거로의 회귀 그리고 낭만을 지켜가는 여정을 소박하게 담아내기로 선택한 이 프로그램은 바로 <다큐 3일 특별판 어바웃타임: 10년 전으로의 여행>(이하 <다큐 3일 특별판>)이다.[2] <다큐 3일>은 '특정한 공간'과 '제한된 72시간'에서 벌어지는 상황과 자연스러운 일상을 세밀하게 관찰, 기록함으로써 우리 시대의 자화상을 따뜻한

2 "프로그램 정보", KBS, https://program.kbs.co.kr/2tv/culture/3days/pc/index.html(검색일: 2025.9.6).

시각으로 그려내고자 한다는 제작 의도 아래, 716회에 걸쳐 다채로운 삶의 기록을 남긴 채 22년 3월 13일 '길 위에서 돌아보다'라는 방송을 끝으로 안녕을 고했다. 3년 5개월간 방영이 종료됐던 <다큐 3일>의 시간이 다시 흐르기 시작한 건 한 여대생이 무심코 건넨 사소한 약속에서 출발한다. 2025년 8월 그리고 2015년 8월. 지금으로부터 10년 전, '내일로 기차여행 72시간' 편을 위해 제작진은 기차를 타고 어디론가 훌쩍 떠나는 청춘들의 모습을 카메라에 하나둘 담았다. 일정이 막바지에 다다를 무렵 제작진은 안동역에서 두 여학생을 만나게 되는데, 그중 한 여학생이 홀로 촬영하던 VJ에게 약속 하나를 건넨다. 10년 뒤 오늘, 이 자리 안동역에서 7시 48분에 다 같이 다시 만나자고. 그렇게 안동역 앞에 모인 세 사람의 우연한 만남은 새로운 에피소드의 시작이 되었다.

어쩌면 빛바랜 기억으로 남아 점차 휘발되었을 세 사람의 조우를 <다큐 3일 특별판>은 어느 모서리도 훼손하지 않은 채 보관하고 있다가 한 편의 이야기로 재탄생시킨다. 그리고 그 과정에 사람들을 기꺼이 초대한다. 이 지점에서 우리는 다큐멘터리가 가진 매력, 모든 기록은 서사가 될 수 있다는 점을 선명하게 느낄 수 있다.

이번 '특별판'의 서사와 구성 방식을 따라 다큐멘터리가 가진 힘을 살펴보려 한다.

'몰입': 감정의 연대를 끌어내다

다큐멘터리 제작은 대개 일정한 목적을 갖고 만든다. 사실에 입각한 기록을 통해 공감과 위로, 성찰과 같은 다양한 정신적 울림을 만들어내고, 더 나아가 공동체적 연대와 사회적 담론을 끌어낸다. 이는 사회의 구조적인 변화를 모색하는 촉발제의 역할을 하기도 한다.

<다큐 3일 특별판 >이 방영된 후, 파급력은 가히 대단했다. 방송 시청률은 2.4%에 그쳤지만 KBS 방송 유튜브에 올라온 편집본은 250만 회를 웃돌며 높은 화제성을 보여주었고, 유튜브 댓글 창에는 현 방송 시류를 안타까워하는 반응부터 돌아올 수 없는 옛 추억을 끄집어내며 그리움을 말하기까지 다양한 반응이 줄을 이었다. 마치 흩어져 있던 목소리가 하나의 길로 모여 합창이 되는 것처럼 시청자들은 거대한 공동체가 되어, 공감하고 웃고 울었다. 어른들은 동화를 믿지 않지만 이번에는 믿고 싶었을 것이다. 사람들은 화면에 남은 찰나의 순간을 보며, 낭만을 꿈꿨을 것이다. 작은 약속이 꼭 이뤄지기를, 세 사람의 재회가 사람 간의 관계를 가벼이 여기는 세상을 잠시나마 희석해 주길 소망하면서. 그렇게 시청자들은 세 사람의 이야기 속으로 빠져들었다. 그리고 타인을 응원하던 제삼자의 관점에서 점차 주인공이 되어갔다. 이것이야말로 감정의 연대 아니던가. 이는 다큐멘터리의 제작 목적에 부합하는 결과였다.

고대 그리스 수사학에는 파토스(Pathos)라는 개념이 있다. 설득의 세 가지 방법 중 하나로서, 청중의 감정을 자극해 정서적인 반응을 유도하는 파토스는 상대방의 공감과 동요를 이끌어낸다. 이 파토스처럼 <다큐 3일 특별판>은 다큐멘터리만이 풀어낼 수 있는 서정성과 기록의 영속성을 십분 활용해 구성에 녹여내며, 옷감에 물방울이 스며들 듯 천천히 시청자가 정서적으로 몰입할 수 있도록 유도한다. 이를 위해 <다큐 3일 특별판>이 사용하는 하나의 장치로 과거와 현재를 교차, 배치하는데, 이런 화면 구성은 시공간을 뛰어넘어 시간여행을 하는 듯한 착각을 선사한다.

도입부를 보자. 72시간 여정의 본격적인 시작은 서울역이다. 제작진은 플랫폼에서 기차를 기다리는 두 소녀를 만나게 되고, 그들이 언제나 그랬던 것처럼 인터뷰를 요청한다. 청춘 여행의 첫 출발을 담은 이 장면은 현재의 시공간에 존재하는 시청자가 제작진이 설정한 주제 안으로 발을 내딛도록 돕는 역할을 한다. 제작진은 바로 뒤이어 10년 전의 방영된 '내일로 기차여행 72시간' 편의 여러 조각을 배치한다. 삼삼오오 모여 기차 바닥에 앉아 목적지로 향하는 대학생들의 모습을, 그리고 여행지에서 웃음꽃이 핀 두 소녀를 보여주며 시청자를 과거의 시공간으로 데려다 놓는다. 이 장면에서 시청자 또한 자신의 때 묻지 않았던 봄날의 기억이 필름처럼 스쳐 지나가면서 감정적 몰입을 경험하게 된다. 이러한 교차 편집 장면은 추억을 환기하고, 공동체적 공감을 촉발하는 매개체인 셈이다.

뒤이어 방송의 마지막 부분에서도 같은 방식을 사용해 시간의 대비를 보여주는데, 특히 문학적 표현 기법인 수미상관을 차용해 다큐멘터리 문법에 녹여낸 점이 인상 깊다. '내일로 기차여행 72시간' 편에 나온 출연자들을 수소문한 제작진은 10년 뒤 현재를 살아가는 출연자와 10년 전 과거의 모습을 보여주며 <다큐 3일 특별판>을 마무리 짓는다. 이 같은 표현 방식은 작품의 완결성을 높임과 동시에 감정의 고조를 이끌어내 다큐멘터리의 서정성이 드러나도록 만든다. 서정성과 더불어 기록의 영속성도 엿볼 수 있지 않을까. 옛 시절의 사람과 풍경과 생활 방식이 오롯이 담겨 있는 기록은 영원하기에 <다큐 3일>을 넘어 다큐멘터리가 차곡차곡 쌓아온 아카이빙의 과정은 시대를 기억하고, 추억하고, 정서를 나눈다. 이것이 우리가 다큐멘터리를 보는 이유 중 하나이리라.

'진정한 리얼리티': 사람을 조명하다

휴먼 다큐멘터리는 사람에게 집중한다. 내 주변에서 오가며 볼 수 있는 우리네 삶을 담았기에, '당신'만이 갖고 있는 이야기를 풀어내기에. 우리는 화면 밖에서도 다양한 인간 군상이 건네는 서사를 생생하게 경험할 수 있다.

KBS의 대표 휴먼 다큐멘터리였던 <다큐 3일>의 기조를 이어받아 <다큐 3일 특별판> 또한 사람 중심의 구성을 놓치지 않기 위해 노력한다. 이 같은 구성을 위해 <다큐 3일 특별판>은 다큐멘터리에서 가장 많이 사용하는 표현 방식인 인터뷰를 적극적으로 응용한다. 한 청년의 아침 모임을 따라가 보기도 하고, 세 사람의 약속과 안동역의 재회에 관해 대화를 나누는 모임을 만들기도, 야구장에 찾아가 보기도, 어느 가게에 들어가 보기도 하며 끊임없이 새로운 만남을 열어감과 동시에 프로그램의 주제와 관련된 질문을 시민들에게 던진다.

"저희가 다시 만날 수 있을까요?", "당신의 낭만은 무엇인가요?", "시간을 되돌려 돌아간다면 언제로 다시 돌아가고 싶으세요?", "어머니, 아버지 낭만 가득하던 그 시절 이야기를 들은 적 있나요?"라고. 약속을 이루고 낭만을 지켜가는 과정에 시민들과 함께하고자 하는 목적이 명확하기에 다소 작위적인 면모가 보이기도 한다. 의도가 들어 있는 질문은 의도대로 대답하기 마련이니까. 사람들은 이와 같은 질문에 제작진이 의도했던 것처럼 안동역의 재회에 응원을 건네고, 자신만이 가진 낭만을 이야기한다. 하지만 어떤 이는 자신에게 낭만 같은 건 없다며 모두가 함께 가고자 했던 방향과는 다소 거리감이 있는 대답을 내놓기도 한다. 그런데 여기서 제작진은 어떠한 개입도 없이 모든 사람의 목소리를 있는 그대로 수용하며 방송에 내놓는다. 제작진의 과도한 개입을 지양하면서 리얼리티의 미학을 추구하는 다큐멘터리의 본질을 무너뜨리지 않고, 연출과 리얼리티의 조화와 균형을 이뤄낸 것이다. 또한 다양한 사람들과의 대화 그 자체에 전념하는 시도로 휴먼 다큐멘터리의 장르적 재미를 설득력 있게 풀어냈다.

'여운': 울림이 공명하는 결말

방송통신위원회가 발표한 '2024 방송매체 이용행태조사'에 따르면 OTT 이용자 비율은 79.2%로 22년에 비해 7.2%가 증가하며 지속적으로 상승해 왔다는 점을 알 수 있다.[3] 사람들이 주로 이용하는 OTT 서비스 유형으로는 숏폼(70.7%)과 OTT 자체 제작 프로그램(54.3%)으로 현재 시청자가 선호하는 방송프로그램의 형태를 가늠해 볼 수치를 확인할 수 있다.[4] 한데 OTT의 경우, 방송법상 규제를 받는 지상파 및 케이블 방송과 달리 해당 법에 적용을 받지 않아 프로그램 제작에서 보다 자유로운 표현과 창작을 할 수 있는 특징이 있다. 이런 이유로 우리에게 양질의 다양한 선택지가 펼쳐진 만큼이나 선정성 혹은 폭력성을 띠거나 자극적인 내용이 주를 이루는 콘텐츠를 만날 기회 역시 많아졌다.[5] 팝콘 터지듯이 강렬한 자극에만 뇌가 반응하는 현상을 빗댄 '팝콘 브레인'이라는 개념까지 나오며 도파민 과잉 자극에 대한 걱정을 내비치는 현 시류에 <다큐 3일 특별판>은 따스한 시사점을 안겨준다.

<다큐 3일 특별편>에는 극적이고 고조된 카타르시스는 없었다. 하지만 잔잔한 여운은 남겼다. 두 소녀와 10년 후 안동역에서 다시 만나자는 약속을 한 제작진은 촬영 72시간이 되던 아침, 이제는 30대가 된 두 친구를 기다린다. 안동역을 폭발하겠다는 협박 속에서도 묵묵히 기약이 이

---

3 방송통신위원회, 「매체 이용행태 분석」, 『2024 방송매체 이용행태조사』(2025.1.15), 145쪽.

4 찾기 쉬운 생활 법령정보, https://www.easylaw.go.kr/CSP/Main.laf(검색일: 2025.9.6).

5 "[keyword로 읽는 과학] 더 큰 자극에만 반응하는 '팝콘 브레인'", KiSTi의 과학향기, 2014년 5월 26일 자.

루어지기를. 결과적으로 한 친구는 해외 이민으로 약속 장소에 나오지 못했지만, 남은 한 명의 약속 당사자를 만나게 된다. 이 과정을 보여줌에 제작진은 직설적인 방식을 택하지 않는다. 많은 사람의 시선과 기대에 버거울 출연자를 위해 요청에 따라 카메라를 끄고 까만 화면 위 목소리와 자막, 일러스트로 재회의 순간을 화면에 그려내며, 72시간 여정의 끝에 여운을 남겼다. 혼자가 아닌 모두와 함께했기에 100%가 아닌 50%의 결말일지라도 깊은 울림을 준 <다큐 3일 특별판 어바웃타임>. 다시 오지 않을 청춘에 대한 그리움과 낭만을 지켜내길 원하는 응원의 연대는 사랑이 메마른 사회를 위해 불가결한 요소가 아닐까.

나가며

무더위가 기승을 부리던 이번 여름에는 문득문득 바다가 떠오른다.

바다 향이 실린 청풍과 함께 멀찍이 트인 수평선을 바라보고 있으면 해방감을 느낄 수 있기에. 이런 바다를 사람들에게 그려보라고 하면 사람들은 단골 가게에 들르듯 푸르른 파란색을 선택한다. 대부분 파란 색감으로 묘사되는 바다는 심해로 내려갈수록 칠흑같이 어두워지고 캄캄해진다는 점은 잘 알려진 사실인데, 그럼에도 심해에는 생명이 살아간다. 그것도 아주 많이. 바로 스스로 빛을 내며 살아가는 발광 생물이다. 빛은 심해라는 세상 속 소통의 한 형태로 발광 생물이 저마다의 방식으로 삶을 꾸려가게 도와주는 역할을 한다. 어찌 보면 발광 생물은 빛이라는 생존 수단을 통해 자신의 존재감을 설파하며, 보이지 않는 곳에 있지만 자신들이 이 세상의 구성원임을 알리는 것만 같다. 어쩌면 다큐멘터리의 정체성도 어둠 속에서 반짝이는 빛과 닮았다는 생각이 든다. 나름의 자아를 지켜가며, 사회를 밝혀가는 빛 같은 존재랄까.

2025년 8월의 어느 날, 종영한 <다큐 3일>을 특집 편성으로 만나 반가웠다. <다큐 3일> 종영 후, 우리네 삶을 가까이서 볼 수 있는 창구가 사라져 많이 씁쓸했고, 오랜 친구가 떠나간 것 같은 마음에 쓸쓸했다. 하지만 오늘의 시도가 또 다른 시작점임을 보여줬기에 다시금 더 나은 프로그램으로 돌아올 수 있을 것이라 의심치 않는다. 앞으로 다가올 미래에 방송의 가치를 풍성히 담아낼 만한 다큐멘터리가 다채로이 제작되길 바라며 아쉬운 마음을 달랜다.

숫자를 얼굴로, 통계를 눈물로 바꾼 방송

EBS 다큐멘터리 〈초저출생: 골든타임〉

박예선

1. 서론

숫자는 언제나 차갑습니다. 뉴스 속에서 반복되는 "합계출산율 0.72명, OECD 최하위"라는 문장은 익숙할 만큼 많이 들었지만, 제게는 늘 피부에 와닿지 않는 통계에 불과했습니다. 그러나 어느 날, 지하철 광고판에 붙어 있던 "출산율 0.7명, 대한민국의 미래가 사라지고 있습니다"라는 문구가 눈에 들어왔습니다. 그 순간 제 마음은 묘하게 무거워졌습니다. 단순한 숫자가 아니라, 제 세대가 살아갈 내일을 암시하는 메시지였기 때문입니다. 저출생 문제는 흔히 청년 세대의 '결혼 기피' 혹은 '출산 기피'로 설명되고는 합니다. 그러나 저 역시 한 청년으로서 체감하는 현실은 다릅니다. 결혼을 하고 싶어도 집값이 발목을 잡고, 아이를 낳고 싶어도 돌봄과 일자리 불안이 가로막습니다. 실제로 제 친구는 신혼집 전세

대출이 막혀 결혼을 미루고 있고, 직장에 다니는 제 언니는 아이를 낳을 지 말지 고민하며 밤마다 한숨을 쉽니다. 저출생은 단순히 청년만의 문제가 아닙니다. 부모 세대에게는 "언제쯤 손주를 볼 수 있을까"라는 안타까움으로, 아직 태어나지도 않은 다음 세대에게는 "존재할 수 있을까"라는 절박한 질문으로 다가옵니다. 그런데도 기존 방송에서 저출생 문제를 다루는 방식은 한계가 많았습니다. 대체로 짧은 뉴스 리포트나 토론 프로그램에서 단편적으로 다뤄졌고, 숫자와 정책을 나열하는 데 그쳤습니다. 시민인 제가 그 방송을 보며 체감한 것은 "알겠지만, 여전히 나와는 거리가 있다"는 느낌이었습니다. 문제의 심각성은 이해했으나, 제 삶과 연결되지 않았던 것입니다.

그러나 EBS 다큐멘터리 <초저출생: 골든타임>(2024년 11~12월 방영, 총 6부작)은 달랐습니다. 이 다큐멘터리는 저출생을 하나의 숫자가 아니라 사람의 얼굴, 목소리, 그리고 눈물로 풀어냈습니다. 청년의 불안, 부모 세대의 한숨, 아이를 맡기고 출근하는 워킹맘의 눈물이 화면에 담겼을 때, 저는 그것이 곧 저와 제 가족, 제 친구들의 모습임을 깨달았습니다. 특히 인상 깊었던 것은 방송이 던진 질문이었습니다. 대부분의 담론은 "왜 낳지 않는가?"라는 질문에 머무릅니다. **하지만 이 다큐멘터리는 달랐습니다. "왜 낳을 수 없는가?"라는 근본적 질문을 던졌습니다.** 이는 저출생을 개인의 '이기심'이나 '무책임'으로 몰아가는 사회적 편견을 넘어, 구조적 모순과 제도의 결핍을 직시하게 만들었습니다. 시민인 저에게 이 방송은 단순한 다큐멘터리가 아니라, 삶을 비추는 거울이자 나의 현실을 묻는 질문의 장이었습니다.

EBS에서 이 프로그램을 제작한 것도 특별한 의미를 지닙니다. 요즘 방송계는 웃음과 자극으로 시청률 경쟁을 벌이는 것이 일반적입니다. **그러나 이 다큐멘터리는 오히려 가장 불편한 현실을 꺼내들었습니다.** 저는 시청자로서 "이 선택은 곧 방송의 공공성을 증명하는 행위"라고 느꼈습니다. 방송이 단순히 흥미와 오락의 공간이 아니라, 사회적 의제를 공론화하고 시민의 권익을 대변하는 공적 장치가 될 수 있음을 확인한 순간이었습니다. 저출생 문제는 어느 한 세대만의 문제가 아닙니다. 청년이 아이를 낳을 수 없는 현실은 곧 부모 세대가 노년기에 맞닥뜨릴 돌봄 공백과 연결됩니다. 동시에 지금 태어나지 못한 아이들은 곧 사회 전체의 지속 가능성을 위협합니다. <초저출생: 골든타임>은 바로 그 점을 정확히 짚어내며, 시민 모두에게 "이건 너의 문제이자 우리의 미래"라고 말했습니다. 따라서 본 비평문은 한 명의 시민이자 청년으로서, 이 방송을 통해 느낀 점과 생각한 바를 정리하고자 합니다. 저는 이 글에서 프로그램의 장점과 한계를 시민적 시각으로 분석하고, 나아가 방송이 앞으로 어떤 역할을 해야 하는지 제언하고자 합니다. **왜냐하면 좋은 방송은 단순히 시청하는 것이 아니라, 우리 사회를 움직이는 촉매가 되어야 하기 때문입니다.**

2. 본론

1) 방송 속 장면과 내 삶의 교차

저출생이라는 거대한 사회 문제는 숫자와 보고서로는 피부에 와닿지 않습니다. 그러나 <초저출생: 골든타임>은 이 문제를 개인의 삶 속에서 끌어냈습니다. 첫 회에서 한 청년이 카메라 앞에서 "아이를 낳는 건 제 사전엔 없어요"라고 말했을 때, 저는 그 순간을 단순한 발언으로만 듣지 않았습니다. 실제로 한국의 합계출산율은 2023년 0.72명으로 OECD 최하위였고, 방송은 그 수치를 한 청년의 얼굴과 목소리로 구현했습니다.

그 장면은 저와 제 친구들의 대화와 겹쳤습니다. “결혼은 하더라도 아이는 꿈도 못 꾼다”라는 말은 더 이상 농담이 아니라, 우리 세대의 현실이었기 때문입니다.

또한 새벽마다 아이를 맡기고 출근하는 워킹맘의 장면은, 바로 제 언니의 삶과 겹쳤습니다. 아침마다 초조한 얼굴로 아이를 어린이집에 맡기고, 다시 숨 가쁘게 직장으로 향하는 언니의 모습을 저는 직접 보아왔습니다. 방송 속 피곤에 젖은 어머니의 표정은 누나의 현실을 그대로 대변했습니다. 방송은 이처럼 시청자의 삶과 화면 속 현실을 교차시킴으로써, 저출생 문제를 제 삶 안으로 끌어왔습니다.

특히 “이 아이를 낳은 게 죄일까요?”라고 말하며 울먹이는 한 어머니의 목소리는 여전히 제 귀에 남아 있습니다. 그 고백은 수많은 통계 수치보다도 강력한 증언이었습니다. 방송은 차갑던 숫자를 인간의 절규로 바꾸었고, 시청자인 저를 단순한 관찰자가 아니라 함께 책임져야 할 사회의 일원으로 서게 만들었습니다.

여기에 일본의 사례가 대비되며 충격은 배가되었습니다. 일본은 이미 초저출생 위기를 겪은 경험을 토대로 국가가 보육과 돌봄을 제도적으로 책임지고 있었습니다. 반면 한국은 여전히 청년과 가족에게만 짐을 지우고 있었습니다. 방송은 단순히 ‘다른 나라의 사례’를 보여준 것이 아니라, “우리는 왜 여전히 제자리인가?”라는 질문을 시민 모두에게 던졌습니다.

2) 방송의 공공성: 불편한 진실을 직시하다

출생 문제는 정치적 이해관계나 시장 논리로는 쉽게 다루기 어려운 주제입니다. 따라서 방송이 이를 깊이 다룬다는 것 자체가 쉽지 않은 선택입니다. 그러나 <초저출생: 골든타임>은 바로 그 어려운 길을 택했습니다. 방송은 불편한 현실을 피하지 않았습니다. 대부분의 언론은 '왜 낳지 않는가?'라는 개인 책임의 프레임을 강조했지만, 이 다큐멘터리는 '왜 낳을 수 없는가?'라는 구조적 질문을 던졌습니다. 이 차이는 결정적이었습니다. 개인의 이기심으로 문제를 환원하던 사회적 편견에서 벗어나, 제도와 구조가 낳은 현실을 직시하게 했기 때문입니다.

공영방송 EBS가 이 주제를 선택한 것도 큰 의미가 있습니다. 오락과 자극으로 시청률을 겨루는 시대에, 오히려 가장 불편한 현실을 꺼내들었다는 점은 방송의 공공성을 증명했습니다. 저는 시청자로서 "공영방송이 시민을 위해 목소리를 낼 수 있음을 다시 확인했다"는 안도감을 느꼈습니다. 결국 이 선택은 방송이 단순한 산업이 아니라 사회적 책임을 지는 공적 제도라는 사실을 재확인시켜 주었습니다.

3) 시민의 눈으로 본 장점과 한계

저는 시민이자 청년 세대로서 이 방송을 보며 두 가지 상반된 감정을 동시에 느꼈습니다. 한편으로는 가슴 깊은 울림을, 또 한편으로는 분명한 아쉬움을, 그렇기에 이 글에서는 그 장점과 한계를 시민의 시각에서 분석적으로 정리하고자 합니다.

(1) 장점

① 개인의 삶을 통해 드러낸 사회구조

방송은 숫자와 그래프가 아니라 사람의 얼굴에서 이야기를 시작했습니다. "아이를 낳는 건 사치"라는 청년의 말은, 통계 속 0.72라는 합계출산율이 단순한 숫자가 아니라는 사실을 제게 강하게 각인시켰습니다. 저 역시 친구들과 "결혼은 가능해도 아이는 엄두가 안 난다"라는 대화를 수없이 나눴기에, 그 장면은 곧 제 이야기가 되었습니다. 방송은 이렇게 개인의 목소리를 통해 구조적 문제를 드러내는 힘을 보여주었습니다.

② 공공성을 실현한 공영방송의 용기
웃음과 자극으로 시청률을 겨루는 시대에, 가장 불편한 현실을 꺼낸 선택은 방송의 공공성을 증명했습니다. 저는 시청자로서 "EBS는 아직도 시민의 권익을 위해 목소리를 낼 수 있구나"라는 안도감을 느꼈습니다. 이는 단순히 한 편의 다큐가 아니라, 공영방송이 존재해야 하는 이유를 다시 확인시켜 준 사례였습니다.

③ 비교 사례와 데이터 시각화의 효과
일본의 변화된 보육 정책과 한국의 현실을 교차 편집한 장면은 저에게 큰 충격이었습니다. 동시에 데이터 시각화는 통계를 직관적으로 보여주어, 시민 누구나 이해할 수 있도록 돕는 역할을 했습니다. 부모님 세대와 함께 방송을 보며 "이제는 숫자가 아니라, 그림으로 보니 더 무겁게 다가온다"라는 말을 들었을 때, 저는 이 방식이 얼마나 효과적인지를 실감했습니다.

④ 시민 목소리의 주체화
방송 속 인터뷰들은 단순한 사례 수집이 아니라, 시민의 목소리를 사회적 담론으로 끌어올리는 장치였습니다. 카메라 앞에서 울먹이며 "이 아이를 낳은 게 죄일까요?"라고 말하던 어머니의 목소리는 제 귀에 아직도 남아 있습니다. 그 순간 저는 시청자가 아니라, 같은 시민으로서 함께 책임져야 할 문제 앞에 서 있다는 자각을 했습니다. 방송은 이렇게 시청자

를 단순한 소비자가 아닌 담론의 주체로 세웠다는 점에서 큰 의미가 있습니다.

(2) 한계

① 구체적 대안의 부족

방송은 주거 안정과 돌봄 체계의 중요성을 언급했지만, 실질적인 정책 대안은 부족했습니다. 예컨대 청년 주거 지원은 어떤 방식으로, 어떤 규모로 가능할지에 대한 구체성이 없었습니다. 시민으로서 저는 공감했지만, 동시에 "그래서 어떻게 바뀔 수 있는가?"라는 물음을 남길 수밖에 없었습니다.

② 감정 호소의 과잉

여러 장면이 눈물과 절망을 전면에 배치했습니다. 물론 저 역시 눈물이 났지만, 방송이 감정에만 의존하는 순간 분석의 날카로움은 희미해졌습니다. 저는 "눈물을 흘린 다음 우리는 무엇을 할 것인가"라는 질문을 스스로 던졌고, 그 답은 방송 속에서 충분히 찾지 못했습니다.

③ 후속 담론의 부재

방송 방영 직후 온라인에서 뜨거운 반향이 있었지만, 공영방송 차원에서 이를 사회적 대화로 확장하는 시도는 부족했습니다. 저는 시청자로서 토론회, 후속 다큐, 전문가와 시민이 함께하는 공개 대화의 장이 마련되기를 기대했지만, 현실은 그렇지 않았습니다. 결국 방송은 강렬한 울림을 주었지만, 행동으로 이어지는 통로를 만들지 못했다는 아쉬움이 남았습니다.

(3) 종합 평가

<초저출생: 골든타임>은 분명히 좋은 방송의 조건을 충족했습니다. 시민의 얼굴을 비추고, 사회구조의 모순을 드러내며, 공영방송의 역할을 확인시켜 주었습니다. 그러나 시민으로서 저는 여전히 부족함을 느꼈습니다. 울림은 컸지만, 해법은 부족했고, 감정은 풍부했지만, 후속 논의는 이어지지 않았습니다. 따라서 저는 요구합니다. 좋은 방송은 공감에서 멈추지 않고, 행동으로 이어져야 합니다. 감동에서 제도로, 눈물에서 정책으로 확장될 수 있어야 합니다. 이 다큐멘터리가 남긴 과제는 바로 거기에 있습니다. 저는 한 명의 시민으로서, **앞으로 방송이 사회 문제를 단순히 '보여주는 것'에서 그치지 않고, '변화를 이끄는 촉매'가 되기를 간절히 바랍니다.**

3. 결론

저는 이 방송을 보며, 더 이상 저출생이 '국가 통계'가 아니라 '내 미래'라는 것을 깨달았습니다. 방송은 나에게 숫자가 아니라 얼굴을, 수치가 아니라 눈물을 보게 했습니다. <초저출생: 골든타임>은 완벽하지 않았습니다. 그러나 시민으로서 저는 이 프로그램이야말로 '좋은 방송'의 정의에 가장 가까웠다고 믿습니다. **그것은 불편한 진실을 회피하지 않고, 시민의 목소리를 담아내며, 시청자의 권익을 넓혔기 때문입니다. 방송은 단순히 세상을 비추는 거울이 아닙니다. 때로는 침묵을 깨뜨리는 도끼이자, 미래를 열어젖히는 망치입니다. 이 다큐멘터리는 바로 그런 방송이었습니다. 저는 이 방송을 단순히 '시청'한 것이 아니라, '참여'했습니다. 화면 속 목소리는 곧 내 목소리였고, 그들의 눈물은 나의 눈물이기도 했습니다.** 그렇기에 <초저출생: 골든타임>은 하나의 프로그램을 넘어, 우리 모두의 이야기이자 반드시 함께 풀어야 할 과제임을 다시 확인시켜 주었습니다. 그리고 저는 다짐합니다. 이 프로그램이 제게 남긴 울림은 글로만 끝나지 않습니다. 저는 앞으로도 한 시민으로서 목소리를 낼 것입니다. **좋은 방송은 시청자를 움직이게 하고, 결국 사회를 움직이게 하기 때문입니다. 마지막으로 심사위원님들께 묻고 싶습니다. "좋은 방송이란 무엇입니까?" 저는 주저 없이 이 다큐멘터리를 떠올립니다.** 심사위원님들께서도 그 울림을 함께 느끼셨으리라 믿습니다. 그것은 단순한 화면이 아니라, 우리 사회의 미래를 흔드는 울림이었기 때문입니다.

입 선

제28회 좋은 방송을 위한 시민의 비평상

배척의 서사에서 포용의 서사로

박현휘

1. 들어가며: 개별화 시대, 서사의 가능성

1인 가구의 급증으로 현대사회는 유사 이래 어느 때보다도 개별화되었다. 유튜브와 인스타그램을 필두로 한 빅테크의 알고리즘은 확증 편향의 장막 속에 많은 이들이 자기가 보고 싶은 것만 보게 만들었다. 손쉬운 규정과 판단이 앞서고 이해와 소통은 자연스레 뒷전으로 밀려나는 시대다. 그렇기에 '다른 이의 삶을 마음 깊이 이해하는 다정함'을 말하는 드라마 <미지의 서울>이 거둔 성공은 괄목할 만하다.

한국갤럽의 6월 설문에 따르면 <미지의 서울>은 '한국인이 좋아하는 방송영상프로그램' 조사에서 2위를 기록했다.[1] 시청률도 급격한 변화를 보였다. 닐슨코리아에 따르면 1화에 3.6%였던 시청률은 최종 12화에 이르러 8.4%까지 두 배 이상 상승했다. 종방연을 이례적으로 두 번 진행할 정도의 열기였다.[2] 직전에 방영된 <언젠가는 슬기로울 전공의생활> 역시 8.1%의 시청률로 인기리에 종영되었으나, 이미 흥행한 세계관의 스핀오프임을 고려하면 오리지널 시리즈인 <미지의 서울>이 일구어낸 성과는 더욱 돋보인다.

<미지의 서울>에서 가장 주목받은 것은 1인 4역을 해낸 박보영의 탁월한 연기력이다. 명작에는 명연기가 있으나 명연기가 있다고 하여 반드시 명작이 되지는 않는다. 이 글은 <미지의 서울>에서 드러나는 서사의 내연적 설계를 구조와 내용 측면에서 분석한 후, 외연적인 확장성과 시의성을 살폈다. 이를 통해 개별화의 시대에 이해와 다정함을 이야기한 <미지의 서울>이 어떻게 시청자들을 설득했는지 조망하고, 빠른 속도의 콘텐츠가 확산하는 시대 속에서 느린 서사가 지니는 사회적 가능성을 확인하고자 한다.

2. 서사의 내연적 설계

숏폼이 대중화된 오늘날, 시청자들은 완성도 낮은 진부하고 장황한 서사를 굳이 감내할 필요가 없다. 자연스레 롱폼이 갖추어야 할 조건도 늘어났다. 서사를 길게 이어가는 가운데 극에 관여하는 모든 요소의 균형을 고려하면서도 적절한 즐거움과 기대감을 끝까지 유지해야 한다. 그

---

1 「좋아하는 방송영상프로그램 - 2025년 6월 #TV #온라인영상서비스 #OTT」(한국갤럽조사연구소, 2025.6.26).

2 "[단독] 박보영·박진영 재회 … '미지의 서울', 흥행에 종방연 한번 더", ≪이데일리≫, 2025년 7월 3일 자.

렇기에 오늘날의 드라마는 다양한 서사의 내적 요소 전반에서 전례 없이 높은 완성도를 요구받고 있다.

이러한 환경에서 드라마 <미지의 서울>은 일란성 쌍둥이 자매인 유미지(박보영)와 유미래(박보영)가 서로의 사회적 역할을 바꾼다는 흥미로운 설정으로 시작한다. 동시에 조연 개개인에게까지 최대한의 서사를 부여한다. 사연 있는 이들이 많아질수록 적절한 전개를 유지하는 일은 쉽지 않다. 그러나 <미지의 서울>은 구조를 간결화하되 내용은 점층화하는 내연적 설계로 서사를 자연스레 끌어가면서도 극의 균형을 유지했다. 롱폼이 보여야 할 미덕을 지켜내면서도 진부해질 위험이 있는 다정함과 성장의 서사를 신선하게 풀어낸 것이다.

1) 구조 설계: 전략적 간결성과 현실적 전개

롱폼의 긴 러닝 타임은 서사에 몰입하지 않은 시청자에게 진입 장벽으로 작용한다. 이를 극복하기 위해 <미지의 서울>은 동일한 차원에서 간결히 처리할 수 있는 인물, 공간 등의 횡적 설정을 최대한 단순화한다. 더불어 모든 회차가 끝나는 시점에서 해당 회차의 소제목이 갖는 의미를 반드시 드러낸다. 간결함에서 비롯되는 설정의 일관성과 명료성을 활용해 서사의 진입 장벽을 낮추고 예측 가능성을 통해 시청자들의 인지적 부하를 줄인 것이다.

그렇게 <미지의 서울>은 일란성 쌍둥이 자매인 유미지(박보영 분)와 유미래(박보영 분)가 서로의 사회적 역할을 바꾼다는, 흥미로운 상상의 토대에서 시작한다. 그 위에 설정의 간결성을 기초로 명료한 구도를 보인다. 간결성이 내포하는 구조적 단순화의 위험은 전개 과정에서 현실성이 제공하는 설득력으로 보완한다.

인물의 고유 설정부터 간결하다. 서사의 중심인 자매에게는 '건강하지만 공부 못하는 미지, 병약하지만 공부 잘하는 미래'처럼 서로 대비되는 뚜렷함이 있다. 이와 유사한 항상성의 틀이 인물 대부분에 적용된다. 이웃이자 동창인 변호사 이호수(박진영 분)는 혼자 자기 마음을 잘 알아내는 한편, 마음에 걸리는 일은 언제나 그냥 넘어가지 못한다. 자매의 할머니인 강월순(차미경 분)은 언제나 수용적이며 엄마인 김옥희(장영남 분)는 억센 모습으로 늘 말이 마음보다 앞선다. 옥희의 동창이자 호수의 엄마인 염분홍(김선영 분)도, 돌아가신 할아버지의 창화농원을 이어받아 두손리로 내려온 한세진(류경수 분)도 각 캐릭터만의 일관성을 보인다.

작중 인물들에게는 설정상의 고유성과 반대되는 양면성을 좀처럼 찾아보기 어렵다. 극이 진행되면서 각자의 사연에 따른 입체성이 드러나기는 하지만 구조적 측면에서 시청자가 이해한 캐릭터의 본질을 벗어나지 않는다. 공간 역시 서울과 두손리의 대비로 간결히 설정하는 한편, 생활양식은 각 공간의 특성에 기초해 연출한다. 덕분에 시청자의 이해는 쉽고 서사 전개의 당위성은 더욱 견고해진다.

작중의 악을 다루는 방식도 유사하다. 미래를 부당하게 따돌리며 집요하게 직장 내 괴롭힘을 일삼은 동료 직원들은 사연 없는 단순화된 악으로 그려진다. 해고와 좌천 등 악의 몰락이 짧게 그려질 뿐 이야기는 미래의 성장에 집중된다. 강한 카타르시스는 없지만, 작중의 악은 그 단순성을 기초로 시청자들이 삶 속에서 마주치는 악의 일상적 측면을 환기한다. 작중의 악은 단순화로 인한 서사의 배제라는 나름의 응징을 받는다. 이를 통해 <미지의 서울>은 악행이 어떤 사연으로도 정당화할 수 없음을 넌지시 은유한다.

살펴본 바와 같이 간결한 설정에 기초하고도 서사가 진부하거나 납작해지지 않은 까닭은 현실과 지극히 밀접하게 맞닿은 핍진적 전개, 즉 우연한 반전이나 극적인 해결을 배제하고 현실적 개연성을 끝까지 밀어붙인 것에 있다. 대다수 드라마는 시청자의 대리만족을 고려한 이상적 설정이나 관객이 바라는 모종의 상황을 설계하고 제공한다. 판타지나 회귀물이 큰 인기를 얻은 것이 대표적인 사례다. 현실성은 없을지라도 시청자의 흥미를 끌기에 편리하며, 바라던 바를 눈으로 확인하며 즐기는 쾌감 역시 작지 않다. 그러나 <미지의 서울>은 자극적이고 편리한 길을 마다한 채 지극한 현실성의 가시밭길을 걷는다.

미래는 직장 내 괴롭힘으로 삶을 버릴 궁리를 하지 않으며, 적당히 다쳐 잠시 도망칠 궁리를 한다. 역할을 바꾼 미지가 회사 일로 며칠 밤을 새웠다고 하여 성공적인 보고서가 나오지도 않는다. 악인의 대표 격인 박상영(남윤호 분) 수석을 마주한 미래의 서툰 녹음 시도는 여지없이 발각되고, 생애 처음으로 공부에 몰두한 미지가 한 번에 수능을 잘 보는 일도 일어나지 않는다. 호수는 돌발성 난청으로 잠시 감정적 부침을 겪은 뒤 수어를 배울 뿐, 삶 전체가 갑작스레 비극으로 치닫지 않는다. 쌍둥이 자매가 사회적 역할을 잠시 바꾼다는 극적 장치조차도 어린 시절 이미 역할을 바꾼 경험이 있음을 제시해 그 비현실감을 적절히 약화한다.

핍진성 있는 전개는 그 현실성으로 설득력을 얻는 동시에 시청자들과의 거리를 좁힌다. 결과적으로 시청자는 자기의 평범한 삶 속에서 마주했던 현실, 삶 속에서 경험했던 미세한 좌절과 즐거움을 떠올리며 작중 인물들의 삶과 공명한다. 좌절에도 계속되는 노력을 따라가며 자연스레 극에 이입하고 <미지의 서울>이 빚어내는 서사에 설득당한다. 설정의 간결성이 전개의 현실성과 결합해 강한 흡인력을 만들어낸 것이다.

2) 내용 설계: 사건의 점층성과 인물의 성장

서사 초기의 간결한 설정은 관객의 진입 장벽을 낮추고 시청자의 몰입을 유도한다. 한편 <미지의 서울>이 다정함, 타인에 대한 이해와 소통에 관한 서사임을 고려하면, 이러한 구조적 간결성은 일상에서 우리가 타인을 대할 때 가질 수밖에 없는 인식의 평면성을 은유한다고 해석할 수 있다. <미지의 서울>은 내용 측면에서 다정함과 상호 이해를 주제로 점층적 사건을 전개하며, 이로 인한 인물들의 내적 성장을 보여준다.

다만, 작중 가장 가까운 관계에 속하는 미지와 미래조차도 서로에 대한 평면적 인식을 피하지 못한다. 역할 교환 후, 서로에게 불만을 토로하는 주체만 바뀌었을 뿐 그 불만의 내용은 같은 것이 이를 방증한다. 이처럼 간결한 구조적 토대와 뚜렷한 메시지 위에서 <미지의 서울>은 단순한 갈등의 연쇄와 심화가 아닌, 사건의 점층으로 서사를 끌어간다. 극 초반부에서 이루어지는 자매의 사회적 역할 교환은 타인 이해의 어려움을 확인하는 서사의 극적 장치인 동시에, 이어지는 성장 서사의 촉발점으로 기능한다.

미지의 성장은 불운한 과거에서부터 시작된다. 미지는 육상에 대한 재능을 발견하여 유망주로 주목받았으나 부상으로 좌절을 겪고, 3년간 방에 틀어박혀 현실을 회피한다. 할머니인 월순이 쓰러지며 강제된 위기가 미지를 방 밖으로 몰아세웠고, 밖으로 나온 미지에게 월순은 "어제는 끝났고, 내일은 멀었고, 오늘은 아직 모른다"라며 미지를 있는 그대로 수용한다.

월순에게 "다시는 도망치지 않겠다"라고 약속했던 미지는 미래와 역할을 바꾼 후, 회사에서 미래가 겪었을 모든 고난을 받아들이고 미래의 일을 대신하는 과정에서 저지르는 자신의 실수를 직면하며 연약함을 기꺼이 드러내는 성숙함을 보인다. 일하던 중 김로사(원미경 분)를 미행하는 잘못을 저지르지만, 곧 로사에게 잘못을 고백하며 진심으로 사과하는 장면이 대표적이다. 이러한 서사적 배경을 고려하면 극 후반부의 미지가 돌발성 난청을 겪는 호수에게 가기 위해 문을 열어젖히는 장면은 미지의 성장을 보여주는 하나의 감동적인 상징이다.

한편, 어릴 때부터 병약했던 미래는 생존을 위해 참고 견디는 방법이 유일했다. 이는 직장에서 불륜을 저질렀다는 소문까지도 오로지 견디는 모습으로 이어진다. 고향인 두손리로 도망쳐 딸기밭에서 일하게 된 미래는 밭주인인 한세진과의 염문설을 겪으며 회사에서 겪었던 심리적 위기를 재차 마주한다. 전혀 다른 공간에서 벌어지는 유사한 맥락의 점층은 미래의 도망으로 근본적 문제가 사라지지 않음을 시사한다. 미래의 현실도피와 자기혐오는 세진과 관계를 쌓아가고 호수에게 응원받으며 불완전한 용기를 발휘하는 과정에서 서서히 치유된다. 지금껏 괴롭힌 상사에게 "나는 잘못이 없다"라고 못 박는 한편, 가족의 생계에 대한 책임에 매이지 않고 미지로 접했던 딸기밭 일을 미래로서 다시 선택하며 삶의 주도성을 되찾는 성장을 보인다.

호수는 어린 시절 사고로 아버지(김주헌 분)를 잃고 새엄마인 분홍과 둘이 남겨진다. 호수는 분홍의 가족이 자기를 짐짝으로 여기는 말을 듣게 되고, 분홍은 본인이 아니라면 홀로 남겨질 호수와 함께하겠다고 결단하며 본가에서 가족으로도 취급받지 못하는 상황에 놓인다. 이러한 점층은 극 전반에 걸쳐서 분홍과 호수 사이에 계속해서 관찰되는 일정한 거리감을 설명한다. 둘은 호수의 돌발성 난청 발병을 계기로 오랜 시간을 건너 진심을 나누며, 서로를 진정한 가족으로 인정하고 관계적 측면에서 성장하는 모습을 보인다.

서사 속 세대 간의 종적 측면에서는 월순-옥희-미지에 이르기까지 가족에 대한 책임과 결핍의 서사가 함께 점층된다. 풀릴 기미가 없었던 세대 간의 갈등은 병원에서 섬망이 온 월순의 말을 통해 여태 몰랐던 엄마의 사랑을 깨달은 옥희가 어느새 자기의 고난을 닮아가는 미지를 발견하며 반전의 계기를 맞는다. 옥희는 어머니인 월순과의 관계를 회복하고 어린 시절 좋아했던 그림을 다시 시작한다. 미래는 미래대로 가족을 부양하지 않고 마음 편히 딸기밭을 가꾸게 되었으며 미지 역시 심리 상담사를 목표하며 자기의 꿈을 찾는다. 세대 간 쌓여온 서사가 풀리는 과정에서 미지와 미래, 옥희까지 모두가 건강한 관계를 이룩하는 한편 자율적인 삶의 주체로 성장한다.

사건의 점층을 통한 인물의 성장은 계속 관찰된다. 세진은 돈으로 대표되는 사회적 기준의 성공을 넘어 자기 안의 성공을 추구하는 방향으로 변화한다. 미지와 미래의 동창인 박지윤(유유진 분)은 호시탐탐 호수와 연인이 될 틈을 노리는 '불편한 주변인'으로 등장하지만, 계약직과 정규직의 괴리에서 갈등하다가 자기가 좋아하는 일을 주도적으로 찾아 성장한다. 오랜 시간 세상에 마음을 닫았던 로사는 사실 자기가 현상월임을 고백하며 난독증을 극복하기 위해 새로운 걸음을 뗀다.

이처럼 <미지의 서울>은 사건이 쌓여가는 과정에서 수많은 등장인물의 서사와 성장을 사람과 사람, 세대와 세대 사이에서 짜임새 있게 연결한다. 간결한 설정의 토대 위에 입체적이고도 끈끈한 서사를 건축해낸 것이다. 앞서 언급한 명연기를 비롯해 작은 디테일을 놓치지 않은 연출까지 더해지며 <미지의 서울>은 파괴적인 설득력을 갖춘 작품으로 거듭났다.

3. 서사의 외연적 확장: 사회 문제와의 연관성

<미지의 서울>은 서사의 탁월한 설계와 점층, 이를 구현하는 연기와 연출적 디테일을 통해 시청자들의 마음을 어루만졌다. 동시에 우리 사회가 그냥 지나치지 말아야 할 화두를 곳곳에서 던지며 현대인들이 되찾아야 할 사회적 가치를 성찰하게 한다. 드라마에서는 크게 세 가지 맥락이 드러난다.

첫째는 직장 내 괴롭힘이다. 작중 표면적으로 제시된 만큼 돋보이는 맥락인 한편, 이는 그만큼 많은 이들이 보편적으로 겪는 문제임을 시사한다. 미지는 신고하고 그만두라며 가볍게 접근한다. 그러나 조직의 뜻을 어긴 사수가 어떻게 되었는지 목격하는 한편 회사의 직원 대출까지 이용 중인 미래에게 이는 신고로 해결되는 간단한 선택이 아니다. 드라마는 미래가 직장 내 괴롭힘에 맞서 싸우는 과정에서, 사실대로 말하겠다고 나서겠다는 미래의 동료 이효경(심소영 분)을 통해 개인의 연대와 사건 해결의 실마리를 드러낸다.

둘째는 이충구(임철수 분)가 가진 장애다. 호수의 선배 변호사로 휠체어를 타고 다니지만 이는 변호사 일을 하는 데 아무런 문제가 되지 않는다. 이충구는 의뢰인의 승리를 위해 합법적 틀 안의 모든 것을 이용한다. 장애를 핑계 삼거나 기회로 활용하지 않는 충구의 모습은 사회가 장애인을 바라보는 시선이 적합한지 재차 묻는 것과 같다. 충구는 로사식당의 매각을 제안하려 식당에 들어서고 “이 식당엔 휠체어 타는 사람들은 안 오나보죠?”라고 질문하며 장애의 일상성을 넌지시 제시한다.

셋째는 돈과 대비되는 가치의 복원이다. 황금만능주의가 더욱 기염을 토하는 현대에 <미지의 서울>은 가치의 회복을 말한다. 세진은 행동주의 펀드에서 돈을 좇다 자기를 온전히 지지하고 믿어준 할아버지를 자기의 잘못으로 떠나보낸다. 모든 것을 그만두고 할아버지가 일구던 창화농원으로 내려온 세진의 기나긴 애도는 돈으로 대신하기 어려운 가치를 간과한 결과를 보여준다. 가치를 우선하는 태도는 그 중요성과 타당성을 알면서도 좀처럼 지키기 어렵기에 작중에서 그 상징적 의미가 더욱 두드러진다.

이 외에도 과거의 한국에서 편모가정으로 살아내야 했던 젊은 김로사(박환희 분)를 통해 가족의 정상성 문제를 환기한다. 본 비평에서 중점적으로 다루지 않았으나 서로의 존재가 전부였던 두 여성, 젊은 김로사와 현상월(문수아 분)을 매개로 사회적 의제인 생활동반자법의 필요성을 암시하는 등, 현대사회 속에서 한 번쯤 접해 보았을 수많은 의제를 서사 속에서 자연스레 녹여낸다. 이처럼 <미지의 서울>은 다소 딱딱하고 무거울 수 있는 사회적 의제를 자연스러운 생활의 감각으로 제시했다.

4. 나가며: 포용 서사의 도래

한동안 우리는 빠른 서사에 익숙해져 왔다. 숏폼만의 이야기가 아니다. 기술 발전에 따른 편리성의 증대로 대다수 사람이 간편한 인식과 빠른 판단, 즉각적인 행동까지 쉴 틈 없는 시간을 보냈다. 그러나 빠른 서사는 그 빠르기만큼 많은 것을 배척하는 서사이기도 하다. 2024년 12월의 퇴행 역시 관용과 절제를 잃고 빠른 해결책만을 모색했던, 빠른 서사의 연장에서 나타난 부작용으로 해석해도 크게 무리가 없을 것이다.

<미지의 서울>은 정교한 서사 설계를 통해 빠르기만 한 현대사회 속에서 느린 서사로도 충분히 시청자를 설득할 수 있음을 증명했다. 자기조차 굳게 믿고 긍정하기 어려운 시대에 <미지의 서울>은 기꺼이 자신을 믿

고, 나아가 타인을 믿어보라 권한다. 정교하게 빚어낸 작중의 느림은 우리가 살아가는 삶 속의 정성과 노력을 긍정하는 방식이자, 서로의 관계를 가꾸기 위한 진실성의 은유였다. 빠르고 차가운 배척의 서사를 넘어 느리고 따뜻한 포용의 서사가 사회 속에 고루 자리하기를 바란다.

금은방으로서의 훈육 예능, 금쪽이 제련·판매 대작전

채널A 〈요즘 육아 금쪽같은 내 새끼〉

백지수

1. 폭력적 연금술: 아이를 금쪽이로 제련하기

"너 금쪽이냐?"

요즘 교실에서 빈번히 들리는 아이들 사이의 유행어다. 이제 금쪽이는 금지옥엽의 의미를 잃고, 오히려 문제아를 지칭하는 단어로 전유되었다. 금쪽이는 <요즘 육아 금쪽같은 내 새끼>가 출연 아동의 실명 보호를 위해 그들에 부여하는 호칭으로, '생떼쟁이 금쪽이'처럼 각 회차마다 출연 아동의 문제적 특징으로 변주된다. 그러나 아동은 개인정보 보호를 위해 금쪽이가 되었지만, 금쪽이라는 명명은 아동에게 가해지는 하나의 폭력으로 기능한다.

프로그램은 아동정신의학 전문가 오은영 박사의 '금쪽 처방'으로 출연 아동의 문제 행동을 해결하는 데 목적을 둔다. 그러나 금쪽 처방이 성공해도 이후에 예상되는 문제는 뻔하다. 속된 말로 아이의 얼굴이 팔리는 문제 말이다. 출연 아동은 금쪽이라는 꼬리표를 달고 평생을 낙인 속에 신음하며 살아가야 할지도 모른다.

출연 아동이 진정 본인의 의사로 출연을 결정했을까? 금쪽이가 스스로 출연을 결정한 에피소드는 매우 드물다. 설령 자의로 출연했을지라도, 미취학 아동과 초등학생이 한 번의 출연으로 자신이 평생 금쪽이로 제련될 것이라고 예측이나 할 수 있겠는가. 심지어 방송 클립이 SNS 등에서 밈으로 유행하는 오늘날, 출연 아동은 TV 속 찰나의 금쪽이로서 평생을 살아가야 할지도 모른다. 실제로 <우리아이가 달라졌어요>에 출연한 당사자는 SNS에서 자신의 어린 시절 '짤'을 보고는 해명하면서, 출연 이후 주변의 부정적 반응을 언급하기도 했다. <요즘 육아 금쪽같은 내 새끼>는 영상문법을 통해 현실계의 출연 아동을 금쪽이로 제련한다. 그렇게 상징계(TV)의 금쪽이는 시청자에게 판매된다, 금은방에 전시된 골드바처럼. 이 글은 해당 프로그램의 금쪽이 제련 및 판매 양상을 밝히고, 바람직한 훈육 예능의 모습을 제시하는 데 그 목적을 둔다.

2. 포르노와 금은방으로서의 훈육 예능: 외설적 전시와 판매

미술비평가 존 버거(John Peter Berger)는 누드(nude)와 벌거벗은 몸(naked)의 차이에 주목했다. 그에 따르면 벌거벗은 몸은 "있는 그대로 스스로를 드러내는 것"이며, 누드는 "타인에게 보여지기(원문 그대로) 위한 특별한 목적에서 전시되는 것"이다.[1] 더불어 그는 누드는 복장의 한

---

1 존 버거(Jhon Berger), 『다른 방식으로 보기』, 최민 옮김(열화당, 2012), 64쪽.

형식이어서 결코 벌거벗은 몸이 될 수 없다고 역설한다. <요즘 육아 금쪽같은 내 새끼>의 금쪽이를 재현하는 방식은 둘 중 무엇일까. 아이는 있는 그대로 스스로를 금쪽이로 드러내는가? 아니다. 제작진은 영상문법을 통해 금쪽이에게 누드라는 의복을 입힌다. 그리하여 금쪽이의 신체(문제적 언행)는 시청자 앞에 자극적이고 폭력적으로 전시된다. 현실의 아동은 판매를 위해 TV에서 황금의 옷을 입는 것이다.

누드를 입은 금쪽이의 신체는 외설적 전시의 대상으로 전락한다. 신체의 외설적 전시라는 특징에서 볼 수 있듯이, <요즘 육아 금쪽같은 내 새끼>는 포르노와 문법을 공유한다. 포르노는 성관계까지의 연애 서사를 최소화하고 신체를 자극적·직접적으로 전시하여 성적 절정을 극적으로 묘사한다. 그리고 성관계 이후의 묘사를 거부한다. <요즘 육아 금쪽같은 내 새끼>도 이와 유사한 플롯을 취한다. 프로그램 대부분은 금쪽이의 신체에서 비롯되는 문제적 언행의 전시로 구성된다. 금쪽이의 욕설, 폭행, 자해, 배변, 성감대 자극, 나체, 과잉 행동 등으로 점철된 프로그램은 웬만한 포르노보다도 외설적이다. 예컨대 프로그램은 화장실 타일에 대변을 본 아이가 팬티를 벗고 자신의 대변을 치우는 엄마를 바라보는 장면을 그대로 내보낸다. 또 샤워할 때 화장실에 속옷을 가져가지 않은 아이가 아빠에게 속옷을 가져다 달라고 부탁하자, 아빠는 '금쪽 처방'의 일환으로 아이에게 직접 나와서 옷을 입으라고 시킨다. 아이는 나체로 카메라 앞에 서야 했다. 심지어는 금쪽이의 투신자살 시도를 그대로 방영한 회차도 있다. 이러한 압도적인 시각적 자극성에, 문제 행동의 이유와 배경은 수용자의 기억에서 자취를 감춘다. 이어지는 오은영 박사의 금쪽 처방은, 문제 상황을 극적으로 해결한다. 수십 분간의 문제 행동이 몇 분간의 솔루션으로 봉합되는 것이다. 절정 이후의 묘사를 거부하는 포르노와 비슷하게, 문제 해결 후 금쪽이네의 일상은 대개 다른 에피소드 도입부에서 10초 내외의 안부 영상 메시지로 대체된다.

프로그램은 도입부에서 출연 아동의 천진무구하고 귀여운 모습을 보여준다. 이어서 VCR로 금쪽이의 문제적 행동이 전시되고, 오은영 박사는 이를 보고 문제를 진단한다. 이때 금쪽이는 막돼먹은 악마로 묘사된다. 그러다 아이가 인형과 대화하며 속마음을 얘기할 때, 프로그램 전체의 분위기는 급작스럽게 전환된다. "등짝 스매싱 날아가도 몇 대는 날아가야 됐는데" 등의 비난을 통해 아이의 악마화에 혁혁한 공을 세운 연예인 패널들 역시, 연민하는 감탄사와 "귀여워"와 같은 긍정적 발언으로 훈훈하고 측은한 분위기를 연출한다. 물론, 연예인 패널이 보호자의 이야기를 경청하고 그들의 감정에 공감하며 위로와 함께 육아 서사의 발화를 자연스럽게 만드는 윤활유 역할을 수행하기도 하지만 말이다. 아이의 고통을 깨달은 보호자와 출연진의 눈물은 분위기 반전의 필수 요소다. 이후 오은영 박사의 금쪽 처방에 따른 치료가 이어지고, 금쪽이는 부지불식간에 순진무구하고 귀여운 아이로 회귀한다. 끝으로 문제가 해결되어 행복을 되찾은 가정의 모습을 비추며 하나의 에피소드가 급작스럽게 완결된다. 포르노에 감동적 요소를 첨가해 그 외설적 구조를 신파적 요소로 포장하는 것이다.

그러나 해당 프로그램은 잘 만든 신파극 반열에 오르지도 못한다. 출연 가정의 상황에 측은함을 느껴 우는 시청자가 몇이나 있을까. 프로그램을 시청하는 도중에도, 시청한 후에도 시청자에게 남는 것은 대개 눈물이 아닌 불끈 쥔 주먹이다. 막돼먹은 금쪽이에 대한 참을 수 없는 분노다. 제작진은 ≪여성조선≫과의 인터뷰[2]에서 "나쁜 아이 구경하게 안 하

2 "[제작진 썰 ①] '요즘 육아 금쪽같은 내 새끼' 김승훈 PD "착한 예능의 진심"(인터뷰)", ≪여성조선≫, 2022년 3월 11일 자.

겠다는 원칙"이 있다며 "보고 나서 나쁜 아이만 떠오른다면, 그건 잘못 만든 프로그램이라고 생각"한다고 밝혔다. 이어서 "문제 해결 과정이 공개되면 그 이전에 보여준 것들은 잊혀야 한다고 생각해요"라고 덧붙였다. 그러나 포르노적 영상문법으로 제작된 <요즘 육아 금쪽같은 내 새끼>를 보고 나면, 금쪽이들의 악행이 가장 먼저 떠오른다.

'금쪽같은'은 금쪽처럼 소중한 내 새끼를 표현하기 위한 은유였지만, 이제는 그것이 정말 은유가 맞는지 의문이다. 물론, 보호자와 출연진은 아이를 진심으로 대한다. 의문은 이들의 태도에 대한 것이 아니다. 귀하고 소중한 금도 어디까지나 교환가치로 평가되는 물건이라는 측면에 주목하면, 금쪽이는 <요즘 육아 금쪽같은 내 새끼>라는 금은방에서 전시하고 판매하는, 문자 그대로의 금 자체가 된 것은 아닐까.

3. 오은영 신화: 환상적 치료 서사

오은영 신화는 프로그램의 핵심적 장치로 기능한다. 프로그램은 적게는 수개월에서 많게는 수년 동안 누적되었던 아동과 가정의 문제 상황을 단 몇 주 만에 해결해 낸다. 놀라운 점은, 출연한 모든 금쪽이가 치료된다는 점이다. 즉, <요즘 육아 금쪽같은 내 새끼>는 금쪽이의 성공적 치료와 가정의 행복이라는 결말을 필수조건으로 설정하여 단기간에 치료를 완수해 낸다.

문제는 프로그램이 이러한 환상적 치료 서사의 구성을 지향하는 동시에, 스튜디오 바깥에 실존하는 일반인들의 현실적 삶을 포착하려 하는 것이다. 환상적 치료 서사가 이루어지는 스튜디오와 현실 공간을 표상하는 VCR의 교차 편집은 이러한 양가적 의도를 여실히 드러낸다. 이처럼 상충하는 의도로 현실에 실존하는 개인 고유의 서사를 무조건적 치유와 행복이라는 천편일률적인 결말 틀로 포장하는 것은 시청자들에게 오해의 여지를 남긴다. 프로그램에서 자극적·외설적으로 편집된 금쪽이들의 '심각한' 문제 행동은 금쪽 처방에 의해 예외 없이 치료된다. 이를 보고 치료 신화를 내면화한 시청자들은 단기간에 이루어진 완벽한 치료를 규범화한다. '오은영은 하는데 왜 우리 애 담임은 못 하지?'라고 생각하게 될 가능성이 있는 것이다. 즉, 오은영 신화는 시청자에게 문제 상황의 원인을 교사의 능력 부족으로 귀인할 소지를 제공한다. 이는 교권 침해 현상과도 접점이 있다.

물론 오 박사는 의사로서 자신의 소임을 다한다. 그녀가 주도하는 치료 서사는 완결성의 신화를 추구한다는 문제점이 있지만, 이는 그녀가 의도한 것이 아닐뿐더러 실제로 출연 아동의 문제 행동은 상당 부분 호전된다. 예컨대 선택적 함구증을 앓던 아이는 학교에서 말을 거의 못 했지만, 출연 이후 학급 회장을 맡고 있다는 근황을 전했다.

그러나 몇 개의 케이스로 완벽한 치료 서사와 오은영 신화를 구축하는 것은 비약이다. 소아청소년정신과 전문의 서천석 박사는 '금쪽이류' 프로그램이 한두 달의 노력으로는 결코 해결되지 않을 사안을 해결할 수 있다는 환상을 만든다고 비판한다.[3] 제작진 역시 환상적 치료 서사와 오은영 신화에 대해 문제의식을 갖고, 이를 파훼하기 위해 노력했다. 채널A 시청자위원회의 2024년 4월 회의록에서, 제작진은 하나의 에피소드를 2주에 나눠 진행하는 방식이 "단 몇 번의 '금쪽 처방'으로 문제가 해결될 수 있는가?"에 대한 답이자 솔루션의 신뢰성 확보를 위한 노력

3 "서천석 박사 "금쪽이류 프로는 환상 … 전담 배치해야"", ≪국민일보≫, 2023년 7월 20일 자.

이라고 밝혔다. 그러나 에피소드별 회차를 1회분 늘리는 것은 해결책이 될 수 없다. 이러한 노력이 치료 기간과 횟수를 유의미한 정도로 증가시키지도 않을뿐더러, 그것과 무관하게 결국 금쪽이가 완치되어야 에피소드가 종결된다는 서사 틀이 잔존하기 때문이다. 금쪽이가 폭력적 연금술에서 벗어나 다시 은유(금지옥엽)로서의 금쪽이가 되기 위해서는 더 근본적인 해결책이 필요하다. 이제 금은방 문을 닫자. 금쪽이 판매가 아닌, 아이를 금지옥엽으로 돌보아야 할 때다. 이를 위해서는 오 박사의 환상적 치료 서사를 시청자와 함께하는 공동육아 서사로 대체해야 한다.

4. 공동육아 돌봄교실로서의 훈육 예능으로: 도금을 박리하라

MBC의 <아빠! 어디가?>와 KBS의 <슈퍼맨이 돌아왔다>로 대표되는 육아예능은 공동육아 서사의 대표적 예시다. 이들은 주로 출연 아동의 사랑스러움과 귀여움을 조명한다는 점에서 훈육 예능과 극명하게 대비된다. 물론, 육아예능에서도 출연 아동의 문제적 모습을 묘사하는 경우가 있다. 그러나 육아예능의 출연 아동은 한 번 쓰고 교체되는 금쪽이와 다르다. 그들은 매주 일정한 호흡을 가지고 장기적으로 출연함으로써 시청자와 함께 성장한다. 이러한 점에서 시청자들은 육아예능의 출연 아동들과 상상적 유대감을 쌓고, 아이들에 대한 단편적 판단을 보류한다. 이는 아이에 대한 시청자의 긍정적 인식으로 확장된다. 시청자는 육아예능 출연 아동을 소비하지 않는다. 오히려 양육의 외연을 상상적으로 확장해 공동양육 서사를 구축해 낸다.

훈육 예능 역시 상상적 공동육아의 장이 되어야 한다. 이를 위해서는 훈육 예능의 대표 격인 <요즘육아 금쪽같은 내 새끼>가 시청자와 금쪽이 간 상상적 유대감을 바탕으로 출연 아동을 보호하기 위해 노력해야 한다. 금쪽이라는 편협한 개인정보보호 조치는 보호라기보다 폭력이기에. 그러나 금쪽이와 시청자는 유대감을 쌓을 시간도, 계기도 없다. 프로그램은 길게는 2주, 보통은 한 주 단위로 출연 아동을 교체한다. 그뿐인가? 우리는 금쪽이들의 이름조차도 모른다. 우리는 그들을 "발모광(拔毛光) 금쪽이", "거식증 금쪽이"로 기억한다. 문제 행동으로 호명되는 수많은 금쪽이들은 시청자에게 부정적 인상으로 남는다. 예고편부터 방송 이후까지, 금쪽이는 폭력의 대상이 된다.

그렇다면 폭력의 주체는 누구인가? 치료 서사의 핵인 오 박사? 출연을 결심한 부모? 환상적 치료 서사는 문제적이지만, 오 박사 개인의 능력과 아이를 대하는 태도는 오히려 바람직하다. 더불어 출연 부모들은 아이를 욕보이기 위해서가 아니라, 건강한 육아를 위해 출연을 결심했을 것이다. 국내 최고의 전문가에게 아이를 맡길 기회를 포기하기란 쉽지 않다. 우리는 TV에 비치는 모습만으로 가정의 사적인 문제와 의사 결정을 판단하면 안 된다.

그렇다면 제작진만이 폭력의 주체인가? 상술한 제작진 인터뷰에서 알 수 있듯이, 제작진은 본래 출연 아동이 문제아로만 인식되는 것을 경계했다. 대부분의 회차에서 보호자의 그릇된 양육 방식이 문제 행동의 주요한 원인으로 밝혀지는 것으로 미루어보아, "세상에 나쁜 아이는 없다"가 원래 그들이 하려던 말이 아니었을까. 그렇다면 왜 제작진은 금쪽이에게 누드를 입혔나. 답은 간단하다. 방송이 자극적일수록 시청률이 높게 나오기 때문이다.

하여 우리 시청자들은 스스로 폭력의 주체가 아닌가 의심해 보아야 한다. 우리는 아이들의 누드를 즐기고 있지 않은가? 당장 나만 해도 그렇다. 이 글을 쓰기 위해 <요즘 육아 금쪽같은 내 새끼>를 다시 보면서도 금쪽이의 외설적 전시를 관음하며 흥분했으니 말이다. 정치문화적 민주화가 진행될수록 매스커뮤니케이션에서의 수용자의 역할이 중요해진다. 특히 인터넷에 기반한 기술적 민주화가 자리 잡은 오늘날, 수용자와 생산자의 경계는 점점 허물어진다. 우리 시청자도 생산자의 역할을 수행하고 있음을 인식할 필요가 있다. 금은방을 공동육아 돌봄교실로 바꾸는 일은 시청자로부터 시작된다.

대중문화의 주인은 제작자가 아닌 대중이다. 경제적 가치가 다른 모든 가치를 납작하게 눌러버리고 상식의 영토를 침범해 올 때, 우리는 대중문화의 주인으로서 상식적인 대중문화의 영토를 수호하기 위해 노력해야 한다. 자극적이고 선정적인 기사를 발행하는 언론을 황색언론이라고 부르는 이유는, 그것이 황금으로 된 '황금 매체'이기 때문 아닐까. 신자유주의가 상업적 가치 아래 모든 것을(심지어 아이들도) 몰가치화하는 황금의 시대에서, 우리에게는 황금의 옷을 입고 도금된 대중매체를 박리할 책임이 있다.

입 선

제28회 좋은 방송을 위한 시민의 비평상

이게 뉴스입니까?

…… 영어 뉴스, 하려면 제대로 하세요!

안세득

KBS 영어 뉴스를 보고 ……

한국에서도 영어 뉴스가 방송된다. 지상파 방송사 가운데 KBS가 영어 뉴스를 위성방송 채널 KBS WORLD의 데일리 정규 프로그램으로 편성, 제작해 전 세계로 방송하고 있다. KBS 영어 뉴스, KBS <News Today>는 평일 오후 4시 40분부터 오후 5시까지 20분 동안 위성과 인터넷으로 방송된다. KBS <News Today>의 실시간 시청 가능 지역은 현재 세계 150여 개국으로 세계 어디서나 볼 수 있다. 미국 L.A.에서는 밤 10시, 뉴욕에서는 새벽 1시, 프랑스를 비롯한 중부 유럽에서는 오전 7시 KBS 월드 채널을 통해 KBS 영어 뉴스를 실시간으로 볼 수 있다. 본방송을 놓치면 KBS 뉴스 홈페이지에 게시된 VOD를 통해 시청 가능하다. 인터넷 위성(무궁화 5A호)을 통해 송출되기에 국내 TV에서는 KBS <News Today>를 실시간으로 시청하기 어렵지만, 인터넷으로는 본방송을 볼 수 있다. KBS의 OTT 스트리밍 서비스 앱 <KBS+>를 통해도 위성으로 나가는 KBS <News Today>를 인터넷으로 볼 수 있다.

KBS <News Today>는 스마트폰이 널리 보급되기 전인 2005년 12월 19일 위성방송 KBS WORLD를 통해 처음 방송되기 시작했다. 20년 세월이 지났지만, KBS 영어 뉴스는 2005년 말 론칭할 때 만든 기본 포맷, 즉 전날 <KBS 뉴스 9>(이하 〈9시 뉴스〉)의 리포트 5~6개를 골라 영어로 번역하고 성우가 더빙하며 스튜디오에서 녹화, 방송하는 형식을 지금도 이어오고 있다. 올해 9월 3일 방송의날을 앞두고 2025년 8월 28일(목) KBS 영어 뉴스 <News Today>를 봤다. 모두 8개 꼭지의 영어 더빙 리포트가 나갔다. 인터넷에도 8개 VOD 클립이 업로드됐다. 모두 하루 전날인 8월 27일 KBS <9시 뉴스>에 나간 한글 기사들을 영어로 번역해 성우가 더빙한 내용이다. 예를 들어, 첫 꼭지로 나간 "Pragmatic foreign policy on display"라는 제목의 리포트는 전날 KBS1 <9시 뉴스>에서 4번째 꼭지로 다룬 "이재명 대통령, 필리조선소 시찰로 방미 일정 마무리"라는 기사의 내용을 영어로 번역한 것이다. 두 번째 꼭지, "NK rejects Lee's denuclearization pledge"라는 제목의 리포트도 전날 <9시 뉴스>에서 아홉 번째로 다룬 북한 반응으로 "이재명의 비핵화는 망상"이라는 기사를 번역해 영어로 더빙한 것이다. <9시 뉴스>를 더빙한 영어 뉴스 <News Today>를 보면, 이런 생각이 든다.

첫째, "이게 뉴스입니까?"

어젯밤 나간 TV 뉴스를 오늘 오후 다시 방송하는 녹화 뉴스 포맷을 '뉴스'라고 부를 수 있을까? 글로벌 디지털 미디어 시대의 수용자들은 뉴스를 보고 싶을 때 언제 어디서나 실시간으로 뉴스를 보고 싶어 한다. 특히, 요즘은 뉴스도 OTT를 통한 시청 습관이 대세로 자리를 잡아 세계 어디서나 뉴스나 속보를 실시간 스트리밍으로 많이 본다. 본방송을 놓친 수용자가 특정 뉴스를 VOD로 찾아서 보기는 하지만, 그 수요는 스트리밍 접속자 수에 비해 많지 않다. 그런데 KBS 영어 뉴스는 지금도 어제 뉴스를 오늘 다시 내보낸다. 어제 TV 메인 뉴스로 나간 기사를 오늘 영어로 번역해(사실상, 내용을 고치지 않고 그대로) 방송하는 더빙 뉴스를 과연 누가 볼까?

요즘은 <9시 뉴스>의 한국어 기사 텍스트를 영어 자막 제공 서비스를 통해 실시간으로 볼 수 있다. KBS는 2024년 10월 7일부터 밤 9시 메인뉴스 <9시 뉴스>를 영어 자막과 함께 생방송으로 송출한다. 본방송이 끝나면, 영문 번역 기사와 함께 VOD가 KBS 뉴스 홈페이지에 게시되고 있다. 과거 KBS가 영어 뉴스, <News Today>를 편성하고 방송한 목적이 이제 흐릿해졌거나 사라진 것은 아닐까?

둘째, "그렇다면, 왜 이런 뉴스가 20년째 이어질까?"

KBS가 영어 뉴스를 송출하기 시작한 2005년 12월 이후, 인터넷이 방송을 대체하고 디지털 OTT 미디어가 확산하면서 시청 행태와 뉴스 수요가 크게 바뀌었다. 20년이 지난 지금도, KBS <News Today>가 전혀 바뀌지 않았다면, 변화과 혁신을 가로막고 있는 구조적이고 제도적 원인이 뉴스 제작 현장에 똬리를 틀고 있다고 본다. 즉, 제작자 1~2명이나 KBS 보도국 차원에서 해결할 수 없는 근본적인 문제가 있을 것이다. 그렇다면, 20년 동안 현장에서 영어 뉴스를 직접 제작해 온 KBS 현업 제작자들은 그 원인이 무엇이라고 생각할까? 또, 지금의 <News Today>를 어떻게 평가하고 있을까? 디지털 미디어 시대의 흐름에 맞게 혁신을 시도해 봤을까?

KBS 제작진의 이상과 현실

이와 같은 질문에 대한 답을 찾고자 올해 봄 KBS 보도국에서 영어 뉴스를 한때 제작했거나 현재 제작을 맡고 있는 전·현직 책임자와 실무자들을 한 명씩 차례로 만났다. 올해 봄부터 영어 뉴스 제작을 책임진 중견 기자 한 명(CP: Chief Producer)과 과거 제작을 맡았던 전임 CP 두 명, 보도국에서 국제뉴스를 총괄했던 전임 국제부장 한 명, 전임 실무 뉴스 PD 한 명, 그리고 영어 번역과 더빙을 맡은 프리랜서 한 명 등 모두 6명이다. 면접 참여자 여섯 명은 모두 개인적 친분과 현업 네트워크를 통해 섭외했다. 2025년 1학기 아주대 일반대학원 석박사 전공 필수 과목, <질적 연구방법론> 수업의 기말 리포트 주제로 '공영방송 KBS 영어 뉴스의 지속가능성'을 정하고 KBS의 제작자들에게 연락해 심층 인터뷰를 하고 싶다고 면접조사를 요청하고 설득했다. 전·현직 실무자 여섯 명을 만나 인터뷰한 기간은 2025년 5월 말~6월 초 사이, 면담 방식은 1 : 1 대면 심층 인터뷰. 사전에 질문지를 제공하지 않고 조건이나 제한을 두지 않고 대화하는 자유롭게 묻고 답하는 방식으로 1인당 30분 정도 만나 녹음하고 내용을 과학적으로 분석했다. 인터뷰 녹취록은 네이버 클로바 노트(AI 녹취록 작성 서비스)를 통해 작성하고 실제 녹음과 대조해 틀린 문장과 내용을 수정했다.

면담 내용을 근거이론 방법론(Grounded Theory)의 절차에 따라 3단계 코딩과 분석을 거쳐 인터뷰 텍스트를 문장과 의미 단위별로 분석했다. 그 결과, 면담에 참여한 뉴스 제작자들이 공통으로 의미 있게 제기한 문제의 키워드는 '전략 부재', '인력·예산 부족', '콘텐츠 시의성 한계', '조직 내 협업 부재', '공영방송으로서 사명감' 등으로 분석됐다. KBS 영어 뉴스 제작자들은 한국을 제대로 알리는 영어 뉴스의 필요성과 가치를 인정하고 혁신이 필요함을 인식하고 있었다. 그러나, 현실적인 한계에 부딪혀 앞으로 나아가기 어렵다고 답했다. 그들은 KBS가 한국의 대표 공영방송인 만큼 한국이 세계와 소통할 수 있는 영어 뉴스의 창구를 갖는 것은 '당연한 책무'라고 말했다. 특히, 「방송법」 제44조 4항에 명시된 '국내외 방송 의무'를 이행하는 유일한 데일리 뉴스라는 제도적 바탕을 영어 뉴스를 계속 방송해야 하는 근거로 들었다. 「방송법」에 따른 의무와 소임을 다하기 위해 20년 전 포맷의 영어 뉴스를 계속 만들고 있지만, 지금의 영어 뉴스는 '뉴스'라고 부를 수 없을 만큼 시의성이 떨어지고 기사의 양과 질도 부족하기 때문에 영어 뉴스를 뉴스답게 제대로 바꾸어야 한다고 생각하고 있었다. 실무자 모두 "아! 이게 아닌데 ……"라는 문제의식을 분명히 느끼고 있었다.

한 전임 CP(Chief Producer: 제작 책임자)는 "KBS 영어 뉴스는 전날 <9시 뉴스>를 다음 날 오후에 전하는 이미 지나간 뉴스를 재탕하는 것"이라고 말하고, 실시간 정보의 업데이트 속도가 중요한 디지털 미디어 시대에 하루 지난 뉴스를 더빙해 방송하는 지금의 포맷은 효용이 낮다고 평가했다. 또한, 어떤 뉴스를 영어로 선정·번역할지에 대한 표준화된 편집 기준의 부재도 문제라고 지적했다. 뉴스 아이템 선정이 담당 CP 개인의 주관에 크게 의존하다 보니, 일관성이 없다는 것이다. 또 다른 전임 CP는 KBS 영어 뉴스는 중견 기자 한 명과 뉴스 PD 한 명, 그리고 네다섯 명의 프리랜서 번역자와 성우 등에 의존해 만드는"단순 번역 뉴스일 뿐"이라고 인정했다. 그러나, "1년 제작비 예산이 3억 원 정도로 적어 외주제작을 확대할 수도 없다"라고 밝히면서 답답함을 토로했다.

법적 제도적 기반 마련과 미래 전략 필요

법적, 제도적 측면에서 살펴보면, 외국어 방송을 규정하고 공적 책임으로 부과하는 방송 관련 법규나 시행령이 없거나 모호한 상태다. 여기에다 KBS는 그동안 영어 뉴스를 포함한 외국어 방송과 관련해 전사적 전략을 세우지 않았고, 전략이 있어도 경영진이 자주 바뀌는 리더십의 불안정으로 인해 KBS 영어 뉴스는 20년 동안 변화와 혁신 없이 세월 따라 그냥 흘러왔다.

「방송법」 제43조(KBS 설치 목적)는 KBS가 "국내외 방송을 효율적으로 실시"해야 한다고 규정하고 있지만, 정작 KBS 내부에서는 해외 방송에 대한 목표와 전사 전략, 세부 실행 계획, 그리고 평가 시스템이 없다. 한 전임 CP는 "20년 동안 해외 시청자에 대한 수용자 조사가 한 번도 없었다"라는 사실을 들어 지난 20년 동안 KBS가 누구를 대상으로 어떤 목적으로 영어 뉴스를 제작하는지에 대한 뚜렷한 전략이 부재했다고 말했다. KBS 영어 뉴스는 2000년 들어 위성방송 시대가 본격 개막되자 당시 일본과 유럽의 공영방송사들이 방송하던 영어 뉴스를 벤치마킹하면서 시작한 것이다. 20년 전 KBS는 법적·제도적 기반이 갖춰지지 않은 상태, 정부가 나중에 방송법을 보완해 외국어 방송을 지원할 것으로 기대하고 그냥 개문발차(開門發車) 했다고 추정된다. 그나마 지상파 전성시대가 지속되면서 KBS의 수입만으로도 데일리 영어 뉴스의 제작비를 댈 수 있었기 때문에 별도의 공적 지원이 없이도 위성을 통한 영어 뉴스의 론칭이 가능했다.

그러나, 종편의 등장과 함께 디지털 OTT 시대가 도래하면서 TV 광고 수입이 급격히 줄어 KBS 재정 수지가 만성 적자로 돌아서자, 법적 제도적 미비는 영어 뉴스를 비롯한 KBS 부가 서비스의 지속가능성을 제약하는 원인이 되었다. 현재 KBS 영어 뉴스의 모호한 위상은 출발할 때부터 부실했던 법적 제도적 기반의 취약성에서 비롯됐다고 판단된다. 현행 「방송법」 해외 대상 방송에 관한 조항이 있긴 하지만 구체성이 없어, KBS가 영어 뉴스를 해야 하는 법적, 제도적 근거가 없다. KBS는 「방송법」의 모호한 조항에 따라 공적 책무의 하나로 영어 뉴스를 방송 중이지만, 앞으로 법률로 구체적인 사항을 명문화할 필요가 있다. 한 전임 영어 뉴스 CP는 프랑스 사례를 들며 "프랑스는 국제방송의 임무와 타깃(대상 수용자)이 법적으로 명시돼 있다"라고 밝히고, 한국도 영어 뉴스의 법제화가 선행되어야 지속적인 혁신과 평가가 가능하다고 강조했다. 영어 뉴스의 법제화가 선행되어야 안정적인 독립 재원이 확보될 수 있다. KBS는 최근 해마다 수입이 줄어 제작비를 깎고 줄이고 있다. 글로벌 OTT 시대 수용자의 변화에 맞게 영어 뉴스 혁신에 필요한 재원을 KBS 예산에서는 마련할 수 없는 것이 현실이다. 영어 뉴스를 제대로 하려면 일본과 유럽 국가들처럼 정부와 국회가 제도적 근거를 마련해 KBS의 공적 책무를 명확히 규정해야 한다.

한류 4.0시대, 영어 뉴스 바로 세우기

넷플릭스 인기 애니메이션 <케이팝 데몬 헌터스> 인기에 힘입어 올여름 한류 붐이 다시 한번 거세게 불었다. <케이팝 데몬 헌터스>의 오리지널 사운드 트랙(OST) 「Golden」은 9~10월 미국 빌보드 메인 싱글 차트 '핫 100'에서 7주 연속 1위를 지켰다. 또 다른 OST 「Soda Pop」이 3위, 「Your Idol」은 5위에 올라 이른바 케데헌 세 곡이 10월 초까지 핫 100순위 중 '톱 5'에 들었다. 또, *USA TODAY* 등 외신은 구글 트렌드 데이터를 인용해, 올해 핼러윈 인기 코스튬 상위 5위를 모두 케데헌 주인공 스타일이 차지했다고 보도했다. 1위로 선정된 스타일은 극 중 K팝 걸그룹이자 퇴마사인 '헌트릭스(HUNTR/X)'의 리더 루미의 코스튬이었다. 여기다가 한국 민화 <작호도>의 호랑이 캐릭터 '더피'가 8위를 차지했다.

올여름 지구촌 곳곳에서는 한국에서 수출한 냉동 김밥과 만두가 동났다는 소식도 들린다. 또, 글로벌 커뮤니티 레딧(Reddit)에는 "바티칸 사자 보이즈(Vatican Saja boys)"라는 글을 게재해 로마 성 베드로 대성당의 김대건 성인상이 전 세계의 화제가 됐다. 한국을 찾는 해외 여행객들이 급증해 국내 박물관이나 유명 사찰도 붐비고 있다. 지난 7~8월 박물관으로 향하는 이동 경로 검색량이 지난해 같은 기간에 견줘 2.4배 증가했다. 박물관 문화 상품인 뮷즈(뮤지엄 + 굿즈)가 인기를 끌면서 이를 판매하는 국립중앙박물관 검색량은 한 해 전보다 122.7% 늘었다. 또, 전통 불교 문화를 체험할 수 있는 사찰의 검색 건수도 45.2% 뛰었다. 세계가 한국 문화를 다시 보고 현장에서 체험하기 위해 한국을 방문하고 있다.

전 세계가 한국을 알고 싶어 한다. 그것도 실시간으로 보고 싶어 한다. 영어로 된 콘텐츠의 수요도 급증하고 있다. 한국에 대한 모든 것에 대해 전 세계적으로 관심이 폭발하는 한류 4.0 시대를 맞아 KBS는 뉴스 다운 뉴스를 영어로 제작해야 한다.

이것은 KBS가 대표 공영방송으로서 수행해야 하는 공적 책무다. 지난 20년 동안 보도국 국제부 한 작은 파트 실무자들의 헌신에 의존해 명맥만 유지해 온 더빙뉴스를 혁신해야 한다. 영어 뉴스를 데일리 뉴스답게 실시간으로 방송하고, 다양한 디지털 OTT 플랫폼을 통해 스트리밍하는 서비스를 제공해 누구나 세계 어디나 언제든지 한국에 대한 뉴스와 정보를 얻을 수 있도록 콘텐츠를 제공해야 한다. 한국의 국제적 위상이 높아지고 영어를 통한 글로벌 소통의 중요성이 커진 상황에서 KBS 영어 뉴스가 이제 더는 단순한 번역 더빙 뉴스에 머무르지 말아야 한다. KBS가 전 세계 한류 팬들이 궁금해하는 한국 관련 뉴스와 정보를 실시간으로 전하는 '뉴스다운 영어 뉴스'를 방송하는 날을 하루빨리 보고 싶다.

입 선

제28회 좋은 방송을 위한 시민의 비평상

그냥 '조각'으로 남아도 괜찮아

JTBC 드라마 〈조립식 가족〉에 나타난 '대체적 가족'에 대한 고찰

안정우

1. 파제: 조립의 양가적 특성

결국 남는 것은 가족밖에 없다고 했던가. 한국 사회에서 가족은 급변하는 세상으로부터 그 구성원들을 보호해 주는 '방파제'다. 어쩌면 잠깐 스쳐 지나갔을 사람들, 심지어는 가까운 친구들조차 경쟁 상대가 되는 무한 경쟁 사회에서, 따뜻하고 편안한 안식처인 가족을 원하는 것은 인간의 자연스러운 욕구일지도 모른다. 방송에서 흔히 찾아볼 수 있는 가족의 모습은 부모와 자녀로 이루어진 핵가족의 형태를 띤다. 드라마나 영화, 다큐멘터리, 예능, 각종 광고에 이르기까지 화목하고 행복한 가족의 모습에 우리는 무방비하게 노출된다. 방송은 가족이라는 공동체에 '낭만'이라는 환상을 더해 핵가족의 형태를 '상식'으로 굳어지게 했다. 꽤 오랜 시간 동안 우리는 이런 가족의 형태를 '정상가족'이라 칭하며 통념적으로 받아들이

고, 세상의 중심에 두어 '정상적이다'를 판단하는 기준으로 삼았다.

하지만 더 이상 '그런 가족'은 없다. 가족의 다양성과 유동성은 그 영향을 무시하지 못할 만큼 이미 우리의 일상에 깊숙이 스며들었다. 이제는 가족을 단지 '혼인, 혈연, 입양 등으로 이루어진 친밀한 공동체'라는 딱딱한 사전적 정의로만 한정할 수 없다. 가족을 바라보는 사회의 시선도 달라졌다. 사람들은 결혼제도를 중심으로 자녀 출산과 양육의 기능을 강조한 기존의 가족 형태로부터 해방되기를 원하고, 세상에 존재하는 다채로운 삶의 양식에 대한 폭넓은 수용을 요구하고 있다.

가족과 그 구성원들은 이 과도기를 어떻게 대처해야 할까. 어떻게 가족 관계를 확보하고 그 안에서 자아를 확립할 수 있을까. 이러한 고민은 최근 방송에서 가족 관련 리얼리티 프로그램들이 꾸준히 증가하고 있는 현상과 1인 가족, 한 부모 가족, 다문화 가족, 장애인 가족, 청소년 부모 등 다양한 가족의 형태를 다루고자 하는 노력에서 엿볼 수 있다. 하지만 단순히 다양한 가족을 배치하고 보여주는 것만으로는 부족하다. 지금 우리에게 필요한 것은 이전에 깊이 생각해 보지 않았던 다채로운 가족 관계에 대해 보다 더 자유롭게 구상해 보는 '상상력'이다.

여기, 각자의 아픔과 사연을 가지고 기꺼이 타인과 조립된 사람들이 있다. 드라마 <조립식 가족>(JTBC, 2024.10.9~2024.11.27, 16부작)에는 함께하기로 '선택'한 가족들이 있다. '조립'은 여러 부품을 짜맞추어 하나의 완성품을 만드는 방식을 말한다. 조립해 만들어진 완성품은 '확장성'이라는 장점과 '해체 위험성'이라는 단점을 동시에 가지고 있다. 완성품에 다른 부품을 덧붙여 증축하는 방식으로 확장이 쉽지만, 외부 충격에 취약하고 상대적으로 내구성이 약하다. 이러한 '조립'의 양가적 특성을 바탕으로 드라마 <조립식 가족>의 주제 의식을 분석하고, 이 작품이 '대체적 가족'을 어떻게 다루고 있는지 평가해 보려고 한다.

2. 확장: 정상가족 이데올로기에 대한 저항

“실은 아저씨가 아빠면 좋겠어요.”

“그래. 그러면 여기 있는 동안은 아빠 해.”[1]

한순간이었다. 가족이 되는 건 그리 어렵지 않았다. 딱 한 번 마주쳤던 엄마의 맞선 상대 윤정재(최원영 분)의 보금자리 아래 강해준(배현성 분)은 정재의 아들이자 윤주원(정채연 분)의 오빠가 되었다. 이후 윗집으로 이사 온 김대욱(최무성 분)과 그의 아들 김산하(황인엽 분)가 합류하면서 그들은 해동의 ‘스페셜’한 다섯 식구가 되었다. 사별한 한 부모 가정에 우연히 마주친 어린 남자아이 그리고 이혼 가정이 조립되면서 성도 다르고 피 한 방울 안 섞였지만, 그들은 서로의 가족이 되었다. 같이 있는 시간 동안 서로를 아끼고 배려하는 것, 같이 밥을 먹고 기쁜 일이든 슬픈 일이든 모두 공유하는 것, 그거면 충분했다. 이처럼 <조립식 가족>은 당연하게 여겨왔던 가족의 범위를 과감하게 해체하고 새로운 방식으로 조립해 가족 관계에 대한 이해를 확장한다. 남들의 기준에 맞는 완벽함을 갖추지 않더라도 그 자체로 완전한, 새로운 형태의 ‘대체적 가족’을 전면에 내세운 것이다.

같이 먹고, 자고, 떠드는 공간인 ‘집’을 공유하는 것이 이들에게는 가족 관계를 형성하는 결정적 요인이다. 따라서 ‘집을 나간다’라는 행위는 ‘진짜 가족을 찾아가겠다’는 선언이다. 작중에서 농구하기 위해 친아빠를 따라 미국으로 유학 간 해준과 교통사고로 반신불수가 된 친엄마를 간병하기 위해 서울로 올라간 산하의 선택은 10년을 함께했던 가족이 한순간에 남남이 되어버리는 결정적인 전환점이다. 주원이 이 두 사람

---

1 〈조립식 가족〉(연출 김승호, 극본 홍시영), 제1화(JTBC, 2024.10.9), 51분 49초.

을 10년 만에 재회하는 장면에서 이들을 가족이 아니라 '옛 동거인'이라 소개한 것은 가족이라는 개념이 집이라는 '공간'과 그 안에서 같이 생활했던 절대적인 '시간'에 의해 크게 좌우됨을 간접적으로 증명한다.

이 작품에서 가족은 "누가 가족으로 여겨지는가?"를 판단하는 '행위'에 의해 정의되었다. 이로써 시청자들에게 "피가 섞이지 않은 사이여도, 정말 가족이 될 수 있을까요?"라는 근본적인 질문을 제기한다. 시청자에게 답을 주는 작품은 최종화에서 모든 것이 완결되지만, 질문을 던지는 작품은 결말을 보고 나서야 비로소 시작된다. <조립식 가족>은 이상적이라 여겨지는 가족의 형태에서 소외된 이들의 아픔과 성장 스토리를 밀도 있게 담아냄으로써 새로운 가족관의 틀을 제시해 준다는 점에서 충분히 가치 있는 작품이라고 생각한다.

3. 위협: 친가족이라는 외부 충격

<조립식 가족>은 "한솥밥을 먹는다"라는 의미인 '식구'가 실제로 핏줄을 나눈 친가족만큼, 아니 그 이상으로 가족애를 나누고 두터운 신뢰를 쌓을 수 있음을 시사한다. 흥미로운 점은 갑작스럽게 등장하는 혈육, 즉 친가족이 대체적 가족 안에서의 갈등을 초래하는 '위험 요소'로 작용한다는 것이다. 이 부분은 특히 산하와 그의 친엄마 권정희(김혜은 분)의 갈등에서 두드러지게 나타난다. 정희는 딸 소정(산하의 친동생)을 잃은 자신의 상실감과 이부형제인 소희(김민채 분)를 외면하고 대체적 가족을 더 아끼는 산하와 대욱에게 이렇게 소리친다.

"시간이 문제야? 가족이잖아!"[2]

해동의 다섯 식구를 가족으로 묶어주는 '시간'과 혈연으로 이어져 있는 '가족'의 완전한 대비는 '가족'이라는 공동체를 이해하는 정희의 모순적인 태도를 보여준다. 정희는 딸을 잃은 슬픔을 견디지 못해 대욱과 이혼하고, 이후 다른 남자와 재혼하여 또 다른 가족을 만들었지만, 작중에서 정상가족 이데올로기를 가장 많이 대변하는 인물이기도 하다. 정희는 산하가 자신의 곁에 남기를 바라는 이기심 때문에 산하에게 '혈연'을 강요하기도 하며, 자기 때문에 소정이 죽었다고 생각하는 산하의 죄책감을 아무렇지 않게 이용한다. 이러한 갈등은 정상가족의 형식을 갖추고 있더라도 그 구성원이 진정한 가족의 일원으로 뿌리내리지 못할 수 있다는 전통적 가족관의 한계를 보여준다. 산하가 말했듯이, '서로에게 독이 되는 가족'도 있는 것이다. 이후, 산하가 정희와의 관계에 얽매이지 않고 스스로 해동에 머물기로 선택하는 모습은 가족을 형성함에 있어서 '같이 보낸 시간'과 서로에 대한 '친밀감'이 중요하다는 주제 의식을 반영하고 있다.

단지 가족의 다양성만을 다루던 진보적 성향의 가족 드라마와는 달리, <조립식 가족>은 혼인이나 혈연관계에 있지 않더라도 생계와 주거를 공유하는 친밀한 공동체라면 가족이 될 수 있다는 새로운 시각을 노골적으로 드러낸다. 가족이라는 개념을 재정의하는 '친밀성의 관계'에 대한 본질적인 실마리를 제공한 것이다. 이로써 시청자들이 "진정한 가족이란 무엇인가?", "가족이라는 공동체에서 부모 노릇, 자식 노릇, 형제 노릇을 한다는 것은 어떤 의미인가?"에 대해 깊이 사유하도록 유도한다.

---

2 〈조립식 가족〉, 제6화(JTBC, 2024.10.23), 12분 28초.

4. 설계: 가족애라는 연결고리

<조립식 가족>은 중국 후난위성 TV 드라마 <이가인지명>을 원작으로 만들어졌다. <조립식 가족>과 마찬가지로, <이가인지명>은 혈연으로 이어진 관계가 아닌 성(姓)도 다른 세 사람이 각자의 부모에게서 받은 상처를 마주하고 함께 극복해 나가는 이야기다. 이에 대해 <조립식 가족> 연출을 담당한 김승호 PD는 제작발표회에서 이렇게 말했다.

> 설레는 로맨스와 가족들을 만나는 이야기가 준비된 드라마다. 중국 드라마를 원작으로 하지만 가족이라면 공감할 수 있는 이야기를 중점에 뒀다. 한국적인 생활 문화를 최대한 반영하려고 했다.[3]

<조립식 가족>은 원작 <이가인지명>의 기본 틀을 유지하면서도 한국 시청자에게 맞는 감정선을 추가하는 방향으로 각색되었다. 대체적 가족이라는 '새로움'을 낯설어할 시청자들을 위해 '가족애'라는 큰 틀 안에서 보편적으로 모두가 공감할 수 있는 갈등 상황을 가미하는 전략을 세운 것이다.

한순간에 정재의 집에 얹혀살게 된 해준은 '버려진 아들', '군식구'라는 꼬리표 때문에, 정재의 식당 일을 돕거나 집안일을 나서서 하는 '착한 아들'이 되고자 노력한다. 해준은 자신의 이모 강이현(민지아 분)에게 늘 "아저씨한테 잘해라"라는 말을 들으며, 정재에게 "자신을 키워준 대가"를 반드시 돈으로 갚아야 한다는 무의식적인 압박에 시달렸다. 하지만

---

3 "'조립식가족' PD "중국드라마 원작, 韓배우만의 매력+장점 극대화"", ≪스포츠조선≫, 2024년 10월 8일 자.

정재는 해준에게 이렇게 말한다.

"아빠한테 뭐 갚는다, 그런 말 하지 마. 너 갚을 거 하나도 없어. 주원이가 안 하는 말은 너도 하지 마."[4]

이 대목에서는 자식에게 뭐든지 좋은 것만 해주고 싶은 부모의 마음과 부모님이 나 때문에 고생하지 않았으면 하는 자식의 마음이 대치되어 많은 시청자의 공감을 끌어냈다. 시청자들은 각자의 가족 공동체에서 비슷한 경험을 떠올리고, 그 안에서 정재 혹은 해준과 비슷한 감정의 폭을 그려냈을 것이다. 결과적으로 <조립식 가족>은 '가족의 형태는 다르지만, 사는 건 똑같네'라는 보편적인 공감대를 형성하는 데 성공했다. 더불어 넷플릭스, 티빙 등 국내외 OTT에서 1위를 기록하는 글로벌 흥행을 이룬 것은 원작을 리메이크하고 새로운 혁신을 대중에게 전달하는 과정에서 전 세계를 아우르는 '보편성'을 갖추는 것이 좋은 전략이 된다는 점을 방증한다.

5. 모순: 가짜와 진짜의 경계선

사랑은 어떤 고통이라도 극복하게 만든다. 사랑은 본질적인 차원에서 인간을 구원한다. <조립식 가족>에서도 사랑은 가족을 지탱하는 핵심적인 요소이다. 하지만 여기서 우리가 주목할 점은 '이성적 사랑'에도 지나친 비중을 두었다는 사실이다. 태초에 이야기를 이끄는 중심인물인 주원, 산하, 해준은 로맨스 장르의 전형적인 '삼각관계'를 연상하게 한다. 실제로 작중에서 주원과 산하는 남매에서 '연인'으로 발전한다.

---

4 〈조립식 가족〉, 제7화(JTBC, 2024.10.30), 11분 7초.

"세상에 평범한 사람이 어디 있고, 사연 하나 없는 집이 어디 있어요. 각자, 나름 스페셜한 거지."[5]

<조립식 가족>은 주원의 목소리를 빌려, "우리는 각자 나름대로 스페셜하다"라는 메시지를 직설적으로 전달하고 있다. 남들이 보기에 평범하지 않아도 부족하거나 못난 게 아니라 특별하다고 생각하는 태도를 보여주며, 그들은 서로의 아픔을 보듬어주고 정서적 유대를 구축했다. 하지만 모순되게도, 그들은 '평범함'을 갈망했다. 결국 남매가 아닌 연인이 되기를 선택했고, 남들처럼 평범한 가족이 되기 위해 정재와 해준의 친엄마 강서현(백은혜 분)은 '재혼'이라는 제도를 선택했다. '재혼 가정'이 초혼으로 결성된 핵가족 중심의 정상가족 이데올로기를 극복하려는 시도인 것은 분명하다. '새로운 행복 찾기'라는 목적을 달성하고자 재혼을 결심했을 그들을 비난할 순 없다. 하지만 <조립식 가족>은 전통적 가족의 형태에서 벗어난 '대체적 가족'에 대해 이야기함으로써 차별화된 신선함을 보여주었기에, "어쨌든 다정이 최고다"라는 슬로건을 내걸기 위해서라도 남자와 여자의 이성적 사랑을 전제로 하는 로맨스를 최대한 덜어내야 했던 작품이 아닐까.

JTBC 공식 유튜브 채널 'DRAMA Voyage'에 업로드된 <조립식 가족> 최종화의 클립 영상은 "결혼으로 가짜 → 진짜 가족이 된 조립식 식구들"이라며 해피엔딩이라는 타이틀을 내걸었다. "가족이라는 개념에 진짜와 가짜가 어디 있어?"라고 말하는 것이 아니라, '진짜'와 '가짜'라는 이분법적인 시각으로 이제는 그들이 '진짜 가족'이 되었다고 설명한다. 진정 이 결말을 해피엔딩이라 할 수 있을까? 몇 회차에 걸쳐 "같이 울고 웃고 삽시다"라고 외쳤던 용기에 비해, 가족의 유연성에 수반되는 불안

---

5 〈조립식 가족〉, 제2화(JTBC, 2024.10.9), 16분 19초.

정성과 불확실성을 이겨내지 못한 채 혈연을 중심으로 한 '진짜' 가족에 편입되는 결말에 도달하고 말았다. 대체적 가족을 제안하는 작품이 결국은 사회가 평범하다고 말하는 정상가족의 카테고리에 들어가기 위한 여정이었다고 생각하면 허무하다.

<조립식 가족>에서는 다양한 형태의 가족이 이미 낯선 존재가 아니라는 사실을 강조해야 했다. 사회가 정한 정상가족이 아니더라도 차별받거나 배제되지 않도록 소외된 이들의 '사회적 낙인'이 완화되는 과정을 구체적으로 그려냈으면 어땠을까. 그들이 대체적 가족으로서 앞으로의 행복을 보장받을 수 있다는 긍정적인 미래를 보여주었으면 어땠을까. 반드시 다른 조각과 어떠한 형태로든 조립되어야 하는 것이 아니라, 다시 해체되더라도 그냥 조각 '그 자체'로 남아도 괜찮다는 더 높은 차원의 이해와 수용으로 이어지지 않아 아쉬움이 남는다.

6. 희망: 스페셜한 모두를 위한 찬사

<조립식 가족>은 '어디까지가 가족인가?'에 대한 사회적 논의가 이루어지고 있는 한국 사회에 시기적절하게 등장했다. 그리고 해동의 스페셜한 가족들을 통해 누구나 가족 공동체를 자신이 원하는 대로 자유롭게 구성할 수 있어야 하며, 그 가족이 어떠한 형태로 이루어졌든 차별 없이 지위를 마땅히 인정받아야 한다고 주장한다. 스페셜한 가족들의 이야기로 울고 웃는 시간 동안, 우리는 가족의 재정의를 위해서 새로운 연대와 신의에 관한 규정이 필요하다는 것을 깨달았다.

그렇다면 이제 우리는 어떤 방향으로 나아가야 할까. 어떤 가족이 바람직한 가족인지, 나와 가족이 모두 행복해지는 방법이 있을지, 나는 어

떤 가족을 이루고 싶은지, 가족에 관한 질문이 무한히 생성된다. 하지만 하나 확실한 것은 가족 다양성을 수용하는 것이 자신의 행복을 위해, 나아가 함께 살아가는 사회 구성원들의 행복을 위해 필요하다는 사실이다. '순수한 친밀성'으로의 지향이 앞으로 우리가 가족을 자유롭게 상상할 수 있는 토대가 되어줄 것이라 믿는다.

방송은 결국 나의, 나아가 우리의 이야기이며, 방송에 드러난 현실은 사회의 모습과 매우 닮아 있다. 자격이나 조건을 묻지 않고 이유 없이 반겨주는 것. 방송은 이러한 환대의 공간이 되어야 한다. 앞으로도 방송이 '다름(difference)은 치명적이다'는 기존의 고정관념을 의심하고, '다르기 때문에 다양함을 대변할 수 있다'는 새로운 관점으로 높은 공공성과 사회적 의식을 실현하기를 기대해 본다.

나의 미지를 찾아서

양서연

엔딩 자막이 "Our Unwritten Seoul"에서 "Our Written Seoul"로 바뀌는 순간, 드라마는 단순한 위로를 넘어 한 가지 질문을 남긴다.

"우리가 쓰지 못한 채 붙들려 있던 건, 결국 무엇 때문일까?"

<미지의 서울>은 두 사람이 보여주는 불안의 두 얼굴로 이 질문을 풀어간다. 부상 이후 웅크린 미지의 좌절형 불안, 멈추면 무너질까 달리는 미래의 과잉성취형 불안. 표정은 다르지만 실패하면 끝난다는 그 두려움의 뿌리는 같다.

이 글은 쌍둥이의 교차 서사를 그 두 불안의 렌즈로 읽고, 그 배경으로서의 서울과, 더 깊은 토양인 가족의 결핍이 어떻게 불안을 키우고 방향을 바꾸는지 짚어본다. 결국 "미지의 서울"이 "나의 서울"로 바뀌는 과정은, 두려움의 언어를 내 언어로 번역해 가는 과정이기도 하다.

1. 교차된 삶, 정체성을 묻다

사람들은 늘 자신이 살지 못한 인생에 부러움을 품는다. 미지는 미래가 가진 '우수한 성적, 안정된 직장, 모두가 칭찬하는 삶'을 동경했고, 미래는 미지가 누리는 '자유, 빛나는 모습'을 부러워했다. 드라마 속 '쌍둥이의 삶 교환' 설정은 우리가 한 번쯤 상상해 본 '다른 삶'을 직접 체험하게 한다. 하지만 막상 그 자리에 들어가 보면, 반짝여 보이던 삶에도 고통과 불안이 똑같이 깃들어 있음을 알게 된다.

서울에 올라간 미지는 가족에게 무심한 줄만 알았던 언니가 사실 직장 내 괴롭힘으로 무너져 있었다는 사실을 알게 되고, 고향으로 내려와 잠시 동생의 삶을 살아보게 된 미래는 책임에서 벗어나 자유로워 보이던 동생이 사실 자기 자리조차 찾지 못해 방황하고 있음을 깨닫는다. 서로가 "배부른 소리"를 한다고 여겼지만, 서로의 자리를 살아본 뒤에야 상대 삶의 무게를 이해하게 된 것이다. 우리는 늘 '내가 아닌 삶'이 더 나을 거라 상상하지만, 중요한 건 더 나은 삶을 찾아 헤매는 일이 아니라, 지금 이 자리에서 스스로의 이야기를 다시 써내려 가는 용기다.

2. 마지막 첫 페이지

마지막 화의 제목 <마지막 첫 페이지>는 드라마의 메시지를 가장 압축적으로 드러낸다. "마지막"은 미지와 미래가 서로의 삶을 바꿔 살아본 여정이 끝났음을 뜻하고, "첫 페이지"는 비로소 자기 삶을 새롭게 써 내려가기 시작함을 상징한다. 두 사람은 타인의 시선에 종속된 시간을 끝내고, 각자의 인생에서 새로운 첫 장을 열었다.

미래는 성적·직장으로 상징되는 안정의 표면 아래, 타인의 기대와 규범에 순응해 온 완벽주의의 불안을 숨기고 있었다. 존경하던 사수가 직장 내 부조리를 고발했을 때 처음으로 용기를 내 싸움에 뛰어들었지만, 결국 사수가 떠난 뒤 혼자가 되자 "차라리 나서지 말걸"이라는 후회와 자기혐오에 빠진다. 하지만 마지막 화에서 그는 "누가 시켜서가 아니라 내 뜻대로 내 힘으로 할 수 있는지 시험해 보고 싶다"라고 말하며, 과잉 성취의 궤도를 벗어나 비로소 선택의 주체로 서게 된다.

반대로 미지는 부상 이후 도전을 두려워하며 '하고 싶은 일'이 아닌 '할 수 있는 일'만을 선택하는 좌절형 불안에 갇혀 있었다. 그러나 마지막 화에서 그는 심리학과에 진학해 상담사가 되겠다고 말한다. 더 이상 실패가 두려워 숨는 사람이 아니라, 자신의 상처를 발판 삼아 타인의 상처를 돌보려는 사람으로 거듭난 것이다. 극 중에서 반복적으로 언급되듯, 미지는 끝끝내 타인의 닫힌 문을 열어내는 사람이다. 직장 내 괴롭힘을 견디지 못하고 무너졌던 미래도, 어린 시절 사고로 장애를 갖고 마음을 닫았던 어린 호수도, 남의 인생을 훔쳐 살았다는 오명에 괴로워하던 상월 할머니도, 남은 한쪽 귀의 청력마저 잃고 모든 것을 놓아버리려 했던 어른 호수도, 결국 미지의 손에 의해 다시 일어서게 된다. 미지의 변화는 단순히 자기 삶을 다시 쓰는 데 그치지 않는다. 그는 좌절을 끊어내고, 동시에 타인의 삶까지 다시 시작할 수 있도록 이끄는 인물로 자리매김한다.

두 사람의 불안은 얼핏 정반대처럼 보이지만, 사실 실패에 대한 두려움에 붙잡혀 있다는 점에서 같은 뿌리를 공유한다. 한쪽은 실패 이후 움츠러들고, 다른 한쪽은 실패를 피하려 과도하게 내달린다. 결국, 미지는 미래에게서 '안정과 성취'를, 미래는 미지에게서 '자유와 여유'를 엿보았다. <미지의 서울>은 이 거울 같은 관계를 통해 청춘의 불안이 형태만 다를 뿐, 결국 같은 두려움에서 비롯됨을 보여준다.

3. 서울, 불안과 재도전의 무대

제목 속 '서울'은 단순한 배경이 아니다. 화려한 기회의 땅이면서도 누구보다 치열하게 경쟁해야 하는 도시, 그 속에서 청춘은 끊임없는 불안을 경험한다. 직장에서의 괴롭힘 앞에서 무너지는 미래, 서울에서 제자리를 찾지 못해 떠나려는 미지의 모습은 이 도시의 양면성을 보여준다.

앞서 본 두 인물의 불안은 곧 오늘날 대한민국 청년들의 현실이다. 취업난, 주거 불안, 경쟁 과잉 속에서 많은 청년들은 한 번의 실패가 곧 낙인으로 이어질까 움츠러든다. 이는 미지의 좌절형 불안과 맞닿아 있다. 반대로, 끊임없이 스펙을 쌓고 타인의 기대에 부응하기 위해 달리지만 정작 스스로의 욕망은 뒤로 밀려나는 경우도 많다. 이는 미래의 과잉 성취형 불안과 닮아 있다.

<미지의 서울>이 그려낸 청춘의 불안은 단지 극 속 이야기가 아니라 지금을 살아가는 세대의 초상이다. 이 드라마의 의의는 좌절과 과잉 성취라는 두 얼굴을 교차시킴으로써, 불안의 근원이 개인의 성격이나 결핍을 넘어 사회구조적 압박에 있음을 드러낸 데 있다. 동시에 인물들이 끝내 자기 선택의 길을 찾는 과정을 통해, 청년들에게 불안을 인정하면서도 다시 시작할 수 있다는 희망을 제시한다.

4. 결핍의 대물림

드라마는 불안의 뿌리를 개인의 기질로만 설명하지 않는다. 부모-자식 관계의 결핍이 어떻게 각자의 불안 유형에 영향을 미쳤고, 다시 그 불안이 선택의 방향을 바꾸는지 또렷하게 보여준다.

어린 시절 미지는 몸이 약한 미래 곁에서 늘 뒷전으로 밀려났다. 엄마에게는 늘 언니의 건강이 우선이었고, 응석조차 부릴 수 없었던 그 결핍은 성인이 된 뒤에도 인정받지 못했다는 서운함으로 남았다. 9화에서 모녀의 대화는 그 억눌린 감정을 처음으로 터뜨리는 계기가 된다. 미지가 "미래랑 나랑 뭐가 그렇게 달라? 똑같은 건 바라지도 않아. 그냥 나도 한 번쯤은 봐줄 수 있잖아"라고 말했을 때, 그것은 단순한 투정이 아니라 존재 자체를 인정받고 싶다는 갈망의 고백이었다. 이에 엄마 옥희가 "나는 뭐 엄마 눈길 받고 자랐니?"라고 반문한 대목은, 그녀 역시 부모에게 충분한 사랑을 경험하지 못했기에 '좋은 엄마' 역할을 수행할 자원이 없었음을 드러낸다. 이 장면은 모녀간의 갈등이 단순히 개인적 감정의 문제가 아니라, 사랑의 결핍이 세대를 거듭하며 재생산되는 과정임을 보여준다.

비슷한 맥락에서, 미래와 엄마의 갈등도 또 다른 '결핍'을 보여준다. 엄마에게 미래는 늘 "잘 다니는 회사에 다니는 자랑스러운 딸"이었지만, 미래가 갑작스레 회사를 그만두겠다고 말했을 때 엄마는 당혹감을 드러낸다. 성적과 직장이라는 성취가 엄마의 기대를 충족시켰던 만큼, 엄마의 바람은 언제나 미래를 압박하는 굴레가 되어 있었다. 그러나 이는 결국 미래가 진정 원하는 삶이 아니라, 엄마의 욕망과 결핍이 투영된 결과였다.

미지의 좌절형 불안은 "나는 중요하지 않다"는 학습된 감정에서 출발한다. 인정받지 못한다는 감각은 도전을 '또 한 번의 배제'로 오인하게 만들었고, "어차피 실패할 텐데"라는 두려움이 하고 싶은 일 대신 '할 수 있는 일'을 고수하게 했다. 반대로 미래의 과잉 성취형 불안은 "나는 만족시켜야만 한다"는 학습된 규범에서 비롯된다. 엄마를 만족시키기 위해 성적과 직장을 남들이 보기에 안정적으로 유지해야 한다는 압박이

켰고, 내가 이 선택을 하면 모두가 실망할 것이라는 두려움과, 나는 실패하면 안 된다는 공포가 멈춤을 허락하지 않았다. 인정이 부족하면 헤드라이트가 꺼져 길 앞이 작아지고, 자율이 부족하면 남의 내비게이션에 인생이 묶인다. 결국 좌절형은 멈추고 과잉 성취형은 멈추지 못할 뿐, 둘 다 인정과 자율의 결핍에서 비롯된 두 얼굴의 불안이다.

5. 결론: 나의 미지를 찾아서

'미지'는 캐릭터 이름을 넘어, 내 안에 숨어 있는 두 얼굴을 가리킨다. 실패가 두려워 고개를 못 드는 부분, 혹은 멈추지 못해 스스로를 몰아붙이는 부분.

그 조용한 부분을 붙잡아 이름 붙이고, 다룰 수 있는 크기로 끌어내는 것, 드라마는 그 과정을 장면으로 보여준다. 큰 결심 한 번이 아니라, 매일의 작은 선택들이 방향을 바꾸는 과정으로.

남는 문장은 이거다. 불안의 형태는 달라도, 주어가 '남'인 한 회복은 오지 않는다.

미지는 '인정'의 결핍을 직면한 뒤, 두려움을 돌봄의 기술로 바꾼다. 미래는 '자율'의 결핍을 자각하고, 남의 기준에서 내 기준으로 축을 옮긴다. 그래서 "나의 미지를 찾는다"라는 말은 거창한 변신이 아니라, 주어를 남에서 나로 고치는 일이다.

드라마는 묻는다. 당신은 지금, 어디에서 어떤 모습의 '미지'를 찾고 있는가? 그 질문에 답하려는 바로 그 순간, 이미 당신의 첫 페이지는 쓰이기 시작한다.

입선

내일은 오고 있고 오늘도 여전했으며 어제가 끝나지 않는 것만 같지만

〈미지의 서울〉이 건네는 미완의 위로

이예진

들어가며

최근 들어 <나의 해방일지>나 <우리들의 블루스>, <폭싹 속았수다> 등과 같이 휴먼 드라마 중에서도 소위 말하는 힐링 드라마, 달리 말하자면 '위로'를 위한 드라마가 심심찮게 창작되고 있다. 아무래도 '아프니까 청춘'이라는 말로 오랜 시간 고통을 받아왔던 현 세대가 주요 콘텐츠 소비자로 부상하며 형성된 자연스러운 흐름인 듯하다. 그러나 애석하게도 나는 그런 시청자를 울리고 위로하는 유의 드라마가 정말로 유효한지에 대해서는 회의적인 편인데 그 이유의 요지만 적자면 이미 존재하는 상처를 들여다보는 것이 아니라 위로하기 위해 상처를 만들어놓은 것 같다는 느낌을 지울 수 없었기 때문이다.

청년 세대의 불안한 심리를 섬세하게 통찰한 것으로 꽤 많은 호평을 받았던 <미지의 서울> 역시 결국에는 그렇게 미워하게 되리라 예상하고 보기 시작했다. 그리고 예상과는 다른 감상을 얻었다. 좋았다. 서툴기는 해도 작품이 전하고자 하는 위로를 거부감 없이 받아들일 수 있었다. 흠 잡을 곳 없이 완벽했다는 것이 아니다. 오히려 부족했던 현실성과 개연성이라거나, 어느 정도 전형적인 인물, 작품의 모든 곳에 만연한 불확실성 등 여러 측면에서 지적이 가능한 요소를 포착할 수 있었다. 그런데 이상하게 그 지점들이 작품이 전하는 위로를 유효하게 만드는 듯했다. 우리가 흔히 '흠'이라고 지적하곤 하는 다양한 미숙함들이 어떻게 작품의 의도와 맞물려 더 좋은 시너지를 낼 수 있는 걸까. 이 미완의 가치를 살펴보고자 한다.

현실은 다르다는 걸 '안다'

<미지의 서울>은 안정적인 일자리 없이 농사를 돕고 소일거리 하며 지내던 미지가 서울에서 홀로 지내며 직장 내 따돌림을 견디고 있었던 미래의 자리를 대신하는 것으로 시작한다. 고향으로 돌아간 미래는 미지가 하던 대로 할머니, 월순을 간병하며 미지가 이력서를 넣었던 딸기밭에서 농사를 돕는다. 직접 모종을 알아보고 하우스를 꾸려가는 등의, '노동'을 하는 감각은 천천히 미래의 몸과 마음을 회복시킨다. 한편 미래 대신 금융관리공사에 출근을 하게 된 미지는 업무에서 배제되고 있었던 미래의 상황과 맞물려 다행히 그럭저럭 버텨나간다. 그럼에도 미래를 괴롭혔던 가해자들의 계략에 넘어가 인사고과에 부정적인 영향을 미칠 만한 일을 수락하게 되는데, 나름의 붙임성과 당돌함으로 생각지도 못한 쾌거를 거두기도 한다. 그리고 이후로는 인물들 간의 크고 작은 갈등

이 해소되고 러브라인이 진전되며 사내 비리 고발에도 성공하고 권력형 성폭력을 가한 인물에게도 소송을 거는 등 악을 처단하는 흐름까지 무난하게 이어진다. 시작은 우리와 같았어도 마지막은 현실과 다르다. 결국 악인은 벌을 받고 모든 인물들은 전보다는 더 행복해진다. 특히 한 사람의 개인이 다수, 기업을 상대로 하여 비리를 고발하는 데 성공하는 건 판타지에 가깝다. 분명 같은 외로움을 느끼는 사람의 이야기일 거라 생각하고 보기 시작했는데 드라마가 끝나고 나면 외로운 건 이쪽뿐이다. 아무리 그래도 현실은 다르지. 수용자들이 드라마를 보며 종종 남기곤 하는 이 짧은 평가에는 그런 아쉬움이 내재되어 있을 것이라 생각한다.

"어제는 끝났고, 내일은 멀었고."

발목 부상으로 육상을 그만두며 스스로 고립되었던 미지가 뇌경색으로 쓰러진 월순을 보러 가기 위해 방 안에서 외우던 문장이다. 작품 밖의 시청자조차 귀를 기울이지 않으면 알아듣기 힘들 정도로 미지의 주문은 오로지 스스로만을 움직이기 위한 절박한 속삭임에 가깝다. 그렇게 벗어난 방에서 병원까지 30분 거리를 꼬박 네 시간 동안 걸어가 만난 월순은 미지를 보듬어준다. 그동안 미지의 마음을 몰랐지만, 미지가 와줘서 알았다고. 미지의 이름처럼 아직 모르는 일이라고. 어제는 끝났고, 내일은 멀었고, 그리고 오늘은 아직 모른다. 극 중에서 미지가 두려움을 마주하고 나아가려 할 때마다 외던 주문은 비로소 그렇게 완성된다.

그런데 사실 이 문장의 안티테제도 명백히 성립한다는 것을 우리는 잘 안다. 작품에서도 실제로는 이 주문의 정반대 상황이 한참이나 지속된다. 절망스럽기만 한 미래의 하루는 변하는 것 없이 반복되었다. 어제나 오늘과 다르지 않을 게 뻔한 내일은 쉼 없이 매정하게 다가오기만 했을 테고, 끔찍한 어제들은 쌓이고 쌓여 영영 끝나지 않는 것만 같았을 테다. 그 절망적인 현실의 모습을 작중에서 충분히 보여주었기에 미지의 주문이 더 부질없어 보이고 그렇기에 괜히 더 지켜주고 싶다는 마음이 든다. 결국 픽션은 픽션. 미래는 사내 비리를 고발하는 데 성공하며 성폭력을 가했던 상영에게도 법의 철퇴를 내린다. 그러나 현실에 서 있는 우리는 알고 있다, 여기에서만큼은 그런 결말을 기대하기 어려우리라는 걸. 비리는 사라지기 어렵고 조금이라도 체제를 거스른 사람은 끝까지 외로이 지낼 것이며 결국 모든 문제를 홀로 뒤집어쓰고 지워질 거라는 걸. 작품 속의 모든 '아직 모르는' 기적들은 사라지고, 우리에게는 부질없지만 그렇기에 더 지켜나가고 싶은 미지의 주문만이 남는다. 어쩔 수 없이 발생하는 픽션과 현실 사이의 괴리감이 오히려 그 메시지를 붙들고 싶게 만든 것이다.

틀을 벗어나다 만 인물들

<미지의 서울> 속 인물들은 클리셰의 문법으로부터 완전히 자유롭지는 못하다. 이는 마지막까지 작품의 호오를 판단하는 데 어려움을 겪었던 이유 중 하나이기도 하다. 미지는 극 중 별명부터가 유'캔디'로 2000년대 초반 유행했던 외로워도 슬퍼도 씩씩하고 넉살 좋게 이겨낼 줄 아는 캔디형 여성 주인공의 전형이다. 미래는 맏딸로서 살림에 보탬이 되며 나름대로 겪는 아픔과 외로움이 있어도 가족을 위해 그것을 묵묵히 숨기는 장녀형 인물의 전형이다. 수호와 세진은 어떤가. 그들은 모두 미지와 미래보다 높은 급여를 받거나(변호사) 이미 축적해 둔 재산이 있는(과거 잘 나가던 자산운용사의 최고경영자), 상대적으로 경제적 계층의 상위에 자리하고 있어 '신데렐라 서사'의 가능성을 넌지시 제안하는 인물들이다. 으리으리한 단독주택으로의 입성이나 백화점에서 쇼핑하는 장면이

생략되어 간과될 뿐. 경구가 동성애자라는 나름의 반전도 최근의 시청자들로서는 예상하기 어렵지 않았을 것이다. 문신을 보여주겠다고 웃통을 드러낼 수 있을 정도로 서슴없으며 계속해서 미지, 혹은 미래를 쫓아다니고 들러붙지만 어쩐지 '위협'적이지는 않다. 진실이 밝혀진 후에는 미지와 수호를 이어주는 오작교 역할까지 충실히 수행하고야 만다. 역시 로맨틱 코미디물에서 종종 활약하는 게이 베스트 프렌드의 전형이다.

그런 한편 이들을 틀 밖으로 끌어내려는 시도 역시 분명히 엿보였다. 먼저 캔디형 주인공 미지에게는 어두웠던 과거가 있었다. 밝고 명랑한 여성 주인공에게 과거에 아픔이 있었다는 설정 자체도 전혀 새롭지 않으므로 이제는 그 아픔을 어떻게 형성할지가 중요한 듯싶다. 작가는 미지가 꽤 오랜 시간 고립·은둔 청년이었다는 설정을 택했다. 고립·은둔 청년은 신자유주의의 출몰에 따라 고착화된 경쟁 사회의 여러 부작용 중 하나라고 볼 수 있다. 그럼에도 우리 사회에서는 그들을 곱지 않게 보는 시선이 지배적이다. 다 의지가 부족한 거라며 그들을 탓하고, 한심하게 여기고, 그들에 대한 무지를 휘두르며 크고 작은 가해를 한다. 작중에서 옥희가 더 이상 미지를 기다리지 못하고 그만하면 되었으니 적당히 하고 나오라며 닦달하기도 했듯. 그러나 동시에 사슴이 사자를 피해 도망치는 것이 죄가 아니듯 살자고 하는 짓은 다 용감한 것이니 괜찮다고 말해주는 월순이 있기도 하다. <미지의 서울>에서는 방 밖으로, 세상으로 나설 수 없는 이들을 향한 날 서지 않은 시선이 느껴진다. 그 섬세함이 다층적인 설정을 납득할 수 있게 만들고 그렇게 납득된 설정이 다시 인물을 입체적으로 만든다.

수호 역시 장애와 다양한 가족형태 등의 키워드를 부여받은 인물이다. 후천적 장애를 가진 인물로 누구에게나 언제든 장애가 생길 수 있음을 시사하며, 그럼에도 혈연은 아니나 가족이 되기로 서로를 선택한 분홍이 수호 홀로 그 모든 과정을 감당하고 있지 않도록 곁을 지키며 마찬가지로 누구나 스스로를 가족 되기로 선택한다면 가족이 될 수 있다는 것을 말한다. 옥희가 분홍에게 말했듯, 분홍과 호수가 가족이 아니라면 세상천지에 누가 가족이겠는가. 한편 경구는 자신의 성 지향성으로 인해 움츠러든 인물로 그려지지 않았다는 점이 좋았다. 분명히 그들이 겪는 차별은 실재하나 미지와 같이 자신의 존재를 받아들이고 연대하는 동지가 있다면 남들과 다를 바 없이 당연하게 살아가기도 한다는, 미래지향적인 측면에 초점을 맞추려는 시도로 느껴졌다. 미래와 미지, 옥희는 모두 '돌봄'을 수행하고 있다는 점에서도 기존 텔레비전 드라마에서 자주 비춰지던 여성상의 전형이다.

그러나 그 돌보는 행위를 당연시하지 않고 돌봄의 노동적인 측면, 가족이라는 이름 아래 마땅히 수행하긴 하나 그렇다고 힘들지 않은 것은 아닌 그 양가적인 감정을 포착했다는 점에 의의가 있다. 이 관점은 여성의 돌봄과 노동에 대한 새삼스러운 인식을 가능하게 한다. 이렇듯 <미지의 서울>에 등장하는 대부분의 인물들이 한편으로는 전형적이나 한편으로는 낯설다. 오히려 완전히 새롭지도 익숙하지도 않기에 인물들에 대해 쉬이 판단하기 어렵다. 모호하게 새로운 인물들은 또 한 번 '아직 모르는 것'이라는 작품의 주요 캐치프레이즈를 전달하는 데 메타적으로 기여한다.

아직 혹은 영영 모르는

<미지의 서울>에서 또 하나의 주목할 점은 작품의 곳곳에 존재하는 불확실성이다. 꽤 오랫동안 텔레비전 드라마를 포함한 창작물 전반에서 인

물들로 하여금 확고한 신념과 뚜렷한 가치관을 갖도록 하는 것은 필수적인 요소로 여겨져 왔다. 설령 인물에게 확신이 부족하더라도 창작자와 창작물은 확실성의 문법으로 콘텐츠 소비자를 안심시킬 수 있어야 했다. 벤 싱어는 저서 『멜로드라마와 모더니티』에서 멜로드라마를 구성하는 다섯 가지 핵심 구성 요소 중 하나로 감각 과잉을 꼽는데, 보통 이 과잉은 극단적인 도덕적 불의와 악당을 이용하는 경우가 많다. 결국 멜로드라마의 가장 큰 목표는 악당을 없애버리는 것이다. 그를 통해 수용자들에게 카타르시스적 쾌감을 제공해 온 것은 유구한 전통과도 같았다.[1]

그러나 <미지의 서울>에는 그런 고집이 부족했다. 선과 악의 경계가 모호하고, 작품 자체에서도 어떠한 확신을 가지고 무언가를 고집하지 않는다. 예시로 미래는 우리가 텔레비전 드라마의 주인공에게 기대하는 만큼의 절대적인 선의를 갖추고 있지 않았다. 자신 이전에 따돌림을 당하던 선임을 모른 척 지나쳤고 필요한 자료를 전부 제공해 줄 테니 다시 한 번 비리를 고발해 달라는 간절한 요구도 몇 번이고 거절했으니 말이다. 다만 그럼에도 결국 미래가 옳은 일을 하기로 결심했던 것은 어떤 대단한 정의감이나 복수심에서가 아니라 그저 소시민적인 양심에 따랐을 뿐이다. 평생 한 번쯤은 정의로운 일을 해보고 싶다는 그런 소박하지만 누구에게나 존재하는 욕망. 그 욕망에 따라 움직인 인물이었기에 시청자로 하여금 옳고 그름에 대해 고찰할 지점을 제공할 수 있었다.

모든 곳에 공기처럼 존재하는 이 불확실성, 무지의 가능성에 대해 어떻게 생각하는지 파악하려면 월순에게 주목해야 한다. 작중에서 월순은 꽤 굵직한 비중을 차지하는 노인 인물로 등장한다. 종종 간과되고는 하

---

1 벤 싱어(Ben Singer), 『멜로드라마와 모더니티』, 이위정 옮김(문학동네, 2009), 67~68쪽.

나 노년 세대 역시 무지의 기회를 자주 박탈당하고는 하는 또 다른 피해자다. 드라마 텍스트에서 연로한 인물은 주인공에게 역경을 안겨주기 위해 기능하는 악역이 아닌 이상 삶에 통달해 어떠한 선택 혹은 갈등의 기로에 놓인 주인공에게 결정적인 조언 내지는 노력을 제공하는, 지혜로운 현자의 이미지로서 구현되는 경우가 대부분이다. 그리고 그나마 그들에게 주어지는 무지의 기회는 급변하는 시대에 적응하지 못해 발생하는 기성세대로서의 괴리감, 대체로 현대 사회의 달라진 체계와 디지털·미디어 기기에 국한된다.

그러나 월순은 사람에 대해서도, 삶에 대해서도 무지했던 순간을 보이고 그를 인정하는 인물이다. 월순은 미지의 마음을 온전히 알지 못했으며 옥희와의 관계도 어떻게 풀어야 하는지 알지 못했고, 노화하는 신체를 바라보면서는 똑같이 두려움을 느낀다. 그리고 마지막의 마지막까지 월순은 불확실한 여정에 대해 이야기한다. 월순이 죽기 전날 밤 월순은 미지의 꿈에 나와 여행을 떠날 것이라 말한다. 여행은 종종 미지의 세상, 세계를 탐험하고자 하는 결심의 메타포로 사용된다. 연로한 노인이 되어서도 아직 가보지 못한 세상이 있으며, 새롭게 알아갈 수 있는 것이 여전히 존재한다. 인간이라면 누구에게나 무지의 가능성이 존재한다. <미지의 서울>이 월순을 퇴장시키는 방식에서 비로소 그것을 깨달을 수 있다.

작중에서 인물들이 가장 빈번하게 하는 말 중 하나는 바로 "모른다"는 선언, 실토 혹은 변명이다. 이들은 정말 많은 것을 모른다. 어떤 선택이 옳은지에 대해서는 물론이고 가족도, 친구도, 심지어는 자기 자신마저도 모른다. 이것도 모르고 저것도 모르는 인물들이 끌어나가는 작품은 어떤 면에서는 미숙하게 느껴지기도 한다. 그러나 곳곳에 존재하는 이 미숙함이야말로 작품으로의 몰입을 돕는 진입로의 역할을 하고 있는 듯했다. 위로를 전하려고는 하지만 작품의 전반적인 논조 자체가 불확실성으로 가득 차 있고 그마저도 미완의 미를 풍기니 다른 여러 휴먼드라마들과 크게 다르지 않은 의도를 가지고 있었어도 그 거부감이 덜했던 듯싶다. '당신에게는 이 위로가 필요해'가 아닌, '당신에게는 이러한 위로가 필요했었을지도 모르지'의 조심스러운 배려로 느껴졌다. 한쪽이 다른 한쪽에게 일방적으로 메시지를 전달하는 것이 아닌, 피차 모르는 것이 많은 와중에 건네지는, 일단 당신은 당신에게 조금 너그러울 필요가 있다는 그 서툴고 아무렇지도 않은 위로. 아무래도 우리에게는 그런 '뭘 모르는' 위로가 필요했던 것은 아닐까.

우리는 여전히 우리를 모른다

무엇 하나 완전하게 안다고 자신할 수 없는 세상이다. 어쩌면 확신이란 건 불안하기에 더더욱 갈망하게 된 허상 같은 걸지도 모른다. 그럼에도 이 사회에서 모른다는 걸 인정하는 건 약점이 된다. 무지, 혹은 미지의 상태가 곧 불안으로 직결되는 지금의 우리에게 <미지의 서울>은 모르는 상태, 나아가 그렇기에 미숙한 상태를 마주하고 수용해도 괜찮다는 가능성을 제시한다. 작품 속 인물들은 몰랐던 것을 알게 됨으로써 앞으로 나아간 동시에 한편으론 여전히 많은 것을 모르는 채로 살아갈 것이다. 미지는 남들보다 약간 늦게 시작한 대학 생활이 어떤 모습일지 알지 못하며 수호 역시 청각을 잃은 후의 삶이 어떤 모습일지 알지 못한다. 미래는 자기 자신에 대해 알아가기에도 바쁘다. 알지 못하는 상태야말로 어떤 답을 내릴 것이며 어떠한 방향으로 그 답을 찾아갈 것인지 온전히 고찰할 수 있는, 무한한 가능성이 잠재된 상태다.

나는 내가 <미지의 서울>을 좋아하게 될 줄 몰랐다. 드라마로부터 위로를 얻는 것이 가능할 줄 몰랐다. 몰랐으나, 새롭게 알게 되었다. 작품 자체가 나 자신의 '아직 몰랐던' 영역을 발견하는 데 결정적인 역할을 했으니 이 세상은 아직 모르는 것으로 가득 차 있다는 그 목소리를 부인하기도 어렵게 되었다.

"알면 알수록 모르겠어."

한 인물이 다른 인물을 바라보며 느꼈던 감정을 말할 때 쓰인 대사다. 그러나 알면 알수록 모르겠다는 그 말은, 어디에서나 적용될 수 있을 듯하다. 이 세상에, 타인에게, 나 자신에게 알면 알수록 더 알아가고 싶은 무한한 가능성이 잠재되어 있길 바란다.

입 선

제28회 좋은 방송을 위한 시민의 비평상

전태일은 왜 노무진을 선택했을까?

따뜻한 드라마가 뜨뜻미지근한 세상조차 만들지 못할지라도

이재경

프롤로그

"뭐라고 부르면 좋을까요?"

나는 조금 어색하게 그분에게 물었다.

"음, 여사라고 부르면 되지 않을까. 여사님이라고 불러."

"여사요? 아. 네."

나는 웃었다. 그 웃음은 그 상황에서 어쩔 수 없이 지어야 하는 웃음이었다.

'여사?'

나는 그 이후 한 번도 그분을 부른 적이 없었다. 그냥 가까이 다가가서 안녕하세요. 인사만 건네었다. 날씨 같은 짧은 대화만 오갔을 뿐이다.

그분은 회사 건물을 청소하는 도우미였다.

시작하다

따뜻한 드라마였다. 다소 무거울 수 있는 주제인 노동자에 대한 현실을 그려냈음에도 불구하고 경쾌하고 발랄하고 웃음도 있었다. 요즘 드라마는 특히, OTT 드라마의 경우는 더욱더 자극적 소재와 극단적 폭력이 난무한다. 드라마와 예능이라는 이름으로 범죄를 다루는 많은 프로그램이 제작되는 현실은 우리 사회가 겪고 있는 문제들과 결부된 현상이지만 도를 넘은 극악함은 재미가 아닌 불쾌감을 자아낸다. 사회의 문제들을 드러내고 심각함을 인식하게 하려는 의도는 있겠지만 뒷맛은 씁쓸하고 이토록 잔인할 수 있는가 싶어진다. 특히 청소년을 다룬 이야기들은 어른들의 이야기보다 더욱 보아주기가 어렵다.

이런 시대에 노동이란 주제를 통해 그들이 갖는 문제를 따뜻하게 풀어낸 드라마가 있다. 바로 <노무사 노무진>. 이 드라마를 아느냐고 주변 지인들에게 물어보았지만 아는 이가 거의 없었다. 주말 10시 황금 시간대에 방영했음에도 그런 드라마가 있었냐고, 지상파 드라마는 재미가 없어 시청하지 않는다는 사람들이 다수였다. 특히 노동을 다루는 드라마는 더 인기가 없다. 참으로 이상한 일이다. 우리는 노동을 하며 살아간다. 그것은 일상이다. 노동의 대가를 통해 우리는 부를 창출하고 그것을 통해 각자의 문화생활을 하며 정신적 스트레스를 풀어낸다. 자본주의 사회가 아니더라도 돈이란 삶을 영위하기 위해 중요한 것임은 부정할 수 없으니 말이다. 노동을 통해 우리는 돈을 번다. 그런데 돈을 버는 과정에서 부딪치는 수많은 문제들을 해결할 방안을 찾는 것에는 게으르다. 참으로 이상한 일이다.

과정에 들어가다

과정의 시작

왜 우리는 노동을 하면서 부딪치는 수많은 문제들을 외면하고 있을까. 필자는 이 현상을 노동을 이념의 시각으로 바라보기 때문이라고 본다. '노동(勞動)자'라는 표현[1]을 꺼려한다. 노동자라는 단어를 사회주의 국가에서 더 흔하게 사용하고 있는 것도 사실이며, 우리에게 노동자라는 단어는 블루칼라로 불렸던 공순이, 공돌이라는 표현과 다름이 없다. 여기에는 은연중에 차별과 계급적 사고가 포함된다. 그래서 우리는 '근로(勤勞)자'라는 단어[2]를 사용하게 되었다. 메이데이를 노동절로 부르는 노동 단체의 해석을 뒤로하고 정부는 근로자의 날로 명명했다. 이는 옳다 그르다, 맞다 틀리다의 명확한 답이 있는 것은 아니지만 사전적 의미를 보더라도 노동이란 단어가 더 어울린다.

그리고 재벌과 기업 위주의 노동정책이 이어져 오는 것에 익숙해졌다고 본다. 기업의 부는 국가의 부로 여겨져 노동자의 희생을 당연시 해왔다. 그로 인해 노동 운동은 매우 불손한 것으로 인식되어 집회결사의 자유를 가진 나라에서 노동 시위는 현재도 크게 환영받지 못한다. 직업군에 대한 차별적인 시각도 한몫한다. 엔지니어, 기술자, 몸을 쓰는 직업에 대한 폄하는 공돌이, 공순이라는 말을 양산했다.

여기서 딱히 노동과 정치를 섞어 논하고자 하는 것은 아니지만 결국

---

1 노동(勞動): ① 몸을 움직여 일을 함. ② 사람이 생활에 필요한 물자를 얻기 위하여 육체적 노력이나 정신적 노력을 들이는 행위(국립국어원 표준국어대사전).

2 근로(勤勞): 부지런히 일함(표준국어대사전).

모든 노동에 관한 입법 정책은 의회에서 이루어지고 행사된다. 우리는 그것을 간과하는 것 같다. 모든 정책은 정치적인 것이며, 의회는 우리의 대표가 선출되어 있는 곳으로 우리가 늘 관심을 갖고 우리의 생활을 얼마나 윤택하게 하는가를 주시해야 함에도 대체로 무관심하다. 노동법은 우리의 생활과 직결됨에도 그러하다. 왜 그런가를 여러 다양한 시각으로 논할 수 있지만 지금은 드라마 <노무사 노무진>에 그리고 드라마에서 드러난 노동과 노동자에게 조금 더 중점을 두고자 한다.

죽어야만 하는 노동자들: 그래야 세상이 관심을 갖지

친구와 거하게 술을 한잔한 주인공 노무진은 한 동상의 손에 자신의 명함을 올려놓는다. 그 명함은 바람 따라 흘러간다. 노무사 자격증을 딴 주인공은 돈벌이가 되지 않자 안전규정, 안전설비 등이 미비한 곳을 다니며 뒷돈(?)을 받는다. 그러다 노무진의 머리 위로 떨어지는 거대한 쇠막대기들을 바라보는 사이 주인공은 다른 세상에 서 있다. 다른 세상의 한 청년(누가 봐도 전태일이며, 그 동상의 인물이다)과 6개월 동안 노동자들의 억울함을 풀어줘야 한다는 조건으로 계약을 맺는다. 그 순간 노무진의 머리 위로 떨어지는 쇠막대기들은 주인공을 빗겨나며 바닥에 떨어진다. 이후로 죽음의 위기에 몇 번 직면하는데, 그때마다 노무진은 다른 세상에 들어가 한 청년, 즉 보살님(극 중 처제이자 직원인 나희주가 부르는 명칭, 불교 용어)을 만난다. 그가 죽음에 이르기 전에 보살을 만나듯 노무진이 억울함을 풀어줘야 하는 노동자들은 작업 중에 죽음을 맞이한, 이미 사망한 이들이다. 첫 번째는 고등학교 졸업을 앞둔 아홉 가지 버킷리스트를 지닌 19세 학생 이민욱의 이야기, 두 번째는 의사가 잘못 내린 오더까지 덮어쓴 태움의 대상이 된 조은영 간호사, 세 번째는 대학교 청소 도우미인 김영숙의 죽음으로 인해 자신들의 부당한 대우에 항거하는 이야기로, 이 에피소드에서는 노무진의 어머니 양은자도 청소 도우미로 근무한다. 네 번째는 열심히 살아왔음에도 불구하고 희망의 끈도 놓아버리고 싶은 상태에 놓인 청년 허윤재, 다섯 번째는 한 물류 창고에서 화재가 났으나 안전관리가 미흡한 안전관리로 인해 죽음에 이르는 8인(人)의 노동자들 이야기다. 이들이 처한 상황은 실제의 어딘가를, 무언가를 연상하게 한다. 우리나라에서 노동법, 혹은 노동정책은 지지부진한 속도로 현재까지 이어져 왔다. 그로 인해 많은 노동자들이 희생되었다. 2025년 최근까지도 뉴스에서 우리는 연일 노동자들의 사망 뉴스를 본다. 그들의 사망 원인이 본인 스스로에게 있는 경우는 거의 없다. 법에 규정되어 있음에도 기업이 안전설비 및 관리, 업무규정 등을 제대로 지켜지지 않아 일어나는 일이다. 반드시 2인 1조로 진행해야 하는 일을 혼자 하다가 사고를 당하고, 기계를 멈추고 수리를 해야 함에도 기계를 멈춰주지 않아 참혹한 죽음을 맞는다. 많이 배우고 오랜 시간 투자해야 얻는 전문직까지는 아니더라도 더럽고 힘든 일에 대한 가치를 인정받아야 함에도 우리는 그들을 유령처럼 취급한다.

드라마 내용을 조금 더 살펴보자. 고등학생 이민욱은 기계 끼임 사고로 결국 사망한다. 회사는 이를 은폐하고 유가족에게 거짓된 내용을 알려 합의를 종용했다. 드라마에서 보여주는 장면은 어린 고등학생이 감당하기 어려운 고된 노동 현장이었다. 그래도 웃음을 잃지 않고 외국인 노동자 니말과 우정을 나눈다. 은폐된 민욱의 죽음의 과정이 니말에 의해 밝혀진다. 민욱이 12시 넘어 작업을 했다는 사실이 증명되어 2020년 10월 1일 미성년자 고용법이 적용되며 이 억울한 사연은 잘 마무리된다. 간호사 조은영은 의료사고의 누명과 태움으로 결국 투신한다. 스스로 목숨을 끊어 산재 적용이 어렵다고 한 것을 산재 적용이 가능하도록 노무진과 직원들은 문제를 해결한다. 대학은 청소라는 업무와 전혀 관계없는 '교양시험'을 통해 노령의 청소 도우미들에게 모멸감과 상당한 스트레스를 준다. 이에 극심한 스트레스로 인한 심장마비로 김영숙이 사망한다. 그러나 약자이자 유령 같은 존재인 청소 도우미들은 부당함에도 시험을 계속 치르지만 노무진이 이 사실을 알고 집단행동을 통해 문제를 해결해 간다.

드라마 첫 회부터 등장한 허윤재는 일을 손에 놓지 않고 열심히 살아가는 청년이다. 그러나 큰 기업에 취업이 무산되면서 외국 기업의 마트 주차장 관리 및 카트 정리 직원으로 근무하다 폭염으로 인해 정신을 잃는다. 허윤재는 아무리 열심히 살아도 나아지지 않는 자신의 삶을 탓하며 일부러 의식을 찾으려 하지 않는다. 마지막 이야기는 총체적 난국의 이야기다. 원청, 하청, 부실공사, 정치인 뇌물까지 모든 것이 망라한 이야기다. 여기서 8인의 노동자들은 힘을 발휘해 문제를 해결하는 데 공헌한다.

노동과 노동자: 우리의 빗나간 인식들

직업에는 귀천이 없다, 정말 그러한가. 사회생활을 하다 보면 우리는 직업에서 갖는 차별과 계급을 실제로 겪는다. 법적 신분이 없을 뿐 사회의 신분은 존재한다. 전문직 간호사도 의사에 비해 무시 대상이 되고 현장실습을 빙자한 고등학생의 노동력 착취, 청소 도우미, 대형마트 주차 관리요원, 물류 창고의 노동자들. 현실에서 우리가 유령처럼 대하는 사람들이다. 그들의 이마에 흐르는 땀방울의 가치를 우리는 크게 인정하지 않는다. 그들의 정중한 인사에 우리는 얼마나 고개 숙여 답을 하는가. 아무렇지도 않게 그들 앞에서 "그래서 배워야 한다"라며 SKY를 거론한다. 비용 절감이라는 효율성 아래 사람이 죽고 내쳐지는 것에 우리는 딱히 분노하지 않는다. 노동은 현실이고 일상임에도 우리는 노동의 가치를 폄훼하고 노동자의 권리에 무지하다. 부당한 대우에도 어떻게 해결해야 할지 고민하는 경우가 많지 않다. 또한 어떤 직업군이 시위를 하느냐에 따라 바라보는 시민들의 시선도 다르다. 정확한 정보 없이 비난하기에 바쁘다. 드라마 속 민욱의 어머니는 아들의 죽음이 회사의 과실에서 비롯됨을 알게 되어도 이제 와서 무슨 소용이냐고 말한다. 대학생들은 청소 도우미들에게 학습권의 피해를 알리며 고소를 운운한다. 원청은 하청 노동자들의 죽음에 전혀 의미를 두지 않는다. 반성은커녕 책임 전가에 급급하다. 우리는 늘 얘기한다. 가지고 배운 자들의 가족이 부당함의 대상이 되었다면 사회가 이토록 무관심할 것인가.

한(恨)에서 해(解)로: 그들에겐 이름이 있다

"애새끼 아니에요. 이름이 이민욱이에요, 민욱이. 나는 니말이고." 외국인 노동자 니말은 자신들도 이름이 있다고 말한다. 목에 건 직원 카드를 크게 확대한다. 그 이름은 조은영이다. 청소 도우미들은 영숙이 언니를 그리워한다. 허윤재는 바다를 처음 보며 삶의 희망을 가진다. 그들에게는 아무나가 아닌 이름이 있었다. 이 드라마의 좋은 점은 사망한 노동자의 억울함을 풀어주는 데 끝나지 않는다. 복수를 하지 않는다. 이후 민욱의 모습을 연상하게 하는 노무진이 민욱의 어머니를 따뜻하게 안아주고, 조은영을 괴롭혔던 선배 간호사 또한 스스로 목숨을 끊으려 했으나 살아서 진정한 반성의 모습을 보여준다. 조은영은 그 모습을 따뜻하게 바라본다. 청소 도우미의 시위에 동조하고 힘을 내라고 해주는 대학생들과 도우미들에게 인사하는 대학생들이 그려지고, 윤재가 코마 상태에서 일어나 처음으로 웃음을 지으며 노무사가 되는 것은 어떨지 노무진에게 물어본다. 각자 가족을 만나 성불을 하는 8인의 물류 창고 노동자들은 웃으며 떠나간다. 이들은 예상치 못한 죽음의 한(恨)을 가졌으나 결국은 억울함까지도 풀어내는 해(解)로 만들어낸다. 예전 어른들은 "그래, 너 잘 먹고 잘살아라"라고 욕(?)을 했다. 내가 당한 이상으로 복수를 하려는 것이 아닌, 해(解)로 풀어내었다. 이는 우리 민족의 정서다. 이기주의가 팽배한 작금의 시대에 필요한 낭만일지도 모른다.

끝을 맺다: 전태일은 왜 노무진을 선택했을까

전태일은 왜 노무진을 선택했을까. 사실 노무진은 이미 죽은 자를 볼 수 있었다. 그 대상은 바로 형이었다. 형 또한 건설 노동 현장에서 사망했다. 앞서 언급했듯이 노무진의 어머니는 청소 도우미고, 아버지는 아파트 경비다. 오히려 경제적으로 부족한 상태임을 드러내는 장면도 있었다. 매우 평범한 가정이며 이미 노동 재해자의 가족이었다. 사건을 해결하면서 노무진은 사명감을 갖는다. 더 큰 돈을 벌기 위해 퇴사를 했으나 실패하여 어쩔 수 없이 선택한 노무사였지만, 노무진은 점차 노동자들의 힘겨운 현실에 진심으로 다가간다. 전태일은, 아니 보살은 노무진의 마음과 가족과 능력을 알고 있었다. 죽음의 위기를 맞이하는 순간 노무진은 보살을 만나 노동자들의 마음을 깊이 이해하게 된다. 이 드라마는 매우 밝았다. 경쾌하고 유쾌하고 따뜻했다. 연기자들의 연기와 케미는 어색함 없이 부드러웠다. 노동자의 부당함에 대해서 정의롭게 행동하고 진지함을 유지하면서도 웃음의 포인트에는 억지가 없었다. 그렇다고 해서 가볍지만은 않았다. 이 드라마에서 거론된 노동자들은 우리 현실에서 있었던 사실에 기반하기 때문이다. 이 글의 끝맺음은 실제 우리나라에서 일어난 수많은 노동자들이 겪고 있는 형태, 그 형태가 원인이 되어 사망한 사례를 언급하지 않을 수가 없다. 드라마 속 고등학생 이민욱은 김용균과 SPC 사고를 연상하게 하고, 조은영은 '태움'이란 단어를 들어본 적도 없었던 그 시절 한 종합병원의 간호사가 극단적 선택을 했던 기억을 재소환했으며, 김영숙과 노무진의 어머니 양은자의 이야기에서 홍익대와 연세대의 청소 도우미들의 시위와 대학생들의 학습권 피해 고소 사건에 놀랐던 기억과 폭염 속에서 근무하는 대형마트, 백화점의 주차 관리 요원의 땀방울과, 쿠팡 물류 창고의 실내 기온을 낮추는 것이 아닌 온도계를 식히는 기업의 기가 막힌 행위까지 떠올리게 한다. 이렇게 많은 사고 후에도 노동 환경은 달라진 것이 별로 없다. 이것이 현실이다.

이 이야기들에서 보살 전태일은 물리적 도움을 주지 않는다. 노무진이 문제 해결 과정에서 죽어간 노동자들의 상태와 마음을 이해하도록 애쓰고 멀리서 바라보며 웃음 지었을 뿐이다. 그렇다. 모든 드라마는 판타지다. 현실을 반영하지만 결국 현실은 아니다. 드라마에서는 풀어줄 수 있었던 억울함이 현실에서도 이어질 수 있을까. 「중대재해법」, 「노란봉투법」의 국회에서의 통과는 현실에서 얼마나 어떻게 적용될 것인가. 그저 따뜻한 시각으로만 드라마를 볼 수 없었던 것은 현실은 법으로 풀어내기가 힘들기 때문이다. 그래도, 따뜻한 드라마가 뜨뜻미지근한 세상조차 만들지 못할지라도 누군가에게는 법을 넘어서 노동에 대한 인식 변화와 직업군에 대한 차별 의식을 스스로 바꿔나가는 작은 계기가 될 수는 있었다. 그 계기가 모이면 세상은 변할 수 있다. 이것은 진리다.

에필로그

"와~ 박수! 박 여사가 돌아왔습니다."

대학의 '교양' 시험에 낙방해 해고된 한 청소 도우미가 다시 돌아왔다. 동료들은 기꺼이 진심으로 그분을 환영했다. 박 여사는 대학생들이 자신에게 인사하는 것에 조금 놀라며 수줍게 답례했다. <노무사 노무진>의 한 장면이다. 나는 끝내 프롤로그의 그분을 여사라고 부르지 못했다. 아니, 하지 않았다. 여사, 이 명칭은 누구에게나 불러줘도 상관없는 것인데. 덥다. 너무 덥다.

입 선

제28회 좋은 방송을 위한 시민의 비평상

감시와 공감 사이

〈이혼숙려캠프〉가 비추는 리얼리티의 민낯

이태연

"남의 불행은 왜 이렇게 흥미로운가"

밤늦은 시각, TV 화면을 통해 낯선 부부의 싸움이 적나라하게 전파된다. 영상 속 부부들은 저마다 서로에 대한 분노와 오해로 다투고, 이로 인한 상처로 아파한다. 그리고 마침내 무너져 가는 관계까지 남김없이 드러낸다. 이혼을 할 것인가, 결혼 생활을 지속할 것인가? 남겨진 단 하나의 질문 앞에서 그들은 갈등하고 투쟁하며, 동시에 상처받고 괴로워한다. 마치 드라마 속 등장인물들의 이야기 같지만, 이들은 연예인도 아니고 연기자도 아니다. 현실의 부부, 바로 우리와 같은 일반인들이다.

JTBC를 통해 매주 목요일 밤 10시 30분에 방영되는 이 프로그램의 제목은 <이혼숙려캠프>. 이혼을 고민 중인 부부가 함께 캠프에 참여해 관계 회복의 가능성을 탐색하는 과정을 담아낸다는 것을 표방하는 프로그램이다. 하지만 표면적으로 내세우는 치유와 성찰 너머의 이면에는 훨씬 더 복잡한 욕망과 소비의 구조가 숨어 있다.

이른바 '부부불화예능'으로 불리는, 부부간의 갈등과 문제를 담아낸 프로그램들이 등장한지 상당한 시간이 흘렀고, 이런 포맷의 프로그램들이 전성시대를 누리고 있다는 기사들도 찾아볼 수 있다. 예를 들어 시즌제로 이미 시즌 5까지 방영된 MBN의 <어른들은 모르는 고딩엄빠>, MBC의 <오은영 리포트: 결혼지옥> 같은 프로그램들이 그 사례다. 하지만 JTBC의 <이혼숙려캠프>는 그들과는 비슷하면서도 다르다. 왜냐하면 이 프로그램은 부부의 문제를 찾아내고 개선하려는 데서 그치지 않고, 이혼이라는 최종적인 대안에 대해 적극적으로 탐색하는 것을 목적으로 하기 때문이다. 그러므로 그 갈등의 정도는 다른 프로그램들보다 대체로 훨씬 깊으며, 이혼이라는 과정에 수반되어 풀어가야 할 여러 문제들을 검토하기 위해 다양한 전문가들(심리상담 전문가, 전문의, 변호사, 연극심리치료 전문가 등)이 프로그램의 전면에 등장한다. 그러한 차이점을 통해 <이혼숙려캠프>는 이렇게 선언하는 듯하다. "이들은 진짜 이혼의 기로에 서 있는 부부다. 이것은 보여주기 위한 쇼가 아니다"라고.

그렇다면 과연 우리는 왜 이런 프로그램에 끌리는가? 그리고 이 끌림은 어디까지 허용될 수 있는 것인가? 이 프로그램을 볼 때마다 스스로에게 던지게 되는 이러한 질문은, 곧 '타인의 고통을 바라보는 우리의 윤리'에 관한 질문이 된다.

현실을 본다는 환상: 리얼리티 TV의 양면성

<이혼숙려캠프>는 일견 다큐멘터리와 비슷한 옷을 걸치고 있지만, 실

제 다큐멘터리와는 물론 결이 다르다. 실제 부부의 갈등을 관찰하는 형식을 취하면서도, 이를 극적으로 편집하고 그러한 극화에 시청자가 더욱 몰입하도록 등장인물들의 첨예한 갈등을 반복한다. 그뿐만 아니라 이 프로그램에서 자주 노출되곤 하는 극화의 방식은, 사건이나 진술의 선후에 따르기보다는 갈등과 감정의 깊이를 증폭시키는 서사 구조의 틀에 현실의 갖가지 문제들을 짜맞추는 것이다. 거기에 감정을 증폭시키게 만드는 효과음과 자막을 입히고, 몸싸움과 고성은 거듭 이어진다. '가사조사관'이라는 명칭으로 등장하는 두 패널(박하선, 진태현)과 '이혼숙려캠프 소장'이며 메인 MC인 서장훈은 이러한 갈등 구조에 갖가지 '리액션'과 해설들로 힘을 보탠다. 이뿐만 아니라 여러 분야의 전문가들 또한 상황을 압축하고 감정을 극대화하는 데 기여한다. 그 결과, 시청자는 마치 진짜 현실을 본 듯한 착각 속에 빠져들면서도, 실제로는 연출된 현실이자 가공된 리얼리티를 접하게 된다. 이때, 현실과 환상의 경계는 모호하다.

그리고 리얼리티의 힘은 바로 그 모호한 경계에서 힘을 발휘한다. 중요한 것은 그것이 현실인가 아닌가가 아니라, 어쨌거나 '진짜처럼 보이는' 것이기 때문이다. 누구나 부부간의 갈등과 가족의 위기를 겪을 수 있기에, 시청자는 자신의 그림자를 발견하고 위로받는다. 파스칼(Blaise Pascal)은 "인간은 불행 속에서만 진실로 자신을 바라본다"라고 했다. 시청자는 타인의 불행을 통해 잠시 자신의 현실을 성찰하는 듯한 착각을 맛본다.

그러나 그 '성찰'은 오래가지 않는다. 제작진의 손길은 늘 극적인 장면을 앞세우고, 그러한 과정 속에서 어떤 인물은 '문제적 인물'로 각인된다. 이는 결국 '현실을 본다'는 착각을 만들어내기 위한 요소일 뿐, 실제 당사자에게는 낙인과 고통만을 남긴다.

관음과 감정노동의 스펙터클

<이혼숙려캠프>가 만들어내는 가장 강렬한 장면은 출연자의 감정노동이 전시되는 순간이다. 눈물과 절규, 절망과 화해의 몸짓이 카메라에 포착될 때, 우리는 긴장과 몰입, 그리고 묘한 카타르시스를 느낀다.

하지만 이 감정은 이내 '관음의 즐거움'으로 변질된다. 독일 철학자 쇼펜하우어(Arthur Schopenhauer)는 "타인의 고통을 구경하는 것은 인간이 가진 잔혹한 본성의 한 단면"이라고 말한 바 있다. 남의 눈물 앞에서 우리는, 당장 내가 눈물 흘리지 않아도 되는 현실에 적어도 안도하거나, 그러한 상황에 대하여 은근한 우월감을 느끼기도 한다. '내가 아니라서, 우리는 아니라서 다행'이라는 인식으로 시작된 감정이 머지않아 '적어도 우리가 하지 않는 저런 식으로 하는 것이 문제'라는 자의적인 판단으로 쉽게 이어지는 것이다.

이러한 시청 행태가 반복되면서, 안도에서 어쩌면 성찰로 넘어갈 수도 있었던 시청자의 상황은 대충 무마되어 버리기가 훨씬 쉽다. 왜냐하면, 그 상황은 모두 출연자들이 가진 각자의 문제에서 비롯된 것이라는 판단이 프로그램 내부에서 이미 제시되기 때문이다. 그러므로 시청자는 성찰 대신 자연스럽게 점점 더 강한 자극을 요구하게 된다. 더 큰 싸움, 더 극적인 눈물을 원하고, 제작진은 이를 맞추기 위해 더 자극적인 갈등을 찾아 나선다. 그 결과 방송은 '공익적 실험실'이 아니라, 차츰 '고통의 전시회'로 변해버린다.

요컨대, 시청자들에게 강렬한 몰입을 이끌어내기 위해서 출연자 개인들의 삶은 극적으로 재조합되고 당사자의 사적 고통은 단순한 '이야깃거리'로 소비되며, 그 과정에서 더 강하고 자극적인, '더 재미있는 이야깃거리'를 가진 개인이 극화의 주인공으로 등장하게 되어버린다는 것이다. 그리고 거기서 필연적으로 발생하는 문제는, 그처럼 강렬하고 자극적인 스토리텔링은, 결국 결혼생활을 지속하기 힘든 현실적 요인일 수밖에 없다는 점이다.

<이혼숙려캠프> 방영 초기만 해도 갈등의 요인이 폭언, 욕설, 과도한 음주, 가스라이팅 수준이었던 것에 비해 최근의 문제들은 폭력, 알코올 중독, 외도, 채무, 협박 등 그 정도가 심해진 것을 보아도 이러한 현상은 뚜렷하게 눈에 띄는 부분이다. 그와 함께 이 프로그램의 시청률이 상승 곡선을 그리는 것 또한, 씁쓸하지만 분명한 사실이다.

과연 이것은 우연일까. 당연히 그럴 리 없다.

윤리적 경계의 흔들림

방송은 단순한 오락이 아니라, 사회적 책임을 지닌 공적 매체다. 그러나 <이혼숙려캠프>와 같은 방식의 프로그램들은 그 경계를 흐릿하게 만든다. 출연자가 사전에 동의했다고는 해도, 그 스스로 카메라 앞에서 흘린 눈물이, 때로는 평생의 낙인이 되기도 한다는 사실을, 과연 촬영 당시에 알 수 있었을까?

톨스토이(Leo Tolstoy)는 "인간은 자신의 고통을 스스로 견디지만, 타인의 시선 속 고통은 견디기 힘들다"라고 했다. 방송이 출연자의 갈등을 한 편의 드라마처럼 편집하는 순간, 그들의 삶은 더 이상 사적인 문제가 아니라 모두의 구경거리가 된다. 시청자는 무심히 평가자의 자리에 앉아, 남의 결혼생활을 판결하는 재판관이자, 점수를 매기는 채점자가 되는 것이다.

<이혼숙려캠프> 9기 출연자(이른바 '축구부부'의 남편) 고(故) 강 모 씨

의 사례는 이를 단적으로 드러낸다. 가족 간의 갈등과 경제적 어려움이라는, 낯설지는 않지만 복잡하고 민감한 그들의 문제는 프로그램의 자극적이고 압축적인 서사 속에서 '시가의 횡포'로 단순화되었고, 이에 대해서 다수 시청자들은 프로그램에 제대로 등장하지도 않은 그의 부모에 대하여 집중포화에 가까운 비난들을 쏟아냈다. 안타까운 점은, 그 문제가 이미 프로그램 속에서 그의 삶에 오랫동안 버거운 무게로 작용해 왔음이 여러 번 노출되었다는 사실이다. 달리 말하자면 그는 그것이 문제임을 몰랐던 것이 아니라, 그 문제를 다루고 해결하는 방식에 좀처럼 다가서지 못했던 것이다. 현실적으로 '절연'이라는 한 마디로 모든 것이 단번에 해결되는 문제는 사실 존재하지 않음에도 불구하고, 많은 시청자들은 그에게 비난 섞인, 거의 강요에 가까울 정도로 일방적인 선택과 해결만을 요구했다. 그리고 결국 그는 프로그램 방영 이후 그리 오래지 않아, 많은 이들에게 요구받았지만 그가 할 수 없었던 선택 대신에 생을 마감하는 안타까운 선택을 했다.

이처럼 미디어가 타인의 고통을 '볼거리'로 재현할 때, 시청자는 비판자가 아닌 공감자로 남아야 한다는 최소한의 윤리적 경계는 차츰 무너져 버린다. 적지 않은 경우에, 우리들 중 다수는 타인의 상황을 판단하고, 재단한다. 그리고 심지어 타인이 '내 선택'에 동의할 것을 요구하기도 한다. 이제 남겨진 가장 큰 질문은, 과연 우리는 타인의 삶을 어디까지 들여다보고 또 어디서 멈춰야 하는가 하는 점일 것이다.

의도는 공익, 결과는 소비

물론 <이혼숙려캠프>와 같은 프로그램이 전혀 의미가 없는 것은 아니며 부정적인 요소들만 지닌 것은 더더욱 아니다. 가족 해체, 이혼율 증가라는 사회적 문제를 공론화하고, 때로는 시청자들에게 대화의 계기를 제공하기도 한다. 앞서 언급했듯이 어떤 이들은 방송 속 부부의 이야기를 통해 자신에게 주어진 문제를 깨닫고 성찰하며, 전문가의 조언에서 부부간의 갈등을 개선하고 풀어갈 수 있는 단서들을 얻기도 할 것이다.

그러기 위해서는, 이 프로그램을 통해 당초 제시하고 성취하고자 했던 의도가 '얼마나 순수하게 유지되는가'의 문제가 선결 과제로 계속 남아 있음을 잊지 말아야 한다. 치유와 상담이라는 외피 아래, 방송은 여전히, 그리고 매 순간 시청률이라는 속박에 사로잡혀 있기 때문이다. "지옥으로 향하는 길은 선의로 포장된다"는 외국 속담처럼, 공익은 언제든 흥미로운 소비의 대상으로 변질될 수 있다. 프로그램을 제작, 편성, 방영하는 주체가 굳이 그것을 변질시키고자 하지 않더라도, 상온에 그대로 둔 생선이 차츰 부패하고 변질되듯 대부분의 프로그램들은 자연스럽게 시청자의 관심을 좇아 흥미를 탐닉하고 관심사를 소비하는 쪽으로 기울어지는 것이 일반적이다. 좋은 의도를 꾸준히 지켜가려면 신선함을 유지할 냉장고 같은 인위적 장치가 필요한 것이다.

그렇다면 과연 그러한 대안이 가능한가?

무엇보다도 먼저, <이혼숙려캠프>는 스스로 진정한 치유의 포맷이 되기를 자처해야 한다. 즉, 전문가의 조언이 흥미로운 방송용 멘트로 끝나지 않고, 촬영 이후에도 지속적으로 출연자를 돌보는 체계와 관리가 필요하다. 그것이야말로 방송이 '숙려', 더 나아가 '치유'를 말할 자격을 얻는 길일 것이다. 그뿐만 아니라, 출연자를 단순한 구경거리나 일회성 흥미의 대상으로 삼는 것이 아닌, 시청자가 자신의 관계와 사회를 되돌아보게 만드는 성찰적 리얼리티로 재구성되어야 한다. 이는 더 자극적인 노출이 가능함을 알면서도 그것을 자제하는 방송사의 철학과 용기가 존재할 때 비로소 가능할 것이다.

또한 이러한 관점에서, 익명성을 지키는 새로운 형식의 도입을 제안하고 싶다. 출연자가 실명과 얼굴을 드러내는 대신, 재연이나 애니메이션, 변조된 목소리를 통해 사례를 다루는 전통적인 방식을 적절하게 활용하고 변주함으로써 새로운 형식을 창조하는 것은 어떨까. 전통적인 재연 방식의 구성은 이 프로그램에 대한 흥미와 시청률에는 커다란 장애가 될 가능성이 크겠지만, 극화 관점에서 이를 현명하게 활용해 새로운 형식으로 바꿔낼 수만 있다면, 그 부작용을 최소화하는 것이 불가능하지만은 않을 것이라 생각한다.

또한 이 프로그램 방송 초기에 출연했던 적지 않은 부부들이 실제로는 부부 관계에 아무런 문제가 없고, 다만 경제적인 보상(출연료, 화제성을 통한 마케팅 수단, 개인적인 유명세 획득 등)을 얻기 위해 출연했다는 정황들이 넘쳐나는 것을 감안해야 한다. 즉, 현실의 민낯을 압축하고 과장해 실제인지 연기인지 모를 그들 본인의 모습으로 보여주는 것만으로는, 현실에 천착하는 프로그램이 되기에 결코 충분하지는 않다는 것도 너무나 분명한 사실이다. 따라서 출연자 보호와 공론화를 동시에 충족할 수 있는, 새로운 형식의 도입에 대하여 숙고해 볼 필요는 충분하다.

맺음말: 공감의 시대, 감시의 윤리를 묻다

<이혼숙려캠프>의 등장과 성공은 우리 사회가 얼마나 타인의 삶에, 타인의 이야기에 목말라 있는지를 보여준다. 동시에, 그러한 목마름 내지 소통에 대한 갈증이 얼마나 쉽게 '관음과 소비'로 변질되는지도 드러낸다. 이 프로그램은 한 쌍의 부부를 그리지만 사실은 우리 모두의 불완전

한 관계를 비추는 거울이다.

파편화되어 버린 작금의 사회에서 우리는 더 이상 문을 열고 서로에 대해서 이야기하지 않는다. 그 대신 거울을 통해, 그리고 그 너머 거울을 다시 비추는 방식으로, 여러 겹의 거울을 통과할 때마다 조금씩 더 일그러져 버린 타인의 모습을 몰래 훔쳐보며, 스스로 안도한다. 그 안도는 때로는 내게 꼭 필요한 성찰로 이어지기도 하지만, 대개는 기괴한 모습의 타인을 감시하며 쾌감을 느끼고 더 기괴한 누군가의 등장을 기대하는 선에서 머무르는 것이 현실이다.

하지만 지금 우리에게 필요한 것은 더 많은 이야기가 아니라, '더 나은 방식의 이야기'다. 니체는 "괴물을 응시하는 자는 스스로 괴물이 되지 않도록 조심해야 한다"라고 경고했던 바 있다. 타인의 고통을 응시하는 우리의 눈길이 어느 순간 괴물이 되지 않기 위해, 방송은 '공감'의 탈을 쓴 '감시'를 멈추고, 진정한 책임을 다하는 미디어로 나아가야 한다.

어디로 어떻게 갈 것인가? 이 질문은 <이혼숙려캠프>의 출연자에게 매 순간 던져진다. 그리고 그들이 갈림길에 놓일 때마다, 그들의 민낯을 바라보는 시청자들에게 던지는 질문이기도 하다. 그러나 더 중요한 것은, 이것이 프로그램을 만들어 방송하는 제작진과 방송사에 던져진 질문이기도 하다는 사실이다.

그 대답을 하는 것이 물론 쉽지 않은 일이겠지만, 적어도 모두가 이 질문 앞에 놓여 있다는 사실을 생각하고 입을 떼어보려 노력하는 것만으로도, 우리는 더 나아질 수 있을 것이다.

입 선

제28회 좋은 방송을 위한 시민의 비평상

미지의 세계에서 살아남기

이하나

현시대 청춘들의 서글픈 자화상으로부터

어릴 적 한 번쯤 읽어본 동화 「왕자와 거지」에서 외모가 똑같은 왕자와 거지는 어느 날 서로의 삶을 바꿔 살아본다. 이 과정에서 상대방의 어려움도 깨닫고 자신도 성장해 가는 이야기다. 드라마 <미지의 서울>은 이 동화를 현대적으로 재해석한다. 서울에서 엘리트의 삶을 사는 미래와 지방에서 일용직으로 일하는 미지, 외모가 똑같은 쌍둥이 자매가 인생을 바꿔 살면서 서로의 삶에 숨겨진 고통을 이해하며 진짜 자신을 찾아가는 이야기를 그린다.

두 사람은 엄마조차 구별하기 어려울 정도로 닮아서, 어린 시절부터 서로가 힘들어하는 일을 대신 해주며 자랐다. 몸이 약해 늘 병원 신세를 졌던 미래를 대신해 미지가 체육 시험을 보기도 했고, 공부를 못하는 미지를 위해 미래가 수학 숙제를 대신 해주기도 했다. 그런데 서른 살이 된 지금, 자해까지 하며 회사 가기를 힘들어하는 미래의 모습을 미지는 보게 된다.

이는 미래가 사내 비리 고발에 동참한 이후 1년 넘게 직장 내 괴롭힘을 당하고 있기 때문이었는데, 하지만 할머니 요양비와 가족 부양을 생각하면 회사를 그만둘 수도 없는 상황이었다. 미지는 미래에게 회사 생활을 대신해 주겠다고 약속하며 본격적으로 드라마가 시작된다.

어쩌면 이러한 약속은 모두가 한 번쯤 꿈꿨던 일일 것이다. 자신을 닮은 누군가가 나를 대신해 학교도 가고, 회사도 가고, 내가 하기 싫은 일을 대신해 주는 것. 세상에서 가장 가까웠지만 서로의 마음을 온전히 이해하지 못해 멀어졌던 두 사람이 그렇게 서로의 삶을 바꿔 살다가, 겉으로 보기에는 좋아 보였던 타인의 삶 속 고뇌도 이해하고 자신의 정체성도 찾아 성장하는 것이 이 드라마의 핵심이다.

하지만 이렇게 미지가 대신하고자 했던 회사 생활, 서울 생활은 동시대 청춘들이 모두가 경험해야 하는, 어쩌면 이전 시대부터 우리가 살아가는 '서울'이라는 공간의 서글픈 자화상일지도 모른다. 또한 어쩌면 미지가 대신 살아가야 할 미래의 모습은 역설적으로 미래가 소멸된 채로 미지의 세계로 나가는 현시대 청춘의 초상일 것이다. 과연 미지가 도해하는 초상은 어떻게 현시대를 관통하고 있을까?

타인의 삶도 결코 쉽지 않다

> 내 삶은 이렇게나 복잡하게 꼬여 있는데, 타인의 삶은 참 단순하고 쉬워 보일 때가 많습니다.

내가 저 외모였으면, 저 조건이었으면, 저 성격이었으면…….

인생이 지금보단 쉽지 않았을까 하는 상상을 하게 되지요.

그러나 막상 누군가의 삶을 자세히 들여다보면 저마다의 아픔과 고난을 가진, 그저 행복하기 위해 치열하게 애쓰는 나와 똑같은 사람이라는 걸 깨닫고 비로소 사랑과 연민으로 그 사람을 바라보게 됩니다.

드라마의 기획 의도 서문에서 밝힌 바와 같이 이 드라마는 동시대의 청춘들에게 쉽지 않은 저마다의 삶을 바라보길 권한다. SNS가 발달한 현재, 우리는 그 어느 때보다 쉽게 남과 나를 비교하며 살아간다. SNS에 올라온 타인의 모습은 그 타인이 보여주고자 하는 모습임에도 불구하고, 타인은 행복한데, 자신은 불행하다고 규정짓고 있을지도 모른다. 그래서 우리는 남의 삶을 성급하게 판단하는 시대에 살고 있다.

우리는 나보다 가진 것이 많거나 재능이 뛰어난 남의 인생을 부러워한다. 그러나 사실 모든 인간은 저마다의 고뇌를 품고 세상을 살아간다. 결국 모두가 행복해지기 위해 각자 치열하게 애쓸 뿐이다. 이 드라마 속 인물들도 마찬가지였다. 서로를 너무 잘 안다고 생각했던 인물들은 서로의 삶을 직접 대신 살아보면서부터 비로소 서로를 진정으로 이해하게 되었다.

미지는 자신의 모든 것을 아픈 미래에게 내어주며 살았다. 학교에서 쉬는 시간에 매점을 향하다가 체육 선생님에게 달리기 재능이 발견되어 선수가 되었지만, 자신의 부주의로 발목을 다치고 더 이상 빛나지 않는 존재가 되었다고 생각하자 3년 동안 방 밖으로 나오지 않았다.

하지만 할머니에게 사고가 생기자 용기를 내어 방 밖으로 나왔고, 겨우겨우 일용직으로 돈을 벌며 살아가고 있다. 주변 사람들은 "이렇게 살면 안 된다, 지금이라도 제대로 된 직업을 찾아라"라고 말하지만, 미지는 병원에 입원한 할머니만을 돌보며 하루하루를 버텨나간다. 문지방을 넘을 때는 자신만의 주문을 외우고, 사람들 앞에서는 밝고 씩씩한 모습만 보이려 노력해서 '유캔디'라는 별명까지 얻었다.

미래는 상사의 비리를 내부 고발한 선배의 편에 섰다가 직장 내 괴롭힘의 표적이 되었다. 육아휴직을 갔다가 복귀한 남자 선배에게 성추행 당했지만 회사에 고발하지 못했고, 오히려 내연녀로 낙인찍히며 손찌검까지 당했다. 이후 직장에서 설 자리를 잃고 위태로운 하루하루를 보내고 있었다.

하지만 이 모든 일들의 무게와 고통은 각자의 입장이 되어보지 않는 한 결코 온전히 이해할 수 없는 것들이었다. 드라마는 이들의 삶 교체를 통해 시청자들에게도 내 삶만큼 타인의 삶도 결코 만만찮은 고난임을 반추하게 만들며, 곁에 있는 타인의 삶도 돌아보게 하는 마음의 여유를 우리에게 준다.

누구나 자기혐오를 가지고 있다

이 드라마는 청춘들의 또 다른 아픔도 짚어낸다. 우리는 타인의 실수는 쉽게 용서하면서도 자신에 대한 실망과 미움은 좀처럼 걷어내지 못한다. 드라마의 주인공들 역시 우리와 다르지 않다. 그들은 저마다의 결핍과 아픔을 안고 살며, 무엇보다 자기 자신을 가장 혹독하게 대한다.

미지는 자신이 쓸모없는 존재라고 여긴다. 미래 행세를 하며 자신에 대해 남자주인공인 호수에게 이렇게 말한다.

"제일 싫은 점이 뭔 줄 알아? 그냥 사는 거. 할머닌 지 땜에 누워 있는

데, 뻔뻔하게 웃고 먹고 놀고 다 해. 지가 한 짓은 생각도 안 하고."

스스로를 향한 이 잔혹한 비하는 미지가 얼마나 깊은 자책감에 시달리고 있는지를 보여준다.

어린 시절 몸이 약해서 많이 아팠기 때문에 가족들에게 짐이 되고 싶지 않았던 미래였다. 그녀는 자신이 공부를 잘하는 이유조차 "그저 오래 참는 걸 잘하는 것뿐"이라고 폄하한다. 미지인 척 지내고 있는 미래에게 또 다른 남자주인공인 세진이 미래는 어떤 사람인지 물어보자, "자기밖에 몰라서요, 자기만 힘들고 자기 일만 중요한 애라, 아무도 없어요, 주변에"라고 대답한다.

청각 장애를 가진 호수는 대형 로펌 면접에서 "본인이 세상에서 제일 싫어하는 사람"이라는 질문에 망설임 없이 "저요"라고 답한다. 그는 자신의 쓸모를 증명하기 위해서 끊임없이 노력한 끝에 변호사가 되었다. 하지만, 변호사가 자기 적성에 맞지 않음을 깨닫고 그만둔 호수에게 미지는 '취미'를 물었고, 호수에겐 그동안 취미가 없었다는 것을 알게 된다. 자신이 무엇을 잘하는지, 좋아하는지도 알지 못한 채 미지의 세계를 걷고 있는 동시대 청춘들의 모습을 대변한다.

이 드라마의 주인공들은 모두 깊은 자기혐오에 시달리는 존재들이었다. 그러나 인물들은 타인의 삶을 직접 경험하고 관찰하면서 남과 비교하지 않고 자기 자신을 있는 그대로 받아들이고 사랑하는 법을 조금씩 배워나간다. 이 드라마는 자신에 대한 혐오를 극복하고 진정한 자아를 찾아가는 여정을 세심하게 담아냈다.

자신을 채찍질하고 깎아내리는 자기혐오를 내려놓을 수 있는 너그러운 마음. 자기혐오에 시달리는 현대인들에게 스스로를 사랑하는 법을 다시 알려주려고 한 이 드라마는 '당신은 지금 그대로도 충분히 괜찮은 사람'이라고 말해주는 따뜻함이 있다. 자신의 자리를 찾아 헤매는 모든 이들을 위한 위로였다.

각자의 사정은 연대로 이겨낼 수 있다

발목 부상으로 더 이상 선수 생활을 할 수 없게 되자 스스로를 방에 가둔 미지에게 할머니는 이렇게 말한다.

"사슴이, 사자 피해 도망치면 쓰레기야? 소라게가, 잡아먹힐까 봐 숨으면 겁쟁이야? 다 살려고 싸우는 거잖아. 미지도 살려고 숨은 거야. 아무리 모양 빠지고 초라해 보여도, 살자고 하는 짓은 다 용감한 거야."

자기혐오에 빠진 미지를 끌어내는 할머니의 이 말은 생존 자체가 용기라는 깊은 통찰을 담고 있다. 이 드라마가 궁극적으로 말하고자 하는 것은 고립된 개인의 치유가 아니라, 서로를 이해하고 연대하는 따뜻한 공동체의 가능성이라는 것을 보여주는 대목이기도 하다.

미지가 자신이 할머니의 뇌경색을 빨리 발견하지 못했다고 자책할 때, 호수는 "네 잘못이 아니야"라고 단호하게 말해준다. 이 순간 미지는 마침내 자신이 스스로를 사랑하고 있지 않다는 것을 깨닫게 된다. 타인의 따뜻한 시선을 통해 자신을 객관적으로 바라볼 수 있게 된 것이다.

드라마 속 모든 인물이 저마다의 상처를 안고 있지만, 그들은 혼자가 아니다. 어릴 적 교통사고로 아버지를 잃고 한쪽 귀의 청력을 잃은 호수는 새엄마에게 짐이 되고 싶지 않다는 생각에 '1등'만 했고 변호사가 되었다. 유일한 가족인 할아버지의 임종도 지키지 못했다는 죄책감에 시달리는 세진은 늘 '집 떠난 기분'에 괴로워한다. 미지와 미래의 엄마 옥희는 홀로 자신을 키운 미지의 할머니가 늘 엄했기 때문에 자신은 사랑받지 못하는 존재라는 섭섭함이 있다. 호수의 새엄마 염분홍은 자신을 싫어했던 호수를 키우기 위해 친가족과 등졌지만, 혈연으로 이어지지 않은 자신이 엄마로서 부족한 것은 아닌지 끊임없이 자책한다.

하지만, 미지와 미래는 서로의 자리를 채워줌으로써 다시 세상을 살아갈 힘을 얻는다. 호수는 미지를 만나, 세진은 미래를 만나 마음을 치유받는다. 호수와 분홍은 서로에게 벽을 쌓았음에도 불구하고 서로가 있었기에 버틸 수 있었다. 옥희는 자신의 엄마가 남편의 가정 폭력으로부터 자신을 구하고자 했고, 옥희가 자신처럼 되지 않길 바라는 마음에서 엄했다는 것을 알게 되며 서로에게 더 애틋해진다. 이렇게 드라마는 상대의 처지를 깊이 이해하고 공감할 수 있음을 알려준다.

<미지의 서울>은 대단하고 특별한 사람들이 세상을 구하는 판타지가 아니라, 자기 옆에 있는 가장 소중한 존재들이자 불완전한 이들이 서로를 구원한다. 이는 현실적이고 서글프지만, 가혹한 미지의 세계를 헤쳐나가는 가장 큰 원동력은 어쩌면 불완전한 이들의 연대가 알 수 없는 미래로 향하는 가장 큰 힘이 됨을 역설한다.

아름답지만 비현실적인 미봉책

드라마 <미지의 서울>은 따뜻한 메시지로 치유와 위로를 준 힐링 드라마다. 하지만 이 작품이 제시하는 힐링의 방식은 과연 진정한 치유일까에 대한 고민이 드는 에피소드가 있다. 미래가 겪는 직장 내 성추행과 괴롭힘은 개인의 선택이나 성격적 결함이 아닌 권력구조의 문제임에도 불구하고, 구조적 폭력을 개인의 성장과 연대로 해결할 수 있다는 환상을 제공하는 위험성을 내포한다. 이는 힐링 드라마의 한계가 드러내는 대목이다. 또한, 미지와 미래의 곁에는 대형 로펌에 뽑힐 만큼 인재인 변호사 호수가 있다. 그래서 사건은 실제 사건들보다 비교적 쉽게 해결되고, 미래도 회사를 퇴사해 버리는 것으로 마무리된다. 이는 실제로 이런 사건을 경험해서 씻을 수 없는 고통을 가진 사람들에게 상대적 박탈감을 줄 수 있다.

또한, 드라마가 지적하는 현대 청춘들의 자기혐오는 예리한 관찰이다. 미지와 미래, 호수와 세진이 보여주는 자기 부정과 열등감은 성과주의 사회에서 살아가는 젊은 세대의 보편적 경험이다. 그러나 이러한 자기혐오가 어디서 비롯되는가에 대한 분석은 피상적이라고 할 수 있다. 자기혐오를 양산하는 사회적 조건들, 경쟁 교육 시스템이나 불안정한 고용 구조에 대한 분석이 없다. 개인으로서 할 수 있는 일은 자신에 대한 혐오를 극복하는 것이다. 하지만, 개인이 왜 자신을 혐오하게 되었는지에 대한 구조적 모순들도 충분히 반영되었다면 조금 더 의미가 짙은 드라마가 되었을 것이다.

로맨스 서사도 기존 드라마의 한계를 벗어나지 못했다. 미지와 호수의 관계에서 옆집에 사는 오랜 동창과의 첫사랑 로맨스라는 달콤함을 걷어내고 보면, 일용직 노동자와 엘리트 변호사라는 현실적 신분 격차가 존재한다. 미지와 로맨스 관계로 발전하는 세진 역시 처음에는 귀농한 평범한 청년처럼 보였지만, 알고 보니 성공한 투자자였다는 설정이다. 미지는 '서울에서 세진이 자신을 봤다면 못 알아봤을 것'이라고 스스로 말할 정도로 계급적 차이를 의식한다. 이는 결국 낮은 계급의 여성과 높은 계급의 남성이 만나는 신데렐라 클리셰다. 여자주인공인 미지와 미래는 정서적 안정을 주고, 남자주인공인 변호사 호수가 법적 문제를 해결하고, 투자자인 세진이 새로운 기회를 제공한다는 구조가 시혜적 관계를 넘어서지 못했다. 성장 서사가 주요 장르인 이 드라마에서 구원이 상위 남자 계급에서 하위 여자 계급으로 이루어진다는 점에서 아쉬움이 남는다.

미지의 세계를 건너는 모든 이들에게

≪월간 방송작가≫ 2025년 9월호에 게재된 작가 인터뷰에 따르면, 이 드라마의 작가는 지방 출신으로 서울에서 자리 잡고자 치열하게 노력했다고 밝혔다. 잠깐 쉬고 싶은 마음에 고향에 갔을 때 누군가와 마주친다면 자신을 닮은 누군가가 대신 대답해 줬으면 좋겠다는 마음에서 이 드라마의 아이디어를 얻었다고 한다. 작가 개인의 경험에서 우러나온 진정성이 이 작품의 가장 큰 힘이었던 셈이다.

드라마의 종국에 제목이 <미지의 서울>에서 <나의 서울>로 바뀐다. 서울에서 살아남고자 하는 청춘들을 위한 제작진의 응원이 담긴 상징적 장치다. 미지했던 공간이 마침내 자신의 공간이 되는 순간, 그것은 단순한 지리적 정착을 넘어서 정체성의 확립을 의미한다.

이 작품은 복수하는 핏빛 이야기가 아니다. 서로를 이해하고 공감하는 따뜻한 이야기다. 자극적인 도파민만 남기는 콘텐츠가 아니라 기획의도를 충실히 구현한 의미 있는 드라마다. 비록 현대 사회의 구조적 문제에 대한 대안을 제시하진 못했지만, 최선의 희망을 보여주며 진화된 힐링 드라마임을 증명했다.

<미지의 서울>은 서로를 이해하고 나를 사랑하는 따뜻한 시선만이 우리가 사는 냉혹한 세상을 헤쳐나갈 등불임을 알려준다. 모질고 흐릿하지만 소중한 미지의 세계를 건너며 오늘도 자신만의 방법으로 버티는 이들에게 이 드라마는 섬세하고 조아한 발자취를 남기고 있다.

입 선

제28회 좋은 방송을 위한 시민의 비평상

경험의 아우라, 기계복제시대에서 AI복제시대를 향한 전환과 새로운 현존성

〈개그콘서트〉 '챗플릭스'와

〈다큐멘터리 3일 특별판 어바웃타임: 10년 전으로의 여행 72시간〉 재회를 중심으로

임민혁

1. 서론: 베냐민의 아우라 개념과 현대 방송의 새로운 지형

발터 베냐민(Walter Benjamin)이 1936년 "기술복제시대의 예술작품"에서 제시한 아우라의 개념은 오늘날 AI시대의 방송 환경에서 새로운 의미를 획득한다. 베냐민이 정의한 아우라는 아무리 가까이 있더라도 멀리 떨어져 있는 어떤 것의 일회적 현상[1]이며, 예술 작품이 지니는 "그 때 그곳에서"의 가치, 그 장소에서 가지는 일회적 현존[2]을 의미했다. 사진

1 고현범, 「기술복제시대에서 일상경험과 예술경험의 가능조건: 발터 벤야민의 아우라 개념을 중심으로」, ≪범한철학≫, 50(3)(2008), 249~278쪽.

2 발터 벤야민(Walter Benjamin), 『발터 벤야민의 문예이론』, 반성완 옮김(민음사, 2005), 200~204쪽.

과 영화는 원본의 유일무이함에서 비롯된 아우라를 해체하고, 예술을 대중의 영역으로 확장시켰다. 그가 예견한 기계복제시대의 아우라 붕괴는 단순히 예술 작품의 원본성 상실에 그치지 않고, 오히려 새로운 형태의 경험과 소통 방식을 창출해 냈다.

2025년, 우리는 베냐민이 상상하지 못했던 새로운 전환점에 섰다. 기계복제시대를 넘어 AI복제시대로 접어들면서, 방송 매체 역시 근본적인 변화를 겪고 있다. AI의 등장과 함께 아우라는 물질적 복제에서 정신적 복제로, 경험의 복제로 이주 중이다. AI는 단순히 예술 작품을 복제하는 것을 넘어 우리의 경험, 감정, 심지어 기억까지도 모방하고 재현한다. 이런 시대에, 우리는 과연 무엇을 '진짜'라고 부를 수 있을까? 그리고 복제된 경험 속에서 아우라는 과연 어떤 형태로 변모할 것인가?

KBS <개그콘서트>의 '챗플릭스' 코너와 <다큐멘터리 3일 특별판 어바웃타임: 10년 전으로의 여행 72시간>(이하 〈다큐 3일〉)[3]은 이러한 시대적 전환을 상징적으로 보여주는 사례다. 두 프로그램은 각기 다른 방식으로 경험으로서의 아우라를 재구성하며, AI시대 방송의 새로운 가능성을 제시한다. '챗플릭스'는 배우들이 관객들의 카카오톡 메시지에 따라 실시간으로 즉흥 연기를 펼치는 코너다. 이는 일종의 AI복제시대의 원형을 보여준다. 정해진 대본 대신, 관객들의 명령에 따라 콘텐츠가 실시간으로 변하는 모습은 AI가 우리의 취향과 요구에 맞춰 콘텐츠를 생산하는 방식을 연상시킨다. 반면, <다큐 3일>은 실제로 10년의 시간을 견디고

---

3 〈다큐멘터리 3일 특별판 어바웃타임: 10년 전으로의 여행 72시간〉, KBS VOD 서비스, https://vod.kbs.co.kr/index.html?source=episode&sname=vod&stype=vod&program_code=T2025-0330&program_id=PS-2025146132-01-000 (검색일: 2025.9.1).

재회한 사람들의 진짜 경험을 담아낸다. 이 두 개의 콘텐츠는 기술 복제 시대의 아우라가 어떻게 해체되고, AI복제시대에 따라 또 어떤 방식으로 재구축되는지를 보여주는 흥미로운 사례라 볼 수 있을 것이다.

2. '챗플릭스': 실시간 상호작용의 아우라

2024년 2월 25일에 첫 방영을 시작해 그해 11월 3일에 한번 종영된 후, 2025년 4월 6일에 방송이 재개된 개그콘서트의 '챗플릭스'는 오픈 채팅방에 참여한 관객들이 직접 쓴 말들로 진행되는 인터랙티브 코미디 코너다. 이 코너의 혁신성은 단순히 관객 참여에 있지 않다. 오히려 베냐민이 말한 아우라의 핵심인 일회적 현존을 실시간 소통을 통해 새롭게 구현한다는 점에 있다. 기존의 방송이 제작진과 출연자에 의해 미리 구성된 콘텐츠를 일방적으로 전달하는 방식이었다면, '챗플릭스'는 관객의 실시간 반응과 참여를 통해 매 순간 새로운 콘텐츠를 생성한다. 관객들의 애드리브로 이끌어지는 코너로, 카톡의 오픈 채팅을 활용해 관객들의 반응을 애드리브로 받고, 그걸로 코너를 이끌어나가는 구조는 베냐민이 이상적으로 여겼던 예술의 민주화를 보여준다. 흥미롭게도, 코너 '챗플릭스'에서 나타나는 아우라는 베냐민이 예측한 아우라의 붕괴와는 다른 양상을 보인다. 실시간 채팅을 통한 관객 참여는 오히려 '지금, 여기' 일어나는 일회적 경험을 강화한다. 매 방송이 관객들의 즉흥적 참여에 의해 전혀 다른 모습으로 진행되며, 이는 복제 불가능한 경험을 만들어낸다. 베냐민이 말한 제의가치에서 전시가치로의 전환이 여기서는 참여가치로 한 번 더 진화한 것이다.

AI시대의 특징은 단순한 복제를 넘어선 생성과 변형에 있다. 생성형 AI

는 프롬프트를 기반으로 텍스트, 이미지, 다양한 미디어를 생성할 수 있는 기술로서, 단순히 기존 데이터를 분석하는 것을 넘어서 새로운 콘텐츠를 창조하는 특성[4]을 갖는다. '챗플릭스'는 비록 AI를 직접 활용하지는 않지만, 실시간 관객 참여를 통한 예측 불가능한 콘텐츠 생성이라는 측면에서 AI시대의 창작 방식을 도입한다. 관객들의 채팅 메시지는 일종의 프롬프트로 작용하며, 출연자들은 이를 바탕으로 즉흥적으로 새로운 상황과 대사를 생성해 낸다. 이 과정에서 나타나는 예측 불가능성과 창발적 특성은 AI가 학습 데이터를 바탕으로 새로운 결과물을 생성하는 과정과 유사하다. 다만 여기서 중요한 것은 인간의 창의성과 직관이 여전히 핵심적 역할을 한다는 점이다. 예를 들어 박성광 개그맨이 관객들의 짓궂은 반응에 당황하거나 곤란해하는 모습, 그리고 출연진들이 통편집을 걱정하며 관객들을 말리는 순간들은 AI시대에도 유머로서 대변되는, 여전히 중요한 인간의 직관적인 판단과 감정적 반응을 보여준다.

3. 〈다큐 3일〉의 10년 약속: 시간의 아우라와 낭만의 복원

반면, <다큐 3일>에서 만난 두 사람의 이야기는 '챗플릭스'의 그것과는 완전히 다른 감정을 불러일으킨다. 그들은 2015년 방영된 <다큐멘터리 3일: 청춘, 길을 떠나다! 내일로 기차여행 72시간> 편에서 "다큐멘터리 꼭 찍으세요, 10년 후에도"라는 멘트와, "2025년 8월 15일 오전 7시 48

---

4 사한·성락천·이동열, 「생성형 AI 기반 게임 캐릭터 디자인의 시각적 일관성 유지 방법 연구: Stable Diffusion Flux 모델」, ≪한국게임학회 논문지≫, 24(6) (2024), 157~168쪽.

분 여기서 만나요"라는 멘트로 서로 약속한 후, 10년 뒤 다시 같은 시각, 같은 장소에서 만나기로 약속했다. 그리고 당사자 두 명 중 한 명과 재회한다. 나머지 한 명은 해외에 있어 나오지 못했으나, 결론적으로 두 명 모두 10년간의 기다림을 지켜내고 연락이 닿을 수 있었다. 또한 이 특별편은 10년 전 다큐에서 마주했던 사람들의 지난 세월의 변화를 따라간다. 이 다큐멘터리에는 '챗플릭스'처럼 화려한 연출이나 감정을 극대화하는 인위적인 장치가 없다. 그저 10년 동안 쌓인 그들의 땀과 눈물, 그리고 세월의 흔적들이 고스란히 담겨 있다. <다큐 3일>이 재회의 순간을 담아내는 방식도 지극히 현실적이다. 10년 만에 만난 두 사람은 서로를 알아보고 잠시 어색해한다. 10년 전의 풋풋함은 사라졌고, 그 자리에 세월의 무게가 더해졌다. 그들은 서로의 안부를 묻고, 지나간 10년의 이야기를 덤덤하게 나눈다.

이는 베냐민이 말한 아우라의 본질적 특성인 시간성과 장소성을 온전히 구현한 사례다. 우리는 진짜 아우라를 목격한다. 이 아우라는 베냐민이 말한 원본의 유일무이함에서 오는 것이 아니다. 10년이라는 시간을 견디고, 수많은 우여곡절을 겪으며 마침내 재회한 두 사람의 진짜 경험에서 비롯된다. AI가 아무리 정교하게 복제해도 흉내 낼 수 없는, 삶의 흔적과 그 속에서 피어나는 감정의 깊이가 바로 새로운 아우라의 원천이다. 즉, 10년이라는 시간의 무게는 AI가 아무리 발전해도 모방하기 어려운 인간 경험의 특이성을 보여준다. AI는 수많은 데이터를 학습하고 패턴을 분석할 수 있지만, 시간의 흐름 속에서 축적되는 기억과 감정, 그리고 약속에 대한 신뢰와 이행은 여전히 인간만의 영역이다. "그날 처음 본 사이였고 서로 이름도, 사는 곳도, 전화번호도 몰랐지만 세 사람은 새끼손가락을 걸고 꼭 만나자고 다짐했다"라는 대목[5]은 디지털 시대의 연결성과는 다른 차원의 인간적 유대감을 보여준다.

특히 주목할 점은 이 약속의 이행이 단순히 개인적 차원에 머물지 않고 사회적 현상이 되었다는 것이다. 현장에는 다큐 3일의 팬들뿐 아니라 전국 각지에서 모인 방문객들로 북적였고 낭만 치사량 100%라는 반응과 함께 많은 시민들이 자발적으로 모였다. 이는 코로나와 AI 도입의 시대를 겪으면서도 살아 있는 인간의 낭만적 정서와 집단적 공감 능력을 보여주었다. 하지만 아우라의 부정적인 발현도 살펴볼 수 있었다. 안동역 폭발물 테러 예고[6]는 한 고등학생의 해프닝으로 밝혀졌으나 그 이면에는 디지털 시대의 새로운 위험성을 드러낸다. '나를 보이는 것이 곧 존재하는 것'이 되는 현대 사회에서, 관심 끌기의 극단적 형태이자 긍정적 아우라에 대한 부정적 반응인 동시에 왜곡된 관심 추구 행위로 볼 수 있다. 또한 진정한 낭만과 의미 있는 경험에 점점 목이 마르게 되는 사회에서, 그러한 경험을 파괴하거나 방해하려는 충동 역시 강하게 나타나는 것으로 해석할 수 있다. 즉, AI시대에 아우라의 복원이 단순히 긍정적 의미만을 갖지 않음을 보여준다. 새로운 형태의 집단적 경험과 공감이 가능해지는 동시에, 그에 대한 파괴적 반응이나 악용 가능성도 함께 증가한다. 따라서 AI시대의 방송 윤리는 단순히 기술적 안전성을 넘어서, 인간의 복잡한 심리와 사회적 역학을 깊이 이해하고 대응할 수 있는 철학적 토대를 갖춰야 할 것이다.

---

5 ""잘 살아줘서 기뻐요" 낭만 치사량 100%… '다큐3일' 10년 전 약속 지켜졌다", ≪서울경제≫, 2025년 8월 22일 자,

6 ""10년 후 만나요" 다큐3일 옛 안동역에 폭발물 천만다행 없었지만 …", ≪한겨레≫, 2025년 8월 15일 자.

4. 경험과 커뮤니케이션 기반의 아우라

베냐민의 아우라 개념을 오늘날 맥락에서 재해석할 때 중요한 것은 아우라가 단순히 상실되는 것이 아니라 변형되고 재구성된다는 점이다. 기술 복제는 예술 작품을 대량생산 함으로써 일회적 산물을 대량 제조된 산물로서 탈바꿈시키지만,[7] 동시에 수용자에게 반복적으로 복제품을 마주하게 함으로써 이를 현재화[8]한다. "챗플릭스"의 경우, 매번 방송되는 내용은 복제될 수 있지만, 그 순간의 실시간 상호작용은 복제 불가능하다. 관객들의 채팅과 출연자들의 즉흥 반응이 만들어내는 "지금, 여기"의 경험은 베냐민이 말한 아우라의 핵심을 현대적으로 구현한다. 이는 AI시대 방송이 나아가야 할 방향을 제시한다. 단순히 AI를 도구로 활용하는 것을 넘어, AI시대에도 '인간의 – 인간으로서의' 고유한 경험과 감정을 중심에 놓는 것이다. <다큐 3일>의 10년 약속은 더욱 근본적인 질문을 던진다. AI가 과거의 모든 데이터를 학습하고 미래를 예측할 수 있다 하더라도, 시간의 흐름 속에서 형성되는 인간의 기억과 약속, 그리고 그것의 이행은 여전히 인간이어야 이룰 수 있는 사람다운 영역이다. "10년 후쯤 똑같은 코스를 돌면 추억이 될 것 같다"라는 말[9]에서 드러나듯, 시간성을 바탕으로 한 경험의 축적과 의미 부여는 AI가 모방할 수 없을 것이다.

두 프로그램은 AI시대 방송이 나아갈 방향에 중요한 시사점을 제공

---

7 김광남, 「발터 벤야민의 미학에서 '아우라(Aura)'의 몰락과 지각의 변화」(대진대학교 대학원 석사학위논문, 2005).

8 발터 벤야민, 『발터 벤야민의 문예이론』, 200~204쪽.

9 "8월 15일 안동역에 쏠린 눈… 10년 전 '다큐 3일' 약속에 누리꾼도 '들썩'", ≪아시아경제≫, 2025년 8월 13일 자.

한다. 첫째, 실시간 반응과 커뮤니케이션의 강화다. '챗플릭스'가 보여준 바와 같이, 관객의 실시간 참여를 통한 콘텐츠 생성은 AI시대에도 사람다움을 나타내는 인간의 창의성과 즉흥성을 발휘할 공간을 제공한다. 둘째, 시간성과 지속성의 가치 재발견이다. <다큐 3일>의 10년 약속은 빠르게 변화하는 디지털 시대에 기다림과 지속의 가치를 보여준다. AI가 즉시성과 효율성을 추구하는 시대에, 오히려 느린 시간과 깊은 관계의 중요성이 부각되는 역설적 상황이다. 셋째, 감정과 공감의 중요성이다. 두 프로그램 모두에서 나타나는 것은 여러 기술을 매개로 하면서도 궁극적으로는 인간의 감정과 공감에 기반한 소통이다. AI가 아무리 발전해도 우리가 바라보아야 하는 것은 바로 이러한 감정적 유대와 공감 능력이다.

5. 결론: 인간적인, 정말로 인간적인 아우라

베냐민이 예견한 기계복제시대의 아우라 붕괴는 AI복제시대에 접어들면서 새로운 국면을 맞이했다. 중요한 것은 아우라가 완전히 사라지고 있는 것이 아니라, 새로운 형태로 재구성되고 있다는 점이다. '챗플릭스'의 실시간 상호작용과 <다큐 3일>의 시간적 지속성은 각각 다른 방식으로 경험으로서의 아우라를 구현한다. AI시대의 방송은 단순히 기술적 진보에만 의존할 수 없다. 오히려 AI가 흉내 내기 어려운 인간적인 경험과 감정, 창의성과 공감 능력을 중심에 놓고, 이를 새로운 기술과 결합시키는 방향으로 나아가야 한다. '챗플릭스'와 <다큐 3일> 특별 편이 보여준 것은 바로 이러한 가능성이다. 결국 AI복제시대의 아우라는 과거로의 회귀가 아니라 미래로의 전진이다. 기술의 발전이 인간성을 무디게

하는 것이 아니라, 인간의 삶의 경험과 감정을 더욱 풍부하게 표현할 수 있는 도구가 될 때, 방송은 기계복제를 넘어서 AI 도입과 사용에서 야기될 특성들을 바탕으로, 새롭게 정의된 인간적인 아우라를 획득할 수 있을 것이다. 이것이 바로 AI시대 방송이 추구해야 할 궁극적 목표이자, 베냐민의 통찰이 오늘날에도 여전히 유효한 이유다.

입선

관찰 예능의 빛과 그림자

〈나 혼자 산다〉, 〈미운 우리 새끼〉, 〈돌싱포맨〉

장은아

나는 대학생이 된 이후로 예능 프로그램을 예전보다 더 비판적으로 바라보게 되었다. 단순히 웃음을 주는 오락이라고만 생각했던 예능이, 사실은 사회를 비추는 거울처럼 기능한다는 점을 조금씩 느끼고 있기 때문이다. 특히 2010년대 이후 크게 확산된 관찰 카메라식 예능은 내가 자주 보는 프로그램 중 하나이자, 동시에 많은 생각거리를 던져준다.

<나 혼자 산다>를 보며 "혼자 사는 삶도 충분히 당당할 수 있구나"라는 위로를 받은 적도 있었고, <미운 우리 새끼>에서는 엄마들이 아들의 일상을 보며 하는 반응을 통해 내 가족 이야기를 떠올린 적도 있다. 또 <돌싱포맨>을 보면서는 평소 잘 다뤄지지 않았던 '이혼'이라는 주제가 예능의 중심에 서 있는 것이 신기하게 다가왔다. 이처럼 관찰 예능은 단순히 연예인의 사생활을 보여주는 것이 아니라 1인 가구, 중년 미혼, 이혼 남성 등 한국 사회 속 다양한 삶의 양식을 드러내며 우리에게 공감과

생각거리를 동시에 안겨준다.

하지만 솔직히 말하면, 그 속에서 불편함도 함께 느낀다. 웃음을 주기 위해 과도하게 노출되는 출연자들의 사생활, 특정 집단을 고정된 이미지로만 보여주는 편향된 연출, 그리고 여성보다는 남성 중심의 이야기 구조가 반복될 때마다 "내가 보고 있는 건 현실일까, 아니면 꾸며진 소비용 이미지일까?"라는 의문이 든다.

그래서 나는 관찰 예능을 단순한 오락이 아니라, 사회적 의미와 문제를 동시에 지닌 양면적인 장르라고 생각한다. 즐겁게 웃으면서도 그 이면을 함께 들여다봐야 할 이유가 여기에 있다고 믿는다.

관찰 예능의 등장과 확산

관찰 예능은 출연자의 일상과 사생활을 카메라에 담아, 마치 시청자가 직접 엿보는 듯한 몰입감을 제공하는 장르다. 기존의 스튜디오 토크쇼나 리얼 버라이어티와 달리, 일상 공간 속에서 자연스럽게 드러나는 출연자의 모습이 중심이 된다. 이러한 포맷은 개인의 삶을 통해 사회적 변화를 비추는 새로운 방식으로 자리 잡으며 2010년대 중반 이후 급격히 확산되었다.

대표적으로 <나 혼자 산다>(MBC)는 1인 가구의 급격한 증가라는 사회적 흐름과 맞물려 큰 공감을 얻었다. 혼자 사는 연예인들의 소소한 일상을 보여주면서, 독립과 자립에 대한 긍정적 이미지를 확산시켰고 동시에 1인 가구의 외로움과 현실적 어려움도 자연스럽게 드러냈다.

<미운 우리 새끼>(SBS)는 '엄마의 시점'이라는 독특한 관찰 구조를 채택해, 중년 미혼 남성들의 일상을 부모의 눈으로 비추는 형식을 통해 가

족 간 갈등과 세대차를 드러냈다. 이 프로그램은 부모 세대와 자녀 세대가 서로를 바라보는 시각의 간극을 드러내며, 한국 사회에서 여전히 강력하게 작동하는 가족 중심적 가치관을 재확인시키는 효과를 냈다.

<돌싱포맨>(SBS)은 이혼 남성들의 일상과 인간관계를 전면에 내세워, 오랫동안 예능에서 금기시되던 이혼 문제를 대중 앞에 꺼냈다는 점에서 주목할 만하다. 출연자들은 자신의 결혼 실패 경험을 웃음과 자기 풍자로 풀어내며, 이혼을 둘러싼 사회적 낙인을 일정 부분 완화하는 동시에 새로운 남성성·중년의 삶을 보여주었다.

세 프로그램은 각각 다른 사회적 집단을 소재로 삼지만, "일상과 사생활을 관찰하여 대중성과 화제성을 확보한다"라는 공통점이 있다. 이를 통해 관찰 예능은 단순한 오락 장르를 넘어, 동시대 한국 사회의 변화된 가족 구조와 개인의 삶의 양식을 반영하는 중요한 텔레비전 문화 현상으로 자리 잡게 되었다.

관찰 예능의 긍정적 효과(빛)

관찰 예능은 단순한 오락적 소비를 넘어, 동시대 한국 사회의 변화를 반영하고 나아가 새로운 사회적 의미를 생성하는 장르로 평가될 수 있다. 그 긍정적 효과는 크게 세 가지 측면에서 나타난다.

첫째, 사회적 다양성의 인정과 정상성의 확장이다.

<나 혼자 산다>는 급격히 증가한 1인 가구의 현실을 전면에 드러내며, '혼자 사는 삶'이 더 이상 예외적이거나 결핍된 것이 아니라 하나의 '정상적 라이프스타일'로 인정받을 수 있음을 보여주었다. <미운 우리 새끼>와 <돌싱포맨> 또한 각각 '중년 미혼'과 '이혼 남성'이라는, 전통적

가족 서사에서 주변화되었던 집단을 재현함으로써 사회적 가시성을 높였다. 이는 주디스 버틀러(Judith Butler)의 규범적 정상성 논의와 연결 지어 해석할 수 있다. 즉, 관찰 예능은 기존에 주류 규범에서 벗어난 삶의 양식을 가시화해 '정상성의 범위'를 확장하는 효과를 낳는다.

둘째, 세대 간 소통의 매개다.

관찰 예능은 가족·세대 갈등을 단순히 드라마적 재현으로 보여주는 것이 아니라, 실제 출연자의 삶과 부모·자식 관계를 통해 드러낸다. 예를 들어, <미운 우리 새끼>에서 어머니들이 아들의 일상을 보며 느끼는 당혹, 실망, 애정은 그대로 시청자에게 전달되어 '부모 세대의 시선'을 간접 경험하게 한다. 이는 하버마스(Jürgen Habermas)가 말한 생활세계(lifeworld)의 공유에 가까운 기능을 한다. 시청자는 단순한 소비자가 아니라, 프로그램 속 가족 관계를 통해 자신의 가족 경험을 반추하고 다른 세대의 감각을 이해하는 학습 효과를 얻게 된다.

셋째, 공론장으로서의 기능이다.

관찰 예능은 결혼, 이혼, 노년, 인간관계 등 민감한 주제를 웃음과 오락의 틀 속에 배치함으로써, 시청자가 무겁지 않게 사회 문제를 접하도록 만든다. <돌싱포맨>에서 출연자들이 자신의 결혼 실패 경험을 농담과 자기 풍자로 풀어낼 때, 이는 단순한 코미디를 넘어 '이혼 이후의 삶도 가능하다'는 메시지를 전달한다. 이는 낙인(stigma)으로서의 이혼을 사회적으로 재구성하는 담론적 장치가 된다. 즉, 관찰 예능은 리처드 세넷(Richard Sennett)이 강조한 공적 삶의 무대화를 대중오락의 영역에서 구현하는 셈이다.

요컨대 관찰 예능은 사회적 다양성의 가시화, 세대 간 이해 증진, 사회 문제의 대중 담론화라는 측면에서 긍정적 효과를 지닌다. 이는 단순한 예능적 재미를 넘어, 오늘날 한국 사회의 정체성과 변화를 반영하는 하나의 문화적 장(場)으로 기능한다.

관찰 예능의 문제점(그림자)

관찰 예능은 긍정적 효과와 함께 여러 한계와 부작용을 드러낸다. 이는 사생활의 과도한 노출, 편향된 재현, 자극적 편집, 그리고 젠더 불균형의 문제로 구체화된다.

첫째, 사생활의 상품화다. 출연자의 일상과 감정은 프로그램의 주요한 콘텐츠 자원이자 웃음의 소재로 소비된다. 하지만 이 과정에서 출연자의 사적인 영역이 무분별하게 노출되며, 일상이 곧 '쇼(show)'로 전환된다. 보드리야르(Jean Baudrillard)의 '시뮬라크르' 개념처럼 실제와 허구의 경계가 흐려지고, 출연자의 삶은 오락적 즐거움을 위한 상품으로 재가공된다. 이는 결국 개인의 사생활이 공적 이익을 위해 희생되는 구조를 고착화할 위험이 있다.

둘째, 편향된 재현의 문제다. 예능은 특정 집단을 전형화된 이미지로 재현함으로써 사회적 편견을 강화한다. <미운 우리 새끼>는 중년 미혼 남성을 '엄마의 걱정거리'로, <돌싱포맨>은 이혼 남성을 '불쌍하지만 웃음을 주는 캐릭터'로 반복적으로 묘사한다. 이러한 재현은 현실의 다양성을 드러내기보다 오히려 고정관념을 강화하는 서사 장치로 작동한다. 결과적으로 프로그램이 사회적 낙인을 해체하기보다, 새로운 형태의 낙인을 구축할 수 있다.

셋째, 자극적 편집의 문제다. 관찰 예능은 출연자의 일상을 사실적으로 담아내는 듯 보이지만, 실제로는 갈등을 부각하거나 특정 장면을 과장해 재구성한다. '악마의 편집'이라 불리는 이런 방식은 시청자에게 왜곡된 인식을 심어주며, 실제 인물의 이미지에도 부정적 영향을 끼친다. 이는 결국 리얼리티의 진정성(authenticity)을 훼손하고, 방송 윤리에 대한 논란으로 이어진다.

넷째, 젠더 불균형의 문제다. 관찰 예능은 대체로 중년 남성의 시각과 경험에 집중한다. <돌싱포맨>은 이혼을 남성 출연자의 관점에서 풀어내며, 여성의 경험은 거의 부각되지 않는다. 이는 '남성적 시선(male gaze)'이 예능 제작 과정에서 지배적임을 보여주는 사례로, 다양한 젠더 경험을 배제하는 구조적 한계를 드러낸다. 결과적으로 여성, 청년, 노년 여성 등 다양한 집단의 목소리가 예능에서 소외되고 있다.

이처럼 관찰 예능은 현실을 반영하는 듯 보이지만 실제로는 사생활을 상품화하고, 특정 이미지를 고착화하며, 자극적 편집과 젠더 편향을 통해 사회적 불균형을 재생산하는 양면성을 내포한다.

〈돌싱포맨〉 사례: 사회적 담론으로서의 의미

<돌싱포맨>은 한국 지상파 예능 가운데 드물게 이혼을 전면적으로 다루는 프로그램이라는 점에서 주목할 만하다. 한국 사회에서 이혼은 여전히 부정적 낙인이 강하게 작동하는 주제이지만, 이 프로그램은 출연자들의 개인적 경험을 전면에 배치해 자연스럽게 드러냈다. 이 과정에서 이혼이 더 이상 은폐되거나 부끄러운 사건이 아니라, 삶의 한 국면으로 받아들여질 수 있다는 가능성을 열어주었다는 점에서 의미가 있다.

그러나 이러한 서사가 주로 남성 출연자의 유머와 자기 풍자를 중심으로 소비되면서, 성별 불평등과 책임 문제를 깊이 있게 다루지 못한 한계도 드러난다.

또한 프로그램은 중년 남성상을 독특하게 재현한다. 출연자들은 '쓸쓸하고 서툰 아저씨들'의 이미지로 묘사되면서 동시에 다시금 사회적·개인적 관계 속에서 재도약할 수 있는 가능성을 보여준다. 하지만 이러한 서사가 남성 중심적으로 기획된 만큼, 중년 여성 이혼자의 삶은 거의 가시화되지 않는다. 결국 이혼이라는 사회적 경험이 남성의 시선에서만 해석되는 불균형이 나타나며, 다양한 목소리를 담아내는 데에는 한계가 존재한다.

<돌싱포맨>은 전통적 가족의 해체와 새로운 삶의 형태를 보여주었다는 점에서도 의의가 있다. 이혼 이후 남성들의 일상과 인간관계를 관찰함으로써, '가족'이라는 제도가 반드시 결혼과 혈연을 중심으로만 구성되는 것이 아니라는 가능성을 열어두었다. 그러나 프로그램은 대안적 가족 모델을 제시하기보다, 이혼 남성들을 '특이하고 웃기는 아저씨 캐릭터'로 소비하는 데 집중하는 경향이 강하다. 그 결과 가족의 다양성이라는 사회적 담론은 부분적으로 확장되었지만, 동시에 희화화되어 가벼운 오락적 소재로 소진되기도 했다.

마무리하며

관찰 예능은 지난 10여 년간 한국 예능의 주요 흐름으로 자리 잡으며, 사회 변화를 반영하는 중요한 장르로 기능해 왔다. <나 혼자 산다>, <미운 우리 새끼>, <돌싱포맨>과 같은 프로그램들은 1인 가구 증가, 이혼의 일상화, 가족 형태의 다양화 등 동시대 한국 사회의 변화를 드러내고, 이를 대중과 공유할 수 있는 장을 열어주었다. 이러한 점에서 관찰 예능은 단순한 오락을 넘어, 사회적 현실을 비추는 문화적 거울이자 공론의 장으로 의미를 가진다.

그러나 동시에 부정적 측면도 분명하다. 출연자의 사생활이 웃음과 흥미를 위해 과도하게 상품화되고, 특정 집단은 고정된 이미지로 재현되며, 젠더 불균형이 구조적으로 반복되는 문제가 지속적으로 제기된다. 이로 인해 관찰 예능은 사회적 변화를 반영하는 동시에 새로운 편견과 불균형을 재생산하는 양면성을 드러낸다.

앞으로 관찰 예능이 보다 책임 있는 장르로 발전하기 위해서는 몇 가지 과제가 있다. 첫째, 다양한 성별과 세대의 삶을 고르게 다루어 균형 잡힌 시각을 확보해야 한다. 둘째, 자극적 편집이나 과도한 사생활 노출을 지양하고, 윤리적 제작 원칙을 강화할 필요가 있다. 셋째, 단순한 웃음을 넘어, 결혼·이혼·가족·관계와 같은 주제를 더 깊이 있게 탐구해 사회적 담론을 심화시키는 노력이 필요하다.

결국 관찰 예능은 오늘날 한국 사회의 정체성과 변화를 반영하는 동시에 그것을 재구성하는 힘을 가진 장르이다. 이제는 단순한 오락적 소비를 넘어, 사회적 책임을 수반하는 담론 형성의 장으로 발전해야 할 시점이다.

입 선

제28회 좋은 방송을 위한 시민의 비평상

배움의 가능성과 방송의 한계

〈성적을 부탁해: 티처스〉

조현성

올해로 대한민국은 광복 80주년을 맞이했다. 일제의 억압을 극복해 내고 약소국이라는 치욕을 떨쳐 강소국으로 비약적인 성장을 할 수 있었던 이유는 교육에 있다. 우리 민족은 예로부터 교육을 민족정체성 보존과 일제강점기엔 독립운동의 수단으로 삼았다. 그러나 지금 대한민국의 교육은 어디에 뿌리를 둔 것일까? 교육은 백년대계라는 말이 있으나 이 말의 의미를 다시 살펴봐야 한다는 주장이 꾸준히 제기되고 있다.

현대 사회 속 교육 커리큘럼인 입시 제도는 교육 수장이 바뀔 때마다 변화를 거듭했고, 특히 자기 주도적 성장을 강조하는 2022 개정 교육과정은 입시 판에 큰 혼란을 주었다. 평가 등급을 9등급제에서 5등급제로 축소하고, 수능 선택 과목을 폐지하고, 고교학점제 도입과 같은 정책들은 대한민국 입시 이래에 파격적인 변화다. 자기 주도적 학습이라기에는 고등학생 수준을 넘어선 휘황찬란한 생활기록부와 이른바 교수들이 좋아할 틀에 박힌 주제로 작성하는 보고서 등이 요구되는 아이러니한 상황은 획일성 속 독특함을 요구한다는 모순적인 문장으로밖에 설명할 수 없다. 그렇게 학생 성적, 생활기록부, 부모님의 상황 등을 종합적으로 분석해 상담하는 입시 컨설팅 사업까지 등장했고, 이젠 고등학생들의 필수 코스로 자리한다. 컨설팅 비용은 업체에 따라 상이하지만 수십만 원에서 수백만 원까지 달한다. 이런 혼란 속 시청자 모두를 위한 컨설팅으로 채널 A는 대한민국 학생들과 학부모들에게 <성적을 부탁해: 티처스>라는 프로그램을 방송했다.

학생과 학부모들 사이 화제성과 인기에 힘입어 시즌 2까지 제작되었다. <공부가 머니?>, <영재발굴단> 등 유행이 지났다고 생각한 2010년대의 전문가 솔루션 관찰 예능 계보를 잇는 <성적을 부탁해: 티처스>는 소위 말하는 '일타강사'들의 지도로 단기간 안에 성적을 향상시키는 인기 예능으로 자리를 잡는다. 교육의 본질적 의미를 대중에게 전달하겠다는 가치를 내걸고 새로운 교수법을 조명하는 동시에, 사교육 조장적 성격을 드러내고 영재 학생들의 출연으로 프로그램의 공공성과 보편성이 훼손되었다고도 평가할 수 있다. 본 비평문은 이러한 양가성을 현재 입시를 실제로 앞둔 고등학생으로서의 시선으로 분석한다.

이 글은 <성적을 부탁해: 티처스>가 제기한 문제와 가능성을 다층적으로 고찰함으로써 프로그램이 조명하는 교육의 본질적 가치를 탐구하고, 나아가 대중매체 속 교육 프로그램의 공적 역할과 한계를 탐구한다.

<성적을 부탁해: 티처스>의 흥행 요인 중 하나는 단연 의뢰 학생들에게 희망과 위로를 선사하는 연출에 있다. 동서고금을 막론하고 청소년이라는 존재는 늘 문제아처럼 여겨져 왔다. 자율성과 정체성을 찾아나가는 과정을 밟고 있는 청소년들이 질서와 규범이라는 상반된 개념을 중요시하는 어른들에게는 필연적으로 반항기로 인식 될 수밖에 없다.

심리학자 에릭슨(Erik H. Erikson)은 프로이트의 정신분석 이론을 확장해, 인간의 전 생애를 아우르는 심리사회적 발달 이론(psychosocial development theory)을 제시했다.[1] 그는 청소년기의 '질풍노도'가 적절하고 충분한 교육과 훈련을 받은 재능 있는 젊은이에게는 훨씬 덜 한다며 이들은 자기 능력을 보여줄 만한 역할 정체성을 찾을 수 있고, 따라서 자신의 내면적 이념을 안정적으로 발달시킬 수 있다고 한다.

반면 혜택받지 못한 청소년은 또래집단과 성인들에게 인정받고 가치 있는 삶의 길을 찾고자 하는 열망에서 사회로부터 인정받는 이념을 따르고자 할 가능성이 있다며, 만약 청소년이 환경이 자기표현을 너무 억압해 정체성을 뜻대로 통합할 수 없다고 느끼면 목숨을 걸고 싸우는 동물처럼 거친 힘으로 저항할 것이라고[2] 밝힌 바 있다. 여기서 자기표현을 억압하는 사회는 현재 대한민국 입시 판이라고 봐도 무방하다. 인구의 감소로 4차 산업 혁명에 발맞춘 창의성이 있는 인재가 필요하다는 번지르르한 말 뒤에는 학생들을 틀 안에서 변별하기 위한 입시가 여전히 교육의 주요 의제인 상황 속에 치열한 경쟁으로 인한 부작용들은 눈에 띄게 보인다.

이런 상황 속 방송 <성적을 부탁해: 티처스>는 치열한 학업 경쟁을 원인으로 발현될 수 있는 학생의 정서적·신체적 이상을 다룬다. 특정 과목에 대한 울렁증, 부모님과의 갈등, 회피 등 다양한 문제들이 방송됐다. 한 예시로 지난 2024년 8월에 방송된 사연 중 전교 1등임에도 문제가 안 풀

---

1 신기원, "에릭슨의 심리사회적 발달이론: 정체성은 어떻게 발달할까? (5) 청소년기"(2020.4.11.), 내 삶의 심리학 mind, http://www.mind-journal.com/news/articleView.html?idxno=904(검색일: 2025.9.6).

2 Erik H. Erikson, *Identity: Youth and crisis*(New York: Norton, 1964).

릴 때, 자신의 손마디를 물어뜯어 지워지지 않는 상처를 남기고, 공부하다 졸릴 때엔 포크로 얼굴을 찌르는 습관을 가진 한 학생이 출연한 바 있다. 사연자 학생은 "남들은 자기보다 더 열심히 하는데"라는 생각과 거주 환경이 도심이 아니라는 점이 공부하기에 불리하다는 생각이 들며 불안해짐에 따라 비롯된 습관이라고 밝혔다. 이는 일종의 자해라고 볼 수 있다.

자해란 자신의 신체에 의도적으로 위해를 가하는 행위를 말하며, 대표적인 자해 행동의 예로 손목 긋기, 깨물기, 꼬집기 등이 해당된다.[3] 자해를 하는 청소년의 비율이 점점 높아지는 추세인데, 실제로 청소년 자해행동의 국내 유병률은 한국청소년정책연구원의 위기 청소년 현황 및 실태 조사 기초연구에서 35.1%로 조사됐다.[4] 청소년 자해의 사회적 위험 요인으로 왕따와 따돌림 다음으로 학업에 대한 부담과 스트레스의 비율이 가장 높았다. 10대들이 자해라는 고통스러운 방식으로 성적 압박감을 해소하려 하는 것은, 우리 사회가 그들에게 건강한 탈출구를 제공하지 못하고 있음을 방증하는 씁쓸한 단면이다. 이를 그저 개인의 문제로 치부하기엔 우리 사회가 짊어야 할 책임이 너무나 크다. <성적을 부탁해: 티처스>는 사회적 무관심 속에 묻혀 있던 청소년들의 고뇌를 조명하고, 그들의 이야기가 단순한 한 개인의 문제가 아닌 우리 모두가 함께 해결해야 할 과제임을 보여주며 치유의 첫걸음을 내딛게 했다. 공론화의 힘은 침묵 속에 있던 수많은 청소년들에게 "너희는 혼자가 아니다"

---

3 양모현·이보라·이동훈·이화정, 「생물심리사회이론에 기반한 자해의 위험요인 연구: 청소년 관점을 중심으로」, ≪한국심리학회지: 상담 및 심리치료≫, 36(4) (2024).

4 황여정·이정민·김수혜, 「위기청소년 현황 및 실태조사 기초연구」(한국청소년정책연구원 예비조사 데이터분석보고서, 2020).

라는 공감과 치유의 메시지를 전달한다. 학생들의 솔루션을 담당하는 조정식·정승제 강사의 "냉정하게 말할 거야"라는 말 뒤에는 형용할 수 없는 인도자로서의 따뜻함이 숨겨져 있는 것으로 보였다.

불온한 소년, 소녀들을 위해 그들은 한 달이라는 시간을 오로지 한 학생에게 투자하는 과정 속에서 잠재력을 찾아준다. 정승제 강사는 대전에 거주하는 반수생 사연자를 위해 기본적으로 방송에서 요구하는 한 달이라는 시간을 초과해 함께 해주고, 학생이 오롯이 학업에만 집중할 수 있도록 숙식 지원이라는 실질적 도움까지 아끼지 않으며 진정한 스승의 표상을 보여주었다. 또, 조정식 강사는 영어울렁증을 가진 학생이 눈에 띄는 성과를 내지 못해 힘들어하는 순간 다시 한번 손을 잡아 100일이라는 시간을 함께했다. 이는 단순히 방송의 한 출연자로서의 역할을 넘어, 학생의 삶에 깊이 개입해 변화를 이끌어내는 진정한 교육자의 모습을 보여준 <성적을 부탁해: 티처스>의 많은 사례 중 하나이다.

특히 가정환경이 불안정한 학생들, 장애를 가진 채 입시를 준비하는 학생 등 다소 힘든 상황 속에서 입시에 도전하는 학생들에게 다가선 강사들의 진심 어린 밀착 솔루션은, 학생들의 삶에 희망의 불씨를 지펴주는 동시에, 그들의 성장 서사를 지켜본 시청자들에게 깊은 울림과 감동을 선사한다. 방송 속 학생들의 상처와 아픔을 외면하지 않고 함께 해결해 나가는 강사들의 모습들은 이 시대에 필요한 참된 교육의 가치를 재조명해 주었다. 이는 단순히 성적 향상을 넘어선 삶의 변화를 이끌어내는 진정한 교육이 무엇인지 보여주는 현대 입시 사회 속 보석 같은 방송이라고 감히 평가할 수 있다.

또한 <성적을 부탁해: 티처스>는 단순한 문제 해결을 넘어, 학생 개개인의 학습 유형과 고민에 맞춘 솔루션을 제시하며 많은 학생들에게 실질적인 도움을 제공한다. 이 프로그램은 강사들이 학생들의 학습 습관,

취약점을 꼼꼼히 분석해 개인화된 학습 전략을 제공하는 데 중점을 둔다. 예를 들어, 개념이 부족한 학생에게는 기초부터 다지는 방법을, 문제풀이 속도가 느린 학생에게는 효율적인 시간 관리법을 제시하는 식이다. 이러한 밀착 코칭은 해당 학생의 성적 향상뿐만 아니라, 같은 고민을 가진 다른 학생들에게도 큰 영감을 준다. 특히, 방송 편집 과정에서 자막을 활용해 출연 학생과 유사한 어려움을 겪는 다양한 유형의 학생들을 위한 맞춤형 가이드라인을 제공한다. 이는 시청자들이 자신의 상황에 맞는 공부법을 쉽게 찾아 적용할 수 있도록 돕는 역할을 한다. 이러한 접근 방식은 프로그램이 단순한 오락적 요소를 넘어 고품질의 교육 콘텐츠로 자리매김하게 했다. <성적을 부탁해: 티처스>는 학생 개인의 성공스토리를 넘어, 교육적 고민에 대한 실용적인 해답을 제시함으로써 시청자들에게 "나도 할 수 있다"는 희망과 함께 구체적인 방향성을 제안한다. 이는 교육 콘텐츠가 나아갈 새로운 방향을 보여주는 사례라고 생각한다.

다만 <성적을 부탁해: 티처스>에게도 한계가 존재한다. 그 첫 번째 한계는 사교육을 조장한다는 점에 있다. 본 프로그램은 학생들의 성적 향상과 정서적 성장을 돕는 '참스승'의 모습을 그려내고자 하는 연출로 큰 호응을 얻었다. 그러나 프로그램의 본질을 깊이 들여다보면, 이는 사교육의 긍정적인 면을 극대화해 미화하고, 결과적으로 사교육 시장을 부추기는 모순적인 역할을 한다는 비판을 피하기 어렵다.

한 사례로 제주도에 거주하는 중학교 1학년 학생이 출연한 방영분을 보자. 제주도에서는 우물 안 개구리 같다며 학군지와 학원가의 중심인 대치동에 방문해 미적분을 공부하며 영재고를 준비하는 이날 방송은 사교육이 필수적이라는 메시지를 프로그램을 통해 전달한 것이다. <성적을 부탁해: 티처스>의 제작총괄 김승훈은 "사교육 조장 우려에 대해 진정성으로 극복하겠다"는 입장을 밝혔으나,[5] 본질적인 프로그램의 시스템으로 유명 사교육 강사들이 출연해 학생들에게 맞춤형 솔루션을 제공하는 것은 마치 '역시 사교육 일타 강사들은 다르구나'라는 메시지를 은연중에 심어주는 것과 같다. 이는 오히려 공교육이 하지 못하는 영역을 사교육이 채울 수 있다는 인식을 강화시킨다. 출연한 학생 중 대부분이 학교를 다니는 상태에서 학교 교육만으로는 충분히 성적을 향상하지 못해 <성적을 부탁해: 티처스>에게 의뢰한 것이다.

이렇듯 본 프로그램은 공교육 시스템이 학생 개개인의 맞춤형 솔루션을 제공하는 데 한계가 있음을 보여주면서, 그 대안으로 사교육 시장에 대한 신뢰를 높이는 결과를 낳는다. 결국 이 프로그램은 공교육의 역할 부재를 사교육의 우수성을 증명하는 기회로 삼고 있다는 비판에서 자유로울 수 없다. 학생들의 어려운 서사에 공감하며 감동을 선사하는 동안, 시청자들은 사교육의 힘이 성적 향상을 위한 필수적인 조건이라는 결론에 무의식적으로 도달하게 될 우려를 배제할 수 없다. 이것이 바로 <성적을 부탁해: 티처스>가 가진 가장 큰 모순이자, 사교육 조장이라고 비판받는 핵심적인 이유다.

두 번째 한계는 방송 취지와 맞지 않는 학생들의 출연으로 시청자들의 공감 형성을 이끌어내지 못했다는 점이다. <성적을 부탁해: 티처스>는 어려운 환경에 처한, 혹은 노베이스와 중위권 학생들에게 희망을 준다는 점에서 긍정적인 평가를 받는다. 그러나 프로그램에 등장하는 일부 사례들은 일반적인 시청자들의 공감을 얻기 어려우며, 프로그램의 본래 취지와 맞지 않다. 이는 '영재들의 티칭쇼'로 변질되었다는 한계를

---

5 "'티처스' PD "엄마들과 치맥 하며 기획, 사교육 조장 원치 않아"", 오마이뉴스, 2024년 1월 19일 자.

드러낸다. 방송에 등장하는 일부 학생들은 이미 뛰어난 지적 능력을 타고났다. 수능 4점짜리 문제를 푸는 초등학생, IQ 140의 영재, 혹은 영재고나 과학고 진학을 두고 부모와 갈등하는 학생의 이야기는 주 시청자들인 평범한 학생들의 고민과는 거리가 멀다. 대다수의 학생들은 성적 향상 자체에 좌절감을 느낀다. 따라서 방송이 어려움을 극복하고 성장하는 서사를 보여주기보다 이미 뛰어난 학생이 더 완벽해지는 과정을 보여주는 데 그치면서, 프로그램은 공감대를 형성하는 데 실패한다.

이러한 사례들은 프로그램이 표방하는 학습의 어려움을 겪는 학생들에게 희망을 주는 본래의 취지를 무색하게 만든다. 프로그램의 웹사이트에서조차 "성적 때문에 여전히 고민이시라구요?"라는 대표 문구로 소개하지만, 실제 프로그램은 성적의 고민이 아닌 극상위권 유지를 목표로 하는 학생들이 출연해 본래 취지와 사뭇 다른 내용이 방영된다. 최상위권에서 어떻게 더 치고 나갈 것인가에 초점이 맞춰진 그들의 고민은, 결국 사교육의 가장 큰 목표인 상위권 학생들을 위한 맞춤형 심화 학습을 보여주는 것과 다를 바 없으므로 앞서 말한 사교육 조장과도 연결된다. 결국 <성적을 부탁해: 티처스>는 일부 학생들의 감동적인 서사를 통해 참스승의 가치를 보여주면서도, 동시에 상위 1%를 위한 교육 콘텐츠라는 이중적인 모습을 보인다. 이는 프로그램의 공공성을 훼손하고, 대중의 공감대를 잃는 결과를 낳는 결정적인 한계라고 평가할 수 있다.

세 번째 한계는 프로그램의 자극적인 숏폼 편집의 딜레마다. <성적을 부탁해: 티처스>는 주요 시청층인 청소년들의 미디어 소비 행태를 정확히 파악해, 숏폼(Short-form) 콘텐츠를 활용한 홍보 전략을 적극적으로 펼치고 있다. 프로그램은 AI 기술을 활용해 출연 강사들이 유행하는 춤을 추는 등, 젊은 세대가 즐겨 찾는 밈(Meme)을 제작해 흥미를 유발한다. 또한, 강사와 출연진의 비하인드 스토리나 자체 콘텐츠를 짧은 영상으로 만들어 공유하며 팬덤을 형성하고 있다. 이러한 숏폼 콘텐츠는 TV 본방송의 맛보기 역할을 할 뿐만 아니라, 시청자들이 프로그램에 대한 지속적인 관심을 갖도록 유도한다. 이는 단순한 홍보를 넘어, 강사들을 친근하고 유쾌한 이미지로 각인시키는 효과를 낳는다.

뉴미디어 시대에 맞게 앞서 언급한 모두가 즐겁게 볼 수 있는 긍정적인 숏폼들이 있는 반면, 출연 학생에게 상처를 줄 가능성이 있는 숏폼들도 제작된다. <성적을 부탁해: 티처스>는 학생들의 진솔한 고민과 성장을 담아내 감동을 선사하지만, 동시에 학생 사연의 아주 작은 일부분을 편집해 올려 시청률과 조회수를 추구하는 한계를 드러낸다. 이는 프로그램의 진정성을 훼손하고 출연 학생들에게 상처를 줄 수 있다는 비판을 받고 있다. 방송의 일부 장면, 특히 학생들이 자신의 취약점을 솔직하게 드러내는 순간들은 그들의 아픔을 여과 없이 담고 있다. 이러한 장면들은 다른 시청자들에게는 공감과 위로의 대상이 될 수 있지만, 자극적인 숏폼 콘텐츠로 재가공되면 전혀 다른 의미로 변질된다. 제작진이 이러한 장면들을 편집하고 짧은 영상으로 만들어 SNS에 공유하는 행위는 학생들의 감정을 오락적 요소로 소비하는 것과 다름없다.

특히 학생들의 실수, 좌절, 심지어는 외모와 관련된 부분들이 과장되게 부각되어, 다른 학생들에게 비웃음과 조롱의 대상이 될 여지를 만든다. 방송은 학생들의 실수를 만회하고 그들의 성장을 돕겠다는 취지를 가진 동시에 그들의 취약점을 이용해 조회수를 얻는 이중적인 태도를 보인다. 학생들의 진솔한 이야기를 담는 긍정적인 측면에도 불구하고, 자극적인 상업성을 좇는다. 이는 프로그램의 신뢰도를 떨어뜨리고, 궁극적으로 출연 학생들에게 예기치 못한 상처를 남길 수 있다는 점에서 심각한 한계로 지적할 수 있다.

앞서 언급한 바와 같이 우리 민족의 뛰어난 교육에 대한 열망은 결국 입시와 사교육이라는 게임에 갇혀 그 본질을 잃어가고 있다. 2025년 광복 80주년을 맞아, 우리는 방송의 힘과 우리 민족의 정체성을 되돌아보며 교육과 입시 제도의 진정한 의미를 다시금 성찰해야 할 때이다. <성적을 부탁해: 티처스>는 단순 성적 향상을 넘어 학생들의 내면에 숨겨진 아픔을 보듬고 그들의 삶에 희망을 불어넣는 '교육자'의 존재를 재조명하며 깊은 울림을 준다. 이는 교육의 본질이 단순한 지식 전달을 넘어 인간적 교감과 성장에 있음을 보여주었다. 그러나 긍정적 평가와 함께, 프로그램이 가진 모순과 한계 또한 명확히 드러났다. 모순적으로 사교육을 미화하고, 일부 출연 사례는 프로그램이 표방하는 핵심 가치와 궤를 달리하며 본래의 기획의도를 흐렸다고 보는 시각이 여전히 아쉬움으로 남는다.

또한, 숏폼 조회수를 얻는 목적을 위해 출연 학생들에게 상처를 줄 수 있다는 점은 프로그램이 추구한 '진정성'을 스스로 훼손했다는 점에서 문제로 지적할 수 있다. 그럼에도 <성적을 부탁해: 티처스>는 우리 사회에 교육과 대중매체의 공적 역할에 대한 중요한 질문을 던진다. 과연 미디어는 오락과 상업성을 추구하면서도 교육적 가치를 온전히 담아낼 수 있는가? 감동과 서사를 통해 시청률을 높이는 것이 미디어의 본분이라면, 그 과정에서 소외되거나 상처받는 개인의 존재는 어떻게 보호되어야 하는가?

본 프로그램은 한 편의 성공적인 교육 프로그램인 동시에, 교육의 상업화와 미디어의 윤리라는 복합적인 문제를 동시에 드러낸다고 평가할 수 있다. 이 프로그램에 대한 평가는 단순히 '좋다' 혹은 '나쁘다'로 나뉠 수 없으며, 앞으로의 교육 프로그램이 나아가야 할 방향에 대한 지속적인 성찰의 과제를 남겼다.

최근 인기를 얻고 있는 가수 한로로의 노래 중 「입춘」의 가사 "아슬히 고개 내민 내게 첫 봄인사를 건네줘요, 피울 수 있게 도와줘요"는 <성적을 부탁해: 티처스>의 가치관을 집약적으로 표현했다고 생각한다. 좌절과 포기 직전 '아슬히 고개만 내민' 학생들의 마음과 치유와 성장을 선물해 주는 '봄인사', <성적을 부탁해: 티처스>는 마음의 벽을 허물고 다시 시작할 용기를 선사한다. 성장통을 지나 꽃을 피울 입춘을 기다리는 모든 학생들에게 도전의 가치와 교육의 의미를 조명하는 <성적을 부탁해: 티처스>였다.

'천국보다 아름다운'이 아름다운 이유

다원주의 시대에 던지는 '환대'의 판타지

차성수

들어가며: 분열의 시대, 환대의 메시지

"신은 죽었다"라고 선언한 니체 이후, 서구 사회는 절대적 가치 체계의 붕괴를 경험했다. 더 이상 초월적 권위가 삶의 의미를 규정해 주지 않는 상황에서, 각 개인은 스스로 가치를 창조하고 자신만의 의미를 찾아야 하는 실존적 과제에 직면하게 되었다. 니체가 제시한 '위버멘쉬'(Übermensch)는 개인의 자율성과 창조적 의지를 극대화하는 방향으로 현대 문화에 깊이 뿌리내렸다. 그러나 이러한 개인주의적 전환이 가져온 현실은 니체가 꿈꾸었던 고귀한 개체들의 창조적 발산이 아니라, 각자가 자신의 주관적 진리를 절대화하며 타자와 소통 불가능한 영역으로 퇴각하는 파편화된 사회였다. SNS로 대표되는 디지털 공간에서 개인들은 자신과 같은 관점을 가진 사람들과만 소통하는 '에코 체임버'를 형성하고, 서로 다른 가치관을 가진 집단들과 점점 더 극단적인 대립 양상을 보인다. 이러한 시대적 상황에서 에마뉘엘 레비나스의 타자 철학은 단순한 학술적 담론을 넘어 절실한 시대적 메시지로 다가온다. 자아의 자기중심성을 해체하고 타자에 대한 무한한 책임을 강조하는 레비나스의 윤리학은, 개인주의가 만들어낸 사회적 분열에 대한 근본적인 처방전을 제시하기 때문이다.

이러한 맥락에서 드라마 '천국보다 아름다운'(2025)이 던지는 메시지는 단순한 판타지를 넘어 깊은 철학적 성찰로 다가온다. 드라마 속 천국 지원센터장이 건네는 대사는 현대인이 직면한 윤리적 딜레마에 대한 근본적 해답을 제시한다.

> 우리는 모두에게 친절해야 합니다. 모든 사람을 똑같이 사랑해야 합니다. 왜냐하면 어쩌면 그들은 우리가 수많은 생을 거치는 동안 어느 땐가 우리에게 소중했던 사람이기 때문입니다. 언젠가 한 번은 내가 은혜를 입었거나 또 언젠가 한 번은 내가 해를 입혔던 사람일 수 있으니까요.

이 대사는 단순한 도덕적 권고를 넘어서 깊은 철학적 통찰을 담는다. 환생을 통한 무한한 타자에 대한 경험은 에마뉘엘 레비나스의 환대 철학과 놀라운 공명을 이룬다. 이 글에서는 드라마를 니체의 영원회귀 사상, <에브리싱 에브리웨어 올 앳 원스>(2022)에서 나타난 다중우주 사고실험과 비교하며, 레비나스의 타자 윤리학과 환대의 개념을 통해 해석하고, 그 철학적 의미를 종합적으로 살펴본다.

1. 무한을 통한 사고실험들: 철학에서 대중문화까지

니체의 영원회귀와 아모르파티

니체는 영원회귀라는 강렬한 사고실험을 제시했다. “만약 당신이 지금까지 살아온 삶을 무한히 다시 반복해서 살아야 한다면, 그것을 견딜 수 있겠는가?”라는 질문을 통해 삶에 대한 태도의 근본적 전환을 요구했다. 영원회귀란 시간이 영원히 반복된다는 사상이다. 그러나 영원회귀의 핵심은 동일한 삶의 무한반복이 아니라, 순간이 영원과 같은 무게를 갖는다는 깨달음에 있다. 순간이 무한히 반복된다는 것은 순간이 곧 영원만큼 길어지며 그만큼의 무게를 갖는다는 것이다. 순간이 영원처럼 무거워진다면 어느 순간도 포기하거나 버릴 수 없게 된다. 그래서 니체는 고통의 순간도 피하거나 버릴 수 없기에 자기 상승을 위해 의미 있는 시간으로 만들어 모든 순간을 긍정해야 한다는 ‘아모르 파티’를 말했다. 이렇게 니체는 시간의 무한성이라는 사고실험을 통해 철학적 결론을 이끌어낸 매우 흥미로운 사고실험의 방법론을 보여줬다.

〈에브리싱 에브리웨어 올 앳 원스〉의 다중우주적 환대

2022년 개봉한 영화 <에브리싱 에브리웨어 올 앳 원스>는 니체의 사고실험을 다중우주라는 현대적 설정으로 재해석한 탁월한 사례다. 주인공 에블린은 무수히 많은 평행우주의 자신을 경험하면서, 각각의 우주에서 전혀 다른 삶을 살아가는 무한히 변용된 타자들을 경험하게 된다. 영화에서 다중우주는 단순한 판타지적 배경이 아니라 타자의 절대적 타자성을 구현하는 철학적 장치로 기능한다. 에블린이 마주하는 각각의 평행

우주 속 존재들은 타자들은 각 우주에서 무한히 다른 형태로 나타난다.

특히 주목할 점은 에블린의 적대자인 세무공무원이 다른 우주에서는 가장 사랑하는 연인으로 나타난다는 설정이다. 지금 적대하고 있는 어떤 사람이 동시에 다른 우주에서는 환대해야 할 대상이라는 것을 보여주며, 모든 사람에게 환대해야 한다는 메시지를 이끌어낸다. 이는 레비나스(Emmanuel Levinas)가 강조한 '타자의 얼굴' 앞에서 일어나는 윤리적 전환의 영화적 구현이다. 영화의 클라이맥스에서 웨이먼드가 모든 존재들에게 건네는 "친절하게 대하세요(Be kind)"라는 메시지는, 다중우주라는 무한한 타자성의 공간에서 찾아낸 유일한 윤리적 명령이다. 모든 가능성이 동시에 존재하는 상황에서, 유일하게 변하지 않는 가치는 타자에 대한 무조건적 친절이라는 깨달음이다.

〈천국보다 아름다운〉의 무한 환생 사고실험

<천국보다 아름다운>에서는 지금 현생의 삶이 일회적인 것이 아니라 무한한 환생을 통해 무한하게 다르게 반복되고 있다고 설정한다. 이는 <에브리싱 에브리웨어 올 앳 원스>가 우주를 무한으로 넓혀서 무한한 타자를 이끌어냈다면, <천국보다 아름다운>에서는 시간을 무한으로 넓혀서 무한한 타자를 이끌어내는 접근법이다. 환생이라는 아이디어 자체는 전혀 새로운 것이 아니다. 동양의 윤회사상이나 서구의 영혼불멸론에서 오랫동안 다뤄온 주제다.

그러나 드라마는 환생이라는 전통적 아이디어에서 무한한 타자라는 현대적 철학 개념을 이끌어내는 새로운 해석을 보여준다. 다르게 반복되는 환생의 삶 속에서는 지금의 적대적 인간이 가장 사랑하는 사람이 될 수 있음을 보여주며, 이를 통해 모든 사람에게 환대해야 한다는 깨달음

으로 이끌어간다. 이러한 설정은 결국 레비나스의 환대 철학으로 수렴한다. 드라마는 환생이라는 동양적 세계관과 레비나스의 서구 철학을 절묘하게 결합해, 동서양의 지혜를 아우르는 보편적 윤리를 제시한다.

2. 레비나스 철학을 통한 드라마 보기

모든 얼굴에 깃든 무한한 책임

드라마 속 센터장이 던지는 "모든 사람을 똑같이 사랑해야 합니다"라는 대사는 깊은 철학적 질문을 안겨준다. 여기서 '똑같이'란 과연 무엇을 의미할까? 모든 이에게 동일한 감정을 느끼라는, 어쩌면 비현실적인 주문일까? 이 지점에서 에마뉘엘 레비나스의 시선을 빌리면 그 의미가 한층 선명해진다. 레비나스에게 타인의 '얼굴'은 그저 바라보는 대상이 아니다. 그 얼굴은 우리를 향해 "나를 해치지 말라"고 말하는, 조용하지만 거부할 수 없는 명령과도 같다.

이것은 칸트의 정언명령과는 다른 차원의 윤리적 경험이다. 칸트의 정언명령이 이성적 사유를 통한 보편적 도덕법칙이라면, 레비나스의 얼굴은 사유 이전에, 이성적 계산 이전에 우리를 사로잡는 직접적이고 즉각적인 윤리적 호명이다. 우리는 그 연약하고 무방비한 얼굴 앞에서 나의 권리나 이익을 따지기보다, 상대를 향한 '무한한 책임'을 먼저 느끼게 된다. 나를 중심에 두던 생각을 멈추고, 온전히 타인을 향하게 되는 근본적인 경험인 셈이다. 이것이 바로 드라마가 말하는 '똑같은 사랑'의 진짜 의미일 것이다.

이는 감정의 양이나 질이 같다는 뜻이 아니라, 내가 마주하는 모든 타인 앞에서 예외 없이, 조건 없이 짊어져야 할 책임의 무게가 같아야 한다는 뜻이다. 드라마는 이 깊은 윤리적 성찰을 '똑같은 사랑'이라는 따뜻한 단어 하나로 압축해 우리에게 보여주었다.

기억 너머에서 온 손님, 시간의 경계를 넘는 만남

드라마는 "왜 우리가 모두에게 친절해야 하는가"라는 질문에 대해, 아주 시적인 답변을 들려준다. "어쩌면 그들은 우리가 수많은 생을 거치는 동안 어느 땐가 우리에게 소중했던 사람이기 때문입니다." 이 대사 한마디는 우리가 발 딛고 있는 현재라는 시간을 훌쩍 뛰어넘어, 관계의 의미를 무한히 확장시킨다. 이는 철학자 레비나스가 말한 '무한'의 경험과도 놀랍도록 닮아 있다.

레비나스에게 무한은 수학적 개념이 아니라 윤리적 경험이다. 나의 인식이나 이해의 지평을 완전히 넘어서는 타자와의 만남에서 경험되는 것이 무한이다. 그에게 타인과의 만남이란, 나의 시간 속에 상대를 끼워 맞추는 것이 아니라, 상대로 인해 나의 시간이 무한히 열리는 사건이다. 드라마의 '윤회' 설정은 이 철학적 통찰을 아름다운 이야기로 풀어낸 셈이다. 지금 내 앞에 있는 저 사람이, 내가 기억하지 못하는 아득한 과거로부터 온 손님일지도 모른다는 상상력. 레비나스는 이를 희미하게 남은 '흔적(trace)'이라고 표현했다.

흔적은 현재에 남아 있지만 과거의 실체는 완전히 사라진 상태를 의미한다. 우리는 타자와의 과거 관계의 내용을 정확히 알 수는 없지만, 그 관계가 있었다는 희미한 흔적만을 감지할 뿐이다. 드라마는 이 '흔적'의 개념을 더욱 구체적인 대사로 들려준다. 우리가 만나는 모든 사람이 "언젠가 한 번은 내가 은혜를 입었거나 또 언젠가 한 번은 내가 해를 입혔던 사람"일 수 있다는 깨달음이다. 이로써 우리의 만남은 단순한 현재의 스침이 아니라, 과거의 빚과 미래의 약속이 교차하는 묵직한 시간이 된다.

보답을 기대하지 않는 마음, '일방통행'의 윤리학

우리는 보통 인간관계를 '주고받는 것(Give and Take)'이라 생각한다. 내가 준만큼 받고, 받은 만큼 돌려주는 공평한 관계를 이상적이라 여긴다. 하지만 드라마 <천국보다 아름다운>은 이러한 상식을 부드럽게 뒤엎으며, 훨씬 더 깊고 어려운 길을 제안한다. 드라마가 말하는 환대와 친절은 결코 양방향이 아니다. 철학자 레비나스가 평생에 걸쳐 강조했던 '비대칭적 책임'처럼, 철저히 한쪽으로만 향하는 일방통행에 가깝다. 이 깊은 통찰은 센터장의 한마디에 오롯이 담겨 있다. 바로 우리가 만나는 모든 이가 "언젠가 한 번은 내가 은혜를 입었거나 또 언젠가 한 번은 내가 해를 입혔던 사람"일 수 있다는 인식이다.

내가 기억조차 못 하는 과거에 누군가에게 큰 은혜를 입었다면, 그 감사함은 '갚았다'고 해서 끝나는 성질의 것이 아니다. 진정한 은혜는 계산으로 갚을 수 없는 무한한 것이기 때문이다. 반대로, 나도 모르는 사이에 누군가에게 깊은 상처를 주었다면, 그에 대한 책임감 역시 상대가 나를 용서하든 안 하든 무한히 이어질 수밖에 없다. 이 관계 속에서 상대방이 나에게 무엇을 해주길 기대하는 마음은 끼어들 틈이 없다. 모든 책임과 감사는 오롯이 나에게서 시작되는 무조건적인 것이 된다.

이것이 바로 레비나스가 말한 '비대칭적 관계'의 핵심이다. 나의 책임은 타자의 반응이나 보답과 무관하게 일방적으로 무한해야 한다. 이처럼 드라마는 계산기를 두드리는 듯한 교환 관계를 넘어서, 보답을 바라지 않고 온전히 내어주는 마음이야말로 진정한 환대의 본질임을 감동적으로 그려낸다. 이는 현대 사회의 신자유주의적 교환 논리에 대한 근본적 도전이기도 하다.

누구지 묻지 않는 조건 없는 환대의 약속

드라마의 가장 중심을 관통하는 대사는 아마도 "우리는 모두에게 친절해야 합니다"일 것이다. 여기서 '친절'은 상대를 조건 없이 있는 그대로 받아들이는 '환대'의 다른 이름이다. 진정한 환대란 문을 두드린 손님에게 '누구신지, 무슨 목적으로 오셨는지' 묻지 않고, 그저 기꺼이 안으로 들이는 마음이다. 손님의 정체를 알 수 없을 때, 그 환대는 가장 순수한 형태가 된다. 일반적인 환대는 조건적이다. 친구라면 환영하고, 적이라면 거부한다. 유익한 사람이라면 받아들이고, 해로운 사람이라면 배척한다. 하지만 진정한 환대는 이러한 조건들을 모두 괄호 안에 넣는다. 상대의 정체성, 목적, 의도와 무관하게 환대하는 것이다.

드라마의 '윤회'라는 설정은 이 환대의 윤리를 더욱 극적인 차원으로 끌어올린다. 수억 겁의 시간을 돌고 도는 존재들 앞에서, 우리는 눈앞의 사람이 나의 원수였는지, 아니면 가장 소중한 은인이었는지 결코 알 수 없다. 그의 과거도, 미래도 우리에게는 영원한 비밀이다. 바로 이 지점에서 드라마는 가장 중요한 메시지를 던진다. 우리는 상대의 정체를 모름에도 불구하고 친절해야 하는 것이 아니다. 오히려 그의 정체를 영원히 알 수 없기 때문에, 우리는 무조건적으로 그를 환대해야만 하는 것이다. 상대에 대한 나의 완전한 '무지'가, 역설적으로 가장 완전한 '환대'의 근거가 되는 순간이다. 내가 상대를 완전히 알 수 없다는 인식론적 사실이, 그렇기 때문에 상대를 무조건 환대해야 한다는 윤리적 당위로 연결된다. 드라마는 이 깊은 통찰을 통해 우리에게 정체를 묻지 않는 친절을 행하라고 조용히, 그러나 힘주어 말하고 있다.

나가며: 환대로서의 삶, 방송의 사회적 책임

드라마 <천국보다 아름다운>이 보여준 가장 중요한 성취는 방송이 단순한 오락이나 정보 전달을 넘어 철학적 성찰의 매체가 될 수 있음을 증명한 것이다. 레비나스의 어려운 타자윤리학을 대중이 공감할 수 있는 드라마 언어로 번역해 냄으로써 방송 콘텐츠의 새로운 가능성을 열었다. 특히 현재와 같이 사회적 분열이 심화되는 시점에서, 드라마가 제시하는 '무조건적 환대'의 메시지는 미디어가 시대의 수호자로서 사회적 역할을 충실히 이행하는 것이자 방송의 본질적 사명일 것이다.

드라마가 전하는 메시지는 레비나스의 환대 철학과 만나면서 단순한 도덕적 교훈을 넘어서는 깊은 철학적 성찰이 된다. 모든 사람에 대한 친절과 사랑은 더 이상 선택적 덕목이 아니라 존재론적 필연이 된다. 우리가 만나는 모든 타자는 잠재적으로 나의 과거이자 미래이고, 은인이자 원수이며, 기억 속의 존재이자 망각 속의 존재이다. 이러한 불확실성 속에서 우리가 할 수 있는 유일한 윤리적 선택은 무조건적인 환대다.

니체 이후의 개인주의 시대가 만들어낸 분열과 대립의 문제는, 개인의 자율성을 부정하는 것이 아니라 그 자율성을 타자를 향한 무한한 책임으로 전환할 때 해결될 수 있다. 이것이 바로 레비나스의 타자 철학이 현재 우리에게 전하는 가장 시급한 메시지이며, <천국보다 아름다운>이 각각의 방식으로 형상화했던 '환대의 시대'를 향한 비전이다.

결국 이 드라마가 우리에게 남긴 가장 소중한 유산은 "어쩌면"이라는 작은 가능성 속에서 피어나는 무한한 환대의 윤리다. 모든 만남을 선물로 여기고, 모든 타자를 귀하게 대하는 것, 우리의 삶 자체가 타자를 향한 끝없는 환대의 실천이어야 한다는 것. 이것이 바로 분열의 시대를 넘어 ‘환대의 시대’로 나아가는 길이며, 전 세계에 전할 수 있는 가장 소중한 메시지일 것이다. 방송은 단순히 현실을 반영하는 거울이 아니라, 더 나은 현실을 상상하게 하는 창문이어야 한다. <천국보다 아름다운>은 바로 그러한 창문의 역할을 충실히 수행한 작품으로, 드라마가 보여줄 수 있는 철학적 깊이와 사회적 영향력을 동시에 입증했다. 이는 한국 방송 문화의 성숙함을 보여주는 동시에, 앞으로 드라마 콘텐츠가 나아가야 할 방향을 제시하는 이정표가 될 것이다.

입선

제28회 좋은 방송을 위한 시민의 비평상

제보가 울리면 메아리만 남는다

사건반장의 '시청자 제보' 득일까 실일까

최세희

들어가며: 'Journalism needs everyone'

저널리즘은 모두의 참여를 필요로 한다.

≪뉴욕타임스≫와 ≪워싱턴포스트≫가 참여한 코럴 프로젝트(Coral Project)[1] 소개 문구의 첫 문장이다. 코럴 프로젝트의 목표는 보도국과 소비자의 관계 증진이다. 댓글 시스템 개편과 설문조사 등을 통해 뉴스 소비자의 활동을 저널리즘에 편입시키겠다는 취지다. 코럴 프로젝트는 언론사-독자라는 일방적인 관계에서 벗어나 각 주체의 필요와 기대를 연

1 "Journalism needs everyone," Coral(Vox Media), http://coralproject.net/about-2/(검색일: 2025.9.3).

구했다. 이 과정에서 뉴스에 댓글을 다는 사용자는 자신들의 목소리가 뉴스룸에 반영되길 갈망한다는 사실이 밝혀졌다.[2] "저널리즘은 모두의 참여를 필요로 한다"라는 캐치프레이즈는 이처럼 뉴스 소비자 자체가 저널리즘 활동에 포함된다는 의미를 함축한다.

이러한 관점에서 보면 JTBC <사건반장>의 '별별상담소'는 소비자와의 관계 증진이라는 기능을 어느 정도 수행하는 듯 보인다. <사건반장>은 JTBC 뉴스콘텐트국 모바일콘텐트 1팀의 프로그램으로, 현재 양원보 앵커가 진행을 맡고 있다. 소위 '황금시간대'로 불리는 평일 오후 7시 50분에 방영된다. 정치 뉴스는 금물이되, 각종 사건 사고와 사회 이슈를 다루며 '오늘, 반장 픽'과 '글로벌 픽' 같은 코너로 작은 사건들도 다룬다. '별별상담소'는 격일마다 진행되는 코너로, 시청자들이 자신의 고민을 보내면 진행자들이 이를 소개해준다. 이런 포맷은 라디오나 예능에서 더 흔하게 볼 수 있었다. 그러나 예능의 추세가 리얼리티로 흐르며 단순 사연만으로는 시청자를 모으기 어렵게 됐다. 사연자 본인이 마스크를 써서라도 카메라에 얼굴을 비춰야만 한다. 예능계에서 이미 한물간 포맷이 유명 연예인도 없는 뉴스 프로그램에서 살아 있는 것은, 아직 '뉴스'라는 이름이 가지는 무게감이 유효하기 때문일 것이다. '주작' 여부가 불분명한 자극적인 사연이라도 뉴스에서 다뤄지는 순간 일정 부분 신빙성을 획득하기 때문이다.

시청률을 보면 이런 뉴스의 예능화는 성공한 전략이다. 실제 <사건반장>은 JTBC의 효자 프로그램 중 하나로, 경쟁이 치열한 저녁 시간대에

---

2 Natalie Jomini Stroud, Emily Van Duyn, Alexis Alizor, Alishan Alibhai and Cameron Lang, "Comment Section Survey Across 20 News Sites," Media Engagement(2017.1.12).

2~3%의 시청률을 꾸준히 유지 중이다. 높은 시청률의 바탕에는 '정치 없는 뉴스'와 '시청자 참여 뉴스 프로그램'이라는 타이틀이 있다. 딱딱하게만 보이던 앵커가 자신의 댓글을 읽어주고, 이메일로 보낸 사연을 읽어주는 모습은 뉴스가 가진 장벽을 크게 낮췄다. '별별상담소'는 이런 시청자 참여 요소를 극대화한 코너다. 그러나 뉴스 프로그램에 제보해야 할 정도로 억울한 사연이었던 탓일까. 해당 코너의 사연들은 종종 지나치게 자극적이거나 선정적이며, 때로는 거짓이 섞여 있다. '첩들의 전쟁'이나 '상남자' 같은 성차별적 표현을 그대로 인용하는가 하면, 온라인 커뮤니티에서 흔히 보이는 고부갈등이나 부부싸움에 대한 이야기도 적지 않다. 하지만 이런 비판도 '시청자 제보'라는 말 뒤에 숨으면 어느 정도 무마된다. '취재원이 얘기한 것을 그대로 보도한 것뿐'이라는 태도는 이미 언론의 관행으로 자리 잡았기 때문이다.

이러한 '시민 참여'는 공론장 확대로 이어질까, 아니면 자극적 소비와 갈등 증폭으로 귀결될까. 산 정상에서 소리를 지르면 내가 뱉은 말이 그대로 메아리가 된다. 그러나 퍼져나간 소리가 본래의 뜻과 의도대로 들릴지는 알 수 없다. 이때 소리를 지른 사람은 앵커가 아니라 제보자다. 앵커의 멘트는 '산·절벽 따위에 부딪쳐 되울려 오는 소리'에 불과하다. 본 비평문에서는 이를 '메아리 저널리즘'이라 명명하고, <사건반장>의 '시청자 제보'가 지닌 양면성을 살펴보고자 한다.

제보가 울려 퍼진 곳에 남은 것은

2025년 4월 16일, <사건반장>에 한 경호업체 대표의 사연이 도착했다. 해고를 통지한 직원이 앙심을 품고 아내를 성폭행했다는 제보였다. 해당 직원은 과거에도 성범죄 전과가 있었다는 주장까지 더해졌다. <사건반장>은 제보자의 사연을 그대로 내보냈다. 그러나 약 한 달 뒤, <그것이 알고 싶다>에서 해당 사건을 취재하며 진실이 드러났다. <사건반장>에 제보 됐던 성폭행 사건은 애초에 없던 일이었다. 오히려 제보자인 대표가 직원들을 상대로 폭행을 일삼았으며, 아내 역시 대표로부터 가정 폭력을 당해온 것이다. <사건반장>이 가해자의 거짓 제보를 여과 없이 내보낸 셈이다. <사건반장>은 5월 26일에 사과방송을 내보냈으나 시청자의 분노는 가라앉지 않았다. 사건의 규모가 워낙 컸고, 그로 인한 피해가 심각했기 때문이다. 방송은 삭제됐지만 지금도 인터넷에는 당시 <사건반장>의 보도 내용을 그대로 옮긴 기사[3]가 남아 있고, 가해자로 보도된 피해자를 욕하는 댓글들이 달려 있다.

이미 방송통신심의위원회(이하 방심위)는 지난해 2월 <사건반장>의 2023년 9월 15일 보도가 「방송심의에 관한 규정」 제9조(공정성) 제2항에 어긋난다며 권고 조치[4]를 내린 바 있다. 방심위는 이날 방송이 "제보자 일방의 입장만을 반영해 전달, 그 과정에서 불필요하게 자극적인 표현을 사용해 심의규정을 위반했다"라며 "향후 유사한 사안이 발생하지 않도록 유의하길 바란다"라고 밝혔다. 그러나 올해 3월과 5월에도 JTBC 시청자 게시판에는 "허위 사실을 보도하지 말아달라"는 건의가 올라왔다. 하지만 <사건반장>은 계속 제보를 받고 있다. 주로 다루는 사연이 부부싸움이나 고부갈등, 자영업자와 손님 간의 다툼이 주를 이루기 때문

---

3 "송별회서 '사장 부인 성폭행'한 20대 경호업체직원'", ≪문화일보≫, 2025년 4월 18일 자.

4 방송지원정책과, 「종합편성·보도전문 방송채널사용사업자 현황(2024)」(방송미디어통신위원회 방송통계, 2024.7.23).

이다. 한마디로 '오보여도 큰 문제 없는' 내용들이다. 대다수의 사연이 당사자를 만나지 않는 이상 사실 확인이 불가능한 데다, 그렇게까지 취재할 공익적 가치도 없다. 반면 객관성을 잃은 제보자의 주장을 그대로 보도하면 자극적이고 생생하다. 열심히 취재할수록 오히려 뉴스의 상품 가치가 떨어지는 아이러니한 상황이 발생하는 것이다.

뉴스를 상품 가치로 판단하는 행보에 대해 단순히 <사건반장>만을 비판할 순 없다. 뉴스 자체가 디지털 미디어의 등장과 이용 확대 흐름을 만나 상업적 도구로 변모되고 있기 때문이다.[5] 미디어 환경의 변화 속에서 특히 두드러지게 나타나는 특징 중 하나인 '과도한 온라인상의 게시글 인용'[6]이 단순히 제보로 바뀌었을 뿐이다. 소셜 미디어 게시글의 과도한 활용은 '선정주의적 보도'의 징후로 평가[7]되고 있으니, 제보자의 사연을 그대로 인용하는 <사건반장>의 보도도 같은 양태를 보일 수밖에 없다. 저널리즘의 취재 원칙에 따져보면, 이처럼 사실 확인 없이 '주장'과 '추측'만 난무하는 뉴스는 가상의 창작물에 불과하다.

아쉬운 점은 <사건반장>이 반면교사로 삼을 만한 전례가 있었다는 것이다. 바로 2019년 김용장 사건이다. 김용장 씨는 당시 "광주민주화운동 때 전두환이 직접 광주로 내려갔다"라고 주장하며 자신을 미 육군 정보부대 군사 정보관이라 소개했다. JTBC 뉴스룸은 직접 김 씨를 출연시켜 그의 주장을 뉴스로 내보냈다. 그러나 이후 그가 군사 정보관이 아닌

---

5 이종혁·조영호, 「보도사진의 상업적 선전 도구화에 관한 탐색: 포토저널리즘 관점의 비판적 논의를 중심으로」, 11(1)(2018), 212~233쪽.

6 이서현, 「데칼코마니 저널리즘: 혐오와 편견의 대량 복제」, ≪한국언론정보학보≫, 129(2025), 155~187쪽.

7 Annik Dubied and Thomas Hanitzsch, "Studying celebrity news," *Sage Journals*, 15(Issue 2)(2014).

통역 요원에 불과했으며, 김 씨의 주장을 뒷받침할 수 있는 근거는 사실상 없었다는 점이 밝혀졌다. 제보자의 신분 검증과 사실 확인이라는 원칙이 제대로 지켜지지 않은 결과였다. 이처럼 언론이 원칙을 지키지 않으면 제보자의 도구로 전락한다는 점을 <사건반장>이 다시 한번 보여줬다. 4월 16일 방송은 보도로 인한 직접적인 피해와 2차 가해가 발생했다는 점에서 2019년의 실수보다 더 치명적이라 할 수 있을 것이다. 제보가 울려 퍼졌던 곳에는 가짜 뉴스 피해자와 분노한 시청자만이 남았다.

시청자를 사로잡는 힘

바야흐로 역의제 설정의 시대다. 오늘날의 뉴스는 이러니저러니 해도 '제보' 없이 굴러가지 못한다. 뉴스는 더 이상 공적 담론의 장을 독점하지 못하고, 시청자는 뉴스 소비자임과 동시에 생산자로서 사회적 기능을 수행한다. 이런 활동은 다양성을 구현할 수 있다는 점에서 민주주의 구현에도 도움을 준다. 또한 사회적으로 논의할 만한 가치가 있는 정보에 대한 공동체적 논의는 문제 해결을 위한 동력이 되기도 한다.[8]

제보 뉴스가 공적 가치와 참여를 동시에 제공할 수 있다는 점에서, 실제 방송 사례를 살펴보는 것은 의미가 있다. <사건반장>의 뉴스 취재 및 공급 시스템은 변화된 미디어 환경을 잘 받아들인 사례다. 앵커와 진행자는 시청자의 사연에서 기성언론이 주목하지 못한 일상 속 부조리함을 찾아내 관련 법 제정을 요구하기도 한다. 이 과정에서 제보자는 문제 해

---

8 이서현, 「데칼코마니 저널리즘: 혐오와 편견의 대량 복제」, ≪한국언론정보학보≫, 129(2025).

결의 주체이자 뉴스 제작의 협력자가 된다.

또한 제보는 시청자의 니즈를 직접적으로 충족시킨다. 기성언론이 받는 수십 건의 제보 중 80~90%는 사소하고 개인적인 일이다. 하지만 제보자는 절박하다. 실제 JTBC 시청자 게시판에도 <사건반장>에 사연을 투고한다는 글이 몇 개씩 올라와 있다. <사건반장>은 이러한 제보 속에서 기존 뉴스가 포착하지 못한 사회 단면을 찾아내거나, 다른 시청자와 소통하며 제보자의 문제를 해결하는 솔루션 저널리즘을 실천할 수도 있다.

<사건반장>의 성공 요인 원칙 중 하나는 '정치 얘기 금지'다. 뉴스 프로그램이 정치를 다루지 않을 수 있나 싶지만, <사건반장>은 과감한 선택으로 모든 지지층을 사로잡았다.

어차피 한국 언론에 뿌리박혀 있는 정파성은 하루아침에 사라지지 않을 테니, 차라리 다루지 않겠다는 것이다. 이런 결단은 정치 피로도와 뉴스 피로도가 쌓인 시청자들에게 신선한 자극을 불어넣었다. 이해하기 어려운 정치뉴스가 아닌 일상 속 사건 사고는 시청자에게 도파민과 대리만족을 동시에 선사한다. 이처럼 현재 <사건반장>이 추구하는 방향성은 비교적 체계를 갖춘 JTBC의 보도국, 뉴스팀과 거리를 둔다. 그러나 시청자 제보를 아이템화하는 과정에서 이런 보도국과의 공조, 연계 시스템을 통한 팩트 체크는 가능할 것이다. 이 같은 최소한의 안전장치가 있다면 '제보 저널리즘'은 단순한 가십에서 그치는 것이 아닌 새로운 뉴스 시청자층을 확보할 수 있는 대안이 될 것이다.

제보가 만들어내는 공론장, 제대로 활용하기 위해선

득과 실을 모두 고려할 때, <사건반장>과 같은 제보 중심 뉴스는 단순히 자극적 소비나 갈등 증폭으로 끝나지 않고 공론장 확대의 잠재력도 지니고 있다. 시민 참여를 촉진하면서도 뉴스가 공익적 기능을 수행하도록 만들 수 있는 방안이 필요하다.

당연한 전제는 기본 원칙을 지키는 것이다. 철저한 사실 확인과 신뢰 확보가 선행돼야 한다. 현재 <사건반장>은 지속된 오보와 선정적 보도로 '렉카반장'이라는 불명예를 얻었다. 이를 벗고 신뢰를 회복하기 위해서는 많은 시간이 필요할 것이다. 제보자의 주장 그대로 보도하지 말고 최소한의 검증을 거쳐, 사실과 주장이 혼재되지 않도록 가이드라인을 마련하는 것이 중요하다. 동시에 시청자 참여의 질 향상도 이뤄져야 한다. 제보가 단순한 개인적 갈등이나 사생활 문제에 국한되지 않고, 사회적 논의로 이어질 수 있도록 질문, 토론, 법률·제도적 안내 등을 함께 제공하는 구조를 설계해야 한다. 이는 시청자 참여를 뉴스의 부가적 콘텐츠가 아닌, 공적 논의의 일부로 만드는 방법이다. 마지막으로, 교육적·문화적 가치 강조가 필요하다. 뉴스는 단순한 사건 전달이 아니라, 시청자가 사회 문제를 이해하고 판단하는 데 도움을 주는 매체다. 따라서 제보 중심 프로그램에서도 시청자가 문제를 비판적으로 인식하고 토론할 수 있는 요소를 포함시키는 것이 중요하다.

'제보'는 신뢰를 바탕으로 이뤄진다. 신뢰가 무너지는 순간 제보는 아무런 의미도 없어진다. <사건반장>뿐만 아니라 많은 언론이 제보가 주는 특종의 유혹에 못 이겨 주객이 전도된 모습을 보여준다. 제보 중심 뉴스가 단순한 '메아리'가 아닌 건강한 공론장으로 존재할 수 있길 조심스럽게 기대해 본다.

입 선

제28회 좋은 방송을 위한 시민의 비평상

찬란했던 무대, 사라진 목소리

드라마 〈정년이〉가 남긴 것

하경은

1. 낯설고도 눈부신 장르, '여성국극'을 만나다

tvN 토일 드라마 <정년이>는 첫 회부터 시청자에게 낯설고도 즐거운 충격을 안겼다. 이제는 기억하는 이들조차도 찾아보기 어려운 1950년대, 한국전쟁 직후의 사회적 혼란 속에서 한때 찬란하게 꽃피웠으나 지금에 와서는 거의 잊힌 예술 장르가 되어버린 '여성국극'을 중심으로 이야기를 전개한다는 점에서, 기존의 현대극이나 사극과는 확연히 다른 문법을 보여주었기 때문이다. 오늘날 대부분의 대중에게 여성국극은 오래된 흑백 사진이나 신문 기사 속 단편적 기록으로만 존재한다. 이러한 배경 때문에 이 드라마는 익숙한 공감을 기대하기 어려운 출발점에서 시작된 셈이고, 그 진입 장벽은 자연스럽게 높을 수밖에 없었다.

그럼에도 불구하고 주인공 '정년이'의 상경과 함께 작품이 본격적으로 전개되자, 시청자의 우려는 점차 매혹으로 전환되었다. 배우들의 몰입도 높은 연기, 세밀하게 설계된 군무 장면의 역동성과 에너지, 시대적 고증을 반영한 의상과 분장, 그리고 그 시절 그랬을 법한 무대 미술과 장치들은, 국극 장면이 이어지고 반복될수록 화면을 차츰 압도하기 시작했던 것이다. 또한 주인공 정년 역을 맡은 김태리 배우의 표정과 몸짓은 단순한 연기를 넘어, 드라마 속 한 시대의 정서와 그 '공기'마저 현재로 소환하기에 충분했다. 예컨대 정년이 첫 남장 공연에서 무대 중앙에 서는 장면에서는, 카메라는 그의 발걸음과 손동작을 클로즈업하며, 관객이 무대 위 긴장과 에너지를 공유하도록 연출했다. 표정 하나, 몸짓 하나에도 그 시대 여성국극의 정서가 담겨 있었다. 말하자면 화면 속 무대는 '박제된 과거'가 아니라, 눈앞에서 살아 숨쉬는 '체험 가능한 역사 공간'으로 재탄생한 것이다.

그뿐만 아니라 <정년이> 속의 여성국극은 단순히 시대상으로서 재현되는 것에 그치지 않고, 시청자에게 만족스러운 감각적 경험을 제공하기에 충분했다. 음악, 카메라 워크, 편집 리듬까지 모두 무대와 관객 사이의 긴장감까지 재현했고, 20세기 중반 여성국극 배우들의 공연 역량을 전방위적으로 조명해 낼 수 있었다. 이러한 시도는 이 드라마가 평범한 시대극을 넘어서도록 했다. 즉, 한국 근현대사의 특정 시기를 시청각적으로 소환해 냈을 뿐 아니라, 또한 그 시기의 문화사적 기록을 감각적으로 재구성하는 데 성공했다. 그럼으로써 기존의 한국 드라마에서 과거의 공연 예술을 재현하는 과정에서는 좀처럼 보기 드문 미장센적 성취를 이루어냈다.

더불어 시청자들의 반응 역시 주목할 만했다. 드라마 방영 후 온라인 커뮤니티에서는 "이전에는 몰랐던 역사 속 예술 장르를 배우면서 즐겼다"라는 평가와 함께 관련 아카이빙 자료와 국극 공연 영상에 대한 요청이 쇄도했다. 이는 드라마가 단순한 오락을 넘어, 대중의 역사적 상상력과 문화적 관심을 확장할 수 있음을 보여주는 긍정적 사례로 보기에 충분했다.

2. 판타지와 현실의 경계에서: 여성국극이 지닌 시대정신

드라마가 재현한 1950년대는 한국전쟁이 남긴 폐허 속에서 사회적 궁핍과 예술에의 열망이 아이러니하게 공존했던 시기였다. 이러한 환경에서 여성국극은 예술적 열정과 사회적 도전 정신이 교차하는 상징적 공간으로 기능했다. 드라마 속 문옥경과 윤정년으로 대변되는 여성 배우들이 남장을 하고 무대 위에서 힘찬 발성과 화려한 몸짓으로 남성 역할을 수행할 때, 무대 아래 여성 관객들은 현실의 억압과 제약을 벗어나 새로운 세계의 가능성을 엿볼 수 있었던 것이다.

드라마 <정년이>는 이러한 역사적 경험을 시청각적으로 생생히 재현함으로써 극적인 카타르시스를 시청자들에게 효과적으로 전달했다. 하지만 또한 <정년이>에서의 여성국극은 단순한 오락의 범주를 넘어선다. 사회학자 주디스 버틀러(Judith Butler)는 "젠더는 수행되는 것이다"[1]라고 말하며, 젠더가 단순한 생물학적 속성이 아니라 사회적 규범과 연출 속에서 구성된다고 지적했다. 이 드라마 속의 여성국극은 바로 그러한 젠더 수행의 실험장이자, 억압된 사회구조를 잠시 벗어날 수 있는 문화적 탈주 공간이었다.

---

1 Judith Butler, "Performative Acts and Gender Constitution," *Theatre Journal*, 40(4)(1988).

여성국극은 또한 여성에 의해, 여성을 위해 제작된, 우리 역사 속에서 매우 보기 드문 문화적 실천이기도 했다. 20세기 한국 사회에서 여성 주체가 중심이 된 예술은 극히 제한적이었으나, 국극 공연을 통해 여성 배우와 관객 모두 그러한 사회적 제약을 잠시 잊고 새로운 자아와 공동체적 정체성을 경험할 수 있었다.

즉, 드라마 <정년이>가 여성국극을 조명한 것은 단순히 소재의 참신함에 그치지 않는다. 이는 잊혔던 여성 서사의 복원이라는 의미를 갖는다. 실제로 드라마 방영 이후 학계와 공연계에서 여성국극에 대한 재조명과 연구가 활발히 진행되었고, 재현 공연 및 자료 정리 작업이 이어졌다. 이를 통해 드라마가 단순한 대중오락을 넘어, 예술사적 담론 형성에 기여할 수 있는 가능성을 보여주었다.

3. 하지만 사라진 목소리들: 퀴어 코드와 페미니즘 서사의 실종

그럼에도 불구하고 드라마 <정년이>가 종영되고, 평단과 시청자 모두 공통적으로 지적한 가장 큰 아쉬움은 바로 드라마 속에서 삭제되어 사라진 서사였다. 원작 웹툰 『정년이』(스토리 서이레, 작화 나몬)는 여성국극을 퀴어적 시선과 페미니즘적 맥락 속에서 그려냈고, 원작 속의 윤정년과 권부용의 관계는 단순한 동료애나 우정을 넘어 억압된 시대의 욕망과 금기를 넘나드는 복잡한 정서와 행동을 담아낸 것이었다.

그러나 드라마에서는 이러한 원작의 핵심 서사를 담당하는 등장인물이었던 권부용이 아예 존재하지 않았다. 그뿐만 아니라, 퀴어 코드와 페미니즘 관점의 메시지 대부분이 사라지거나 아주 온건하게 희석되었다. 그 대신 드라마의 서사는 정년이라는 한 천재 예술가의 성장담을 담아낸 클리셰로 가득 찬 이른바 '왕도물'로 재편되었고, 이에 따라 정년의 성장과 성공담은 더욱 명확히 드러나게 되었지만 여성 배우들의 공동체적 경험과 연대의식, 사회적 저항, 일상의 분투는 주변부로 밀려났다. 이는 드라마적 카타르시스와 원작 서사의 정치적·사회적 깊이 사이의 긴장과 균열을 여실히 보여준다. 그리고 이에 따라, 여성국극은 더 이상 집단적이고 정치적인 문화적 실천이 아니라, 한 개인의 전설적 무용담을 위한 장식적 배경으로 축소되었다.

이는 단순한 각색 차원의 문제가 아니다. 여성의 욕망, 연대, 저항이 삭제된 자리에 '예술혼'이라는 낭만적 도상이 자리 잡음으로써, <정년이>는 장르적 쾌락과 시청률 전략을 선택하는 대신 여성 서사의 정치적 함의를 희생시켰다. 그뿐만 아니라, 사회적 맥락과 정치적 색채를 회피하는 보수적 제작 관행을 답습하면서도 존재 자체가 삭제된 권부용 대신 그 정체성을 허영서와 홍주란이라는, 안타고니스트와 조력자라는 상반된 특성을 가진 등장인물들에게 기계적으로 분담시켰다. 그 결과는 안타깝게도 두 등장인물의 정체성 훼손으로 이어졌을 뿐이었다. 일찍이 시몽 드 보부아르(Simone de Beauvoir)는 『제2의 성』에서 "여성은 태어나는 것이 아니라 만들어진다"라고 말했는데, 드라마 <정년이>는 바로 원작 웹툰의 핵심이자 메시지 그 자체이기도 했던 그 '만들어지는 과정'을 보여줄 기회를 스스로 포기한 셈이다.

더욱이 일부 장면에서는 원작 웹툰의 심리적·감정적 섬세함이 단순한 극적 장치로 변형되었다. 예를 들어, 주인공 정년의 무대 위 긴장감 있는 순간들은 드라마에서 '주인공의 탁월함'을 보여주는 장치로 축소되며, 이 순간 퀴어적 긴장과 여성 서사의 다층적 의미는 사라졌다. 이는 드라마적 재현이 얼마나 정치적 선택을 수반하는지 보여주는 사례이기도 하다.

4. 용두사미의 시대극, 시청률만 남았다

<정년이>는 초반부만 놓고 보면 시대극의 새로운 장을 열 가능성이 있었다. 젠더, 계급, 예술, 전쟁이라는 다층적 요소가 얽히면서 복잡하고 풍부한 이야기의 지평을 열어가는 듯 했던 것이다. 그러나 중후반부로 갈수록 갈등 구조는 단순화되고, 인물들은 평면적으로 소비되었다. 결국 모든 서사는 정년 개인의 성공담으로 수렴되었다.

이로 인해 여성국극이라는 장르는 집단적 목소리를 담아내는 장치가 아닌 개인의 영웅적 서사를 위한 배경으로 전락했다. 수많은 여성들의 열정, 희생, 욕망, 동료애는 충분히 탐구되지 못했고, 드라마는 사회적 맥락이 제거된 개인 서사로 마무리되었다.

이는 시대극에서 흔히 발생하는 역설이기도 하다. 역사적 배경은 남지만 그 시대를 살아간 사람들의 복잡한 현실성과 정치성은 생략되는 방식으로, 해당 역사의 주체들은 소거되어 버리는 것. 발터 베냐민(Walter Benjamin)이 지적했듯 "모든 승리의 기록 뒤에는 침묵당한 자들의 목소리가 있다".[2] <정년이>는 안타깝게도 바로 그 억압된 침묵을 끝내 복원하지 못했다. 아니, 아예 복원하려 하지 않았다.

그렇다면 드라마 <정년이>가 남긴 것은 과연 무엇인가. <정년이>는 시청각적 압도와 미장센적 성취를 통해 주인공 정년이 여성국극의 전설적 존재로 성장하는 '왕도물' 장르의 카타르시스를 한층 극대화했다. 무대 위 화려한 장면과 강렬한 감정선, 극적인 갈등 구도는 시청자에게 명확한 카타르시스를 제공했으며, 시청률 확보라는 목표 또한 효과적으로

---

2 발터 벤야민(Walter Benjamin), 『역사의 개념에 대하여 / 폭력비판을 위하여 / 초현실주의 외』, 최성만 옮김(길, 2008).

달성했다. 이 과정에서 드라마는 시청자에게 '극적 쾌락'을 보장하는 공식에 충실했고, 연속되는 갈등과 해결 구조, 눈에 띄는 주인공의 성장담은 바로 그러한 장르적 쾌감을 위한 장치였다.

그러나 이러한 장르적 접근은 원작 웹툰이 지닌 복합적 서사의 깊이를 상당 부분 희석했다. 화면 위 화려한 무대와 군무에 시선을 빼앗긴 시청자는 정년과 동료 여성 배우들이 겪는 사회적 압박, 젠더 갈등, 그리고 시대적 한계 속에서의 도전을 충분히 체감하기 어려웠다. 즉, 시청률과 카타르시스는 확보했으나 그 과정에서 여성 중심의 도전적 서사는 톤이 옅어지다 못해 사라졌고, 그 안에 내재된 퀴어적 긴장과 페미니즘 메시지는 아예 실종되고 말았다.

요컨대, 시청자 입장에서 보자면 시청각적 쾌락과 스토리의 극적 긴장감은 충분히 경험할 수 있었지만, 여성국극과 그 속의 인물들이 역사적으로 지녔던 문화적·사회적 의미는 온전히 사라져 버린 셈이다.

더구나 그러한 희생 내지 '선택과 집중'을 정당화하며 중반부까지 시청각적 즐거움과 장르적 쾌감만을 충실하게 좇던 <정년이>의 이해할 수 없는 결말은 어떠한가. 파격적인 내러티브와 서사를 포기하지 않았으면서도, 오히려 결말에 있어서는 전통적인 스토리텔링의 공식에 충실했던 원작 웹툰과는 달리, 드라마는 중반부 이후 등장인물들이 스스로 과거에 했던 선택들을 부정하는 등 개연성 낮은 전개를 거듭하다가 문득 '모두 다 각자도생' 엔딩을 꺼내들었다. 매란국극단은 해체되었고, 국극 배우로서 천재적인 재능을 갖고 있다던 정년은 매우 자연스럽게 국극을 그만두게 된다. 이는 극적 흥미와 시대적 현실의 반영이라는 요소를 충분히 감안하더라도 지극히 허망하기 그지없는 자기부정과 다름없다. 과연 제작진이 스스로 기획의도에서 밝힌 "그 어떤 순간에도 포기하지 않고 꿈을 좇는 찬란한 사람들의 이야기"가 이 드라마의 정체성에 조금이라도 해당하기는 하는 것인가 하는 본질적인 의문마저 느껴질 정도였다.

5. 결론: 기억되기 위해서는, 더 크게 말해야 한다

<정년이>는 분명 한국 드라마 계에서 드문 성취를 보여주었다. 배우들의 열연, 정교하고도 세밀한 미장센, 한때 잊힌 예술 장르에 대한 대중적 관심 환기 등은 모두 높이 평가할 만하다.

그러나 동시에, 이 작품은 반드시 기억되어야 할 목소리들을 충분히 담지 못했다는 뼈아픈 한계를 지닌다. 여성국극은 한 개인의 전설이 아니라, 억압적 시대 속에서도 예술과 현실을 동시에 살아낸 수많은 여성들의 공간이었다. 드라마가 진정 이를 기억하고자 했다면, 더 많은 여성들의 목소리를 드러냈어야 했다.

그리고 이 대목에서 우리는 "기억되지 않은 역사는 반복된다"라는 베냐민의 경고를 다시 떠올린다. 그러기에 <정년이>가 남긴 이 공백은 결국 언젠가 다시 기억하고 다시 말해야 할 역사적 과제다.

그리고 우리는 묻는다. 무대를 찬란하게 비추는 것만으로 충분한가? 관객의 시선을 사로잡는 것만으로 그들의 삶과 욕망이 복원될 수 있는가? 답은 명확하다. 단순히 무대를 찬란하게 비추고 카타르시스를 제공하는 것만으로는 충분하지 않다. 단지 새로운 소재, 잊힌 소재를 발굴하는 것에서 멈추지 않고, 그것을 그럴싸하게 재현하는 것에 그치지 않고, 그 속에 담긴 목소리를 오늘날의 시대와 사회적인 맥락 속에서 더욱 용기 있게 드러내는 작업이 필요하다.

<정년이>가 남긴 빛과 그림자 속에서 우리는 여전히 기다린다. 찬란

한 무대로 시청자들의 눈길을 사로잡는 것에 만족하기보다는 그 무대 뒤에서 사라진 목소리를 다시 불러내고, 그 목소리가 시대를 넘어 울려 퍼질 수 있는 진정한 드라마를.

제28회 좋은 방송을 위한 시민의 비평상

예능, 특권을 정당화하다

엮은이 | 방송문화진흥회
펴낸이 | 김종수
펴낸곳 | 한울엠플러스(주)
편집책임 | 최진희
편　집 | 이동규

초판 1쇄 인쇄 | 2025년 12월 5일
초판 1쇄 발행 | 2025년 12월 16일

주소 | 10881 경기도 파주시 광인사길 153 한울시소빌딩 3층
전화 | 031-955-0655
팩스 | 031-955-0656
홈페이지 | www.hanulmplus.kr
등록 | 제406-2015-000143호

Printed in Korea.
ISBN 978-89-460-7625-9 03070

* 책값은 겉표지에 표시되어 있습니다.